慧雲，于曉燕 著

人生就是要笑著面對苦澀的事

U0087490

活著真的很累，
所以更要抓住幸福的尾巴

佛洛伊德：「人生就像弈棋，一步失誤，全盤皆輸；
而且人生還不如弈棋，不可能再來一局，也不能悔棋。」

幸福明明那般遙不可及，為何有些人又似唾手可得？
藏在生活中的美麗，你感受了多少？
幸福，就在自己手裡，就在每天一篇的小故事裡。

崧燁文化

目錄

目錄

目錄

第七章

第八章

目錄

目錄

前言

佛洛伊德（Sigmund Freud）說：「人生就像弈棋，一步失誤，全盤皆輸，這是令人悲哀之事；而且人生還不如弈棋，不可能再來一局，也不能悔棋。」

列夫·托爾斯泰（Lev Nikolayevich Tolstoy）說：「人，就是一條河，河裡的水流到哪裡都還是水，這是無異議的。但是，河有狹、寬、平靜、清澈、冰冷、混濁、溫暖等現象，而人也一樣。」

諾貝爾文學獎獲得者梅特林克（Maurice Polydore Marie Bernard Maeterlinck）說：「人生像一張潔白的紙，全憑人生之筆去描繪，玩弄紙筆者，白紙上只能塗成一灘胡亂的墨跡；認真書寫者，白紙上才會留下一篇優美的文章。」

這三句話任何一句都堪稱至理名言，它們告訴人們：生命是公平的，對每個人都僅有一次，絕無例外。幾十年的時間不長也不短，可悲的是，生命不能再重來；但值得欣慰的是，生命根本不需要重來。生命只是一個過程，要看你怎麼利用和享受這個過程。

生命只有一次，但每個人生命所呈現的顏色卻大不相同。有人短促，也有人漫長；有人幸福，也有人悲慘；有人平淡安詳，也有人歷經波折；有人微風細雨，也有人大風大浪；有人默默無聞，也有人名垂青史；有人受人敬仰，也有人遭人唾棄……為什麼會有這麼大的差距呢？

其實這一點都不難理解，套用一句俗話：「態度決定一切」。態度，也決定了人生是否精彩。你以什麼樣的態度對待，就會出現什麼樣的結果。智慧的人不會玩世不恭，而是認真對待生活的每一天；知性的人會不斷充實心靈，永遠不讓自己迷路；聰明的人隨著人生閱歷的增加，會不斷明白一些道理：

要時常給心靈洗個澡，讓自己心態永遠年輕；

不再患得患失，開始勇敢地選擇和放棄；

在面對生命的不如意時，學會了用左手溫暖右手；

開始感動於生命的每個小地方，善待自己善待他人；

毅然摒棄人性的弱點，讓自己的美德發揚光大……

他們也開始漸漸懂得：

珍惜朋友，因為在人的一生中能遇到知己真的不易；

感激曾經愛過的人，因為他們是讓自己更懂愛的人；

微笑著向曾經恨過的人打招呼，因為他們讓自己更加堅強；

他們還要感激很多、很多人……

第一章

別為小事煩惱

> 有些人比較感性和敏感，吃一點虧就會暴跳如雷，低一低頭就覺
> 得自己委屈，別人一個隨意的眼神可能會銘記一輩子。其實大可
> 不必，因為一些小事就給自己加沉重的包袱是很不明智的。

有一天，素有「森林之王」之稱的獅子，來到了天神面前，說：「我很感謝祢賜給我如此雄壯威武的體格、如此強大無比的力氣，讓我有足夠的能力統治這整片森林。」

天神聽了，微笑地問：「但這不是你今天來找我的目的吧？看起來你為了某事而困擾呢！」

獅子輕輕吼了一聲，說：「天神真是了解我呀，我今天來的確是有事相求。儘管我有能力，但是每天雞鳴的時候，總是會被雞鳴聲給嚇醒。神啊！祈求您，再賜給我一種力量，讓我不再被雞鳴聲嚇醒吧！」

天神笑道：「你去找大象吧，牠會給你一個滿意的答覆的。」

獅子高興地跑到湖邊找到大象，還沒見到大象，就聽到大象跺腳所發出的砰砰聲。

獅子加速跑到大象那裡，卻看到大象正氣呼呼地直跺腳。

獅子問大象：「你幹嘛發這麼大的脾氣？」

大象拚命搖晃著大耳朵，吼道：「有隻討厭的小蚊子，總想鑽到我耳朵裡，害得我都快癢死了。」

獅子離開大象，心裡暗自想著：「原來體型這麼巨大的大象，還會怕這麼瘦小的蚊子，那我還有什麼好抱怨的呢？畢竟雞鳴不過一天一次，而蚊子卻是無時無刻地騷擾著大象。這樣想來，我可比牠幸運多了。」

獅子一邊走著，一邊回頭看著正在跺腳的大象，心想：「天神讓我來看看大象的情況，應該就是想告訴我，誰都會遇上麻煩事，而祂並無法幫助所有的人。既然如此，那我只好靠自己了！反正以後只要雞鳴時，我就當雞是在

提醒我該起床了，如此一想，雞鳴聲對我還算是有益處的呢！」

契訶夫的小說《小公務員之死》中，那個可憐的小公務員在看戲時，不幸與部長大人坐到了一起，還把唾沫弄到了部長夫人的大衣上，無論他如何解釋，部長大人好像都沒有原諒他的意思。這個小公務員在巨大的精神壓力下，竟然一命嗚呼了。

生活中有很多煩心事，但部分情況下，是我們自尋煩惱，就像那隻獅子一樣。對自尋煩惱者來說，煩惱似乎成了一種習慣。其實，事情往往不是引起煩惱者煩惱最根本的原因，而是他們自己在內在涵養和對生活的認識上，存在著一定的片面性。聰明的人即使碰到麻煩事，也往往能夠坦然面對。因此，當煩惱襲來，捫心自問：我現在煩惱的問題，到底和我有什麼關係？在這件事情上，我應該什麼時候「到此為止」？如果我不去想這件事，會有什麼後果？為了無關緊要的事懊惱，徒費精力，實在得不償失。

人生路上會遇到許多不如意的事，是心平氣和的化解，還是怒火衝天的對待？往往一件小事就能決定你今後的命運如何。生命太短暫了，不要讓小事絆住我們的腳步，不要讓無謂的煩惱浪費我們寶貴的時光，讓我們一生中的每一天都過得快樂而有意義。

因為珍惜，所以珍貴

世界上有太多美麗的東西值得追求，也有太多精彩可供欣賞，但如果不懂得珍惜，一切都將沒有意義。只有善待自己的人，才能夠珍惜這短暫的人生，才能夠勇於面對人生無法預見的災難。會善待自己的人，才會善待別人，才會善待周圍的一切！

一個女孩從小在孤兒院長大，常感到悲觀，於是問院長：「像我這樣沒人要的孩子，活著究竟有什麼意思呢？」

院長總笑而不語。

有一天，院長交給女孩一塊石頭，說：「明天早上，妳拿這塊石頭到市場上去賣，但不是真賣。記住，無論別人出多少錢，絕對不能賣。」

第二天，女孩拿著石頭蹲在市場的角落，意外地發現有不少好奇的人對她的石頭感興趣，而且價錢越出越高。回到院裡，女孩興奮地向院長報告，院長笑笑，要她第二天拿到黃金市場去賣。在黃金市場上，有人出比前一天高十倍的價錢來買這塊石頭。

最後，院長叫孩子把石頭拿到寶石市場上去展示。結果，石頭的身價又漲了十倍，由於女孩怎麼都不賣，竟被人們傳為稀世珍寶。

女孩高興地捧著石頭回到孤兒院，把這一切告訴院長，並問為什麼會這樣。

院長沒有笑，望著孩子慢慢說道：「生命的價值就像這塊石頭一樣，在不同的環境裡就會有不同的意義。一塊不起眼的石頭，由於妳的珍惜、惜售而提升了它的價值，竟被傳為稀世珍寶。妳不就像這塊石頭一樣？只要自己看重自己，自我珍惜，生命就有意義、有價值。」

自己看不起自己，別人也不會尊重你，生命的價值首先取決於你自己的態度，珍惜獨一無二的你自己，珍惜這短暫的幾十年光陰，然後再去不斷充實、探索自己，最後社會才會認同你的價值。

同永恆的宇宙比較，人類的生命歷程是多麼短暫。近來，經常看到網路上及報紙上類似這樣的報導：或青春年少忽遭不測；或剛過不惑之年身患絕症；或未及知天命撒手人寰等。這個時候忽然感到生命的脆弱和卑微。所以，追逐幸福的你們，一定要珍惜自己，善待生命。

把一件事認真地做下去

> 認真是一種優秀的品格。抱著負責的態度認真做好每一件事，一
> 定會得到豐厚的回報。

艾倫 · 紐哈斯（Allen Neuharth）當年還是一個九歲的小男孩，生活在美國南達科他州的祖父的農場裡。暑假，祖父告訴他，如果他想要額外的零用錢，可以在農場裡做點工作來換。艾倫很高興，他喜歡騎馬放牧。可是祖父說，只剩一件事還需要人手 —— 用手撿牧場上的牛糞餅。一般的孩子都不願意做這樣的工作，艾倫雖然不情願，卻還是很認真地做好了。

一段時間後，艾倫的祖母開車來學校接她回家，對他說：「艾倫啊，祖父就要把你想要的新工作交給你了。你會擁有自己的馬匹，並可以騎牠去放牧，因為夏天你撿牛糞時表現得極為出色。」這是艾倫在工作上得到的第一個成就，他開心極了。一個小小的信念也因此在他心中生根發芽。

後來，艾倫得到了在肉鋪幫工的工作，每星期賺一美元。這工作仍然讓他噁心討厭，但是他的想法很簡單：先做好，一定會得到好處，然後就能擺脫這份工作了。果然，他後來成為了年薪一百五十多萬美元的執行長。再後來，艾倫 · 紐哈斯開始掌控全美讀者最廣、影響力最大的報紙 ——《今日美國》。

提起童年的生涯，艾倫只感嘆了一句：「即使你做的是一份噁心的工作，只要你認真做下去，而且盡量做好，你十有八九會得到晉升，以後就不用再做那樣的工作了。這比當個無用的人，無所作為地混日子強得多。」

不能改變環境就改變自己的態度

> 如果我們無法選擇想要的，那麼我們就改變自己的態度，認真對
> 待我們現在所擁有的。千萬不要好高騖遠，否則我們想得到的東
> 西會離我們越來越遠。

幾年前，美國著名心理學博士艾爾森，對世界一百名各領域的傑出人士做了一份問卷調查，結果讓他十分驚訝——其中六成的成功人士承認，他們所從事的職業並非他們內心最喜歡做的，至少不是他們心目中最理想的。

一個人竟然能夠在自己不太理想的領域裡取得那樣輝煌的業績，除了聰穎和勤奮，靠的還有什麼呢？帶著這樣的疑問，艾爾森博士又走訪了多位商界英才。其中，紐約證券公司的金領麗人蘇珊極具代表性的經歷，給了她一個滿意的答案。

蘇珊生於臺北的一個音樂世家，她從小就受音樂的薰陶，也非常熱愛音樂，期望自己能夠一生馳騁在音樂的廣闊天地中，但她陰錯陽差地考進了大學的工商管理系。一向認真的她，儘管不喜歡這個科系，但學得很認真，每學期各科成績均是優異。畢業後的蘇珊被保送到美國麻省理工學院，攻讀當時許多學生可望而不可即的 MBA，後來因成績突出，她又拿到了經濟管理的博士學位。如今已是美國證券業界風雲人物的她，依然心存遺憾地說：「老實說，至今為止，我仍說不上喜歡自己所從事的工作。如果能夠讓我重新選擇，我會毫不猶豫地選擇音樂，但我知道那只能是一個美好的『假如』了，我只能把手邊的工作做好……」艾爾森博士問她：「妳不喜歡妳的專業領域，為何妳學得那麼棒？不喜歡眼下的工作，為何妳又做得那麼優秀？」

「因為我在那個位置上，那裡有我應盡的職責，我必須認真對待。」蘇珊眼裡閃著堅定的目光，「不管喜歡不喜歡，那都是自己必須面對的，都沒有理由草草應付，都必須盡心盡力，那是對工作負責，也是對自己負責。」

在艾爾森隨後的走訪中，更多的成功人士所談的認識，與蘇珊的思路大

致相同──因為種種原因，我們常常被安排到自己並不十分喜歡的領域，從事了一份自己在心裡並不十分喜歡的工作，而又一時無法更改。這時，任何的抱怨、消極、懈怠，都是不可取的。唯有把那份工作當做一種不可推卸的責任擔在肩頭，全身心地投入其中，才是正確的選擇。而那些成功，就是從那份對職業的忠實與認真中一點點地演繹出來的。

蘇珊的話很耐人尋味──凝聚了她對自己所從事的工作的敬重，凝聚了她不甘平庸的理念，「因為我在那個位置上」。正是她的這種「在其位，謀其政，成其事」的敬業精神，讓她贏得了令人矚目的成功。

摘下有色眼鏡

真誠和平等是友好相處的基本原則之一，人與人交往切不可以貌取人。只有摘下有色眼鏡，才能看到、得到更多。

老農衣著樸素，炎熱的天氣讓他滿身汗味，他伸手推開厚重的汽車展示中心玻璃門。他一進來，一位服務小姐就笑容可掬地向他走來，很客氣地詢問老農夫：「伯伯，我能為您做什麼嗎？」老農夫有點靦腆地說：「不用，只是外面天氣熱，我剛好路過這裡，想進來吹吹冷氣，馬上就走了。」小姐聽完後親切地說：「就是啊，今天實在很熱，氣象局說有三十二度呢。您一定熱壞了，讓我幫您倒杯水吧。」

接著便請老農夫坐在柔軟豪華的沙發上休息。「可是，我們種田人衣服不太乾淨，怕會弄髒沙發。」小姐笑著說：「這有什麼關係，沙發就是給客人坐的，否則，公司買它幹什麼？」喝完冰涼的茶水，老農夫閒著沒事便走向展示中心內的新貨車，東看看，西看看。這時，那位小姐又走了過來：「伯伯，這款車馬力很大哦，要不要我幫你介紹一下？」，「不要！不要！」老農夫連忙說，「妳不要誤會了，我可沒有錢買，種田人也用不到這種車。」「不買沒關

係，以後有機會您還可以幫我們介紹啊。」然後小姐便詳細耐心地將貨車的性能逐一解說給老農夫聽。

　　聽完後，老農夫突然從口袋中拿出一張皺巴巴的白紙，交給這位小姐，並說：「這些是我要訂的車型和數量，請妳幫我處理一下。」小姐有點詫異地接過來一看，這位老農夫一次要訂八臺貨車，她連忙緊張地說：「伯伯，您一下訂這麼多車，我們經理不在，我必須找他回來和您談，同時也要安排您先試車……」老農夫這時語氣平穩地說：「小姐，妳不用找妳們經理了。我本來是種田的，由於和人投資貨運生意，需要買一批貨車，但我對車子外行，買車簡單，最擔心的是車子的售後服務及維修，因此我兒子教我用這個比較笨的方法來試探每一家汽車公司。這幾天我走了好幾家，每當我穿著同樣的舊汗衫，走進汽車銷售店，同時表明我沒有錢買車時，常常會受到冷落，讓我有點難過……而只有你們公司，只有你們公司知道我不是你們的客戶，還那麼熱心地接待我，為我服務。對於一個尚未成為你們客戶的人尚且如此，更何況成為客戶之後……」

豐富的人生不排斥磨難

> 人生是由酸甜苦辣譜成的五彩樂章，磨難是人生組成的一部分，
> 我們無可迴避地要與磨難同行。正如一位智者所言：「唯有空白
> 的人生，才會與磨難絕緣；唯有豐富的人生，才不會排斥與磨難
> 同行。」

　　有一間不含任何有毒物、完全以自然物質建造而成的房子座落在美國的山丘上，住在裡面的人需要由人工灌氧氣。

　　這間房子的主人叫辛蒂。一九八五年，辛蒂在醫學院唸書，有一次到山上散步，帶回一些蚜蟲。她拿起殺蟲劑為蚜蟲去除化學汙染，卻感覺到一陣

痙攣，沒料到自己的後半生便如此毀於一旦。殺蟲劑內含的化學物質使辛蒂的免疫系統遭到了嚴重破壞。

她對日常生活中接觸的化學物質全都過敏，連空氣也可能使她支氣管發炎。這種「多重化學物質過敏症」是一種慢性病，目前尚無藥可醫。患病前幾年，辛蒂睡覺時口水流淌，尿液變成了綠色，汗水與其他排泄物還會刺激背部，形成疤痕。她不能睡經過處理的墊子，否則會引發心悸。辛蒂遇到的這一災難所承受的痛苦是令人難以想像的。

一九八九年，她的丈夫吉姆用鋼與玻璃為她蓋了一個無毒的空間，一個足以逃避所有威脅的世外桃源。辛蒂所有吃的、喝的都經過選擇與處理，她平時只能喝蒸餾水，食物中不能含有任何化學成分。八年來，三十五歲的辛蒂沒有見到一棵花草，聽不見悠揚的聲音，感覺不到陽光、流水。她躲在無任何飾物的小屋裡，還不能放聲大哭。因為她的眼淚跟汗一樣，可能成為威脅自己的毒素。

而堅強的辛蒂並沒在痛苦中自暴自棄，她不僅為自己，也為所有化學汙染的犧牲者爭取權益而奮戰。一九八六年，辛蒂創立了環境接觸研究網，致力於此類病變的研究。一九九四年再與另一組織合作，創立化學傷害資訊網，保證人們免受威脅。目前這一資訊網已有五千多名來自三十二個國家的會員，不僅發行刊物，還得到美國、歐盟及聯合國的支持。生活在這個寂靜的無毒世界裡，辛蒂卻感到很充實。

心態決定你的未來

積極的人像太陽，照到哪裡哪裡亮；消極的人像月亮，初一十五不一樣。心態決定我們的生活，有什麼樣的心態，就有什麼樣的未來。以良好的心態做事，往往達到事半功倍的效果。

　　有位秀才進京趕考，住在一間店裡。考試前兩天，他做了三個夢：第一個夢是夢到自己在牆上種白菜；第二個夢是下雨天，他戴了斗笠還打傘；第三個夢是夢到跟心愛的表妹脫光了衣服躺在一起，但是背靠著背。

　　這三個夢似乎有些寓意，秀才第二天就趕快去找算命的解夢。算命的一聽，連拍大腿說：「你還是回家吧。你想想，高牆上種菜不是白費力氣嗎？戴斗笠打雨傘不是多此一舉嗎？跟表妹都脫光躺在一張床上了，卻背靠背，不是沒好戲可看嗎？」

　　秀才一聽，心灰意冷，回店收拾包袱準備回家。店老闆非常奇怪，問：「不是明天才考試嗎，今天你怎麼就回鄉了？」秀才如此這般說了一番，店老闆樂了：「喲，我也會解夢的。我倒覺得，你這次一定要留下來。你想想，牆上種菜不是高種（中）嗎？戴斗笠打傘不是說明你這次有備無患嗎？跟你表妹脫光了背靠背躺在床上，不是說明你翻身的時候就要到了嗎？」

　　秀才一聽，更有道理，於是精神振奮地參加考試，居然中了個探花。

堅持自己的信念

> 創業本身就很難，堅持到底更難。要有自己的事業，要想獲得正當的財富，就要做好應對各種困難和誘惑的準備，必須堅守自己的信念。

　　小荷人如其名，除了清麗的容顏，更具有荷花一樣出淤泥而不染的純潔氣質。

　　從私立大學畢業後，學土木工程的她懷著「成為一名建築師」的夢想，留在大都市找工作。

　　屢次求職碰壁後，小荷連個建築領域相關的技術白領也沒當成，卻憑藉不俗的談吐和亮麗形象，成了一家房地產公司的銷售員。時間一長，小荷逐

漸了解到種種房地產銷售黑幕，她迷茫了。

看清黑幕後，正直的小荷一下對銷售員這一工作失去了興趣。恰在這時，一位朋友請小荷出面為自己選好的一間新房子把把關，檢查一下房屋品質，對她這個建築科系出身的內行人來說，簡直是小菜一碟。當天，小荷就為那棟小別墅挑出了六七個毛病，逼著開發商降低了售價，為那位張先生節約了二十萬元！事後，對方滿懷感激地給了她一萬五千元「驗房費」。這筆意外之財，為小荷帶來了創業靈感：一般待售屋從規劃徵地到銷售，涉及一百多項品質驗收標準和好幾百道法律法規，普通購房者根本就不可能完全了解，僅僅是做「一手交錢，一手交貨」的簡單買賣，吃虧的往往是消費者。如果我這個內行人站出來做購房者的幫手，為他們在新房的品質上把關，豈不大受歡迎？人們能花幾千萬，甚至上億買一間住房，還會吝惜這一點驗房費……對！就做個專門給開發商挑刺、為購房者把關的職業驗房師！很快她便又接了幾單業務，並定了平方公尺五十塊錢的收費標準。

二〇〇四年初，在她租住的單身公寓附近，知名建設公司的新大樓開工了。為了充分掌握這棟大樓的施工情況，有利於將來自己拓展驗房業務，小荷決定主動出擊！一有閒暇，她就以購房者的名義深入工地，查看施工品質，從地基開挖，到大樓封頂，每一道工序都看在眼裡。

二〇〇四年八月，該大樓開始銷售，趁著看房的機會，小荷對身邊的幾位準屋主說：「我建議你們別買 B 棟，雖然 B 棟的房型、朝向和景觀都不錯，但經過一個雨季，牆角就會有裂縫。」二〇〇五年，年中前後，該交屋了，發現牆角還真的裂了幾條縫！由於小荷的介入，引起數十戶屋主退房，同時也導致了這家土地開發商的高層大換血，此事還在當地地產界引起了小小的轟動呢！僅這一個大樓，就讓小荷進帳五十多萬元，同時聲名大噪。隨之而來的是，該地居民也漸漸接受一個新觀點──購屋請驗房師把關，買時省錢，住時放心。隨後，小荷的業務開始應接不暇，每月的收入從剛創業時的幾萬元，一路攀升到了十五萬元以上！後來，小荷索性註冊了自己的驗房公司。

如今，她的公司內除擁有七名相關科系畢業的大學生員工外，還有一名律師和四名建築工程師以兼職的形式，加盟到小荷的「驗房事業」中。經過三年的風雨磨礪，小荷已經從這個新行業中收獲了五百多萬元的驚人財富。

改變命運，先要改變內心

只做表面形式上的改變，而不改變內心，是不可能改變命運的。

兔子是世界上最溫順的動物了，牠只吃青草，誰也不傷害。可是，牠卻被很多動物傷害：狐狸、狼、老虎……這太不公平了！有一天，兔子就向上帝訴苦，牠不想再做兔子了，希望上帝改變一下牠的命運。

上帝很仁慈，馬上答應了兔子的要求：「好吧！你想變成什麼？」

兔子說：「變成一隻鳥，在天上自由地飛來飛去，那些狐狸呀狼呀虎呀，就再也抓不到我了。」

上帝把兔子變成了鳥。沒過幾天，鳥又來訴苦：「仁慈的上帝呀，我再也不想做鳥了！我在天上飛，天上的老鷹能抓住我；我在樹上築巢，樹上的毒蛇能咬死我。這樣的日子實在是太難過了！」

上帝問鳥：「你想怎麼樣呢？」

鳥說：「我想變成大海裡的一條魚，海裡沒有老鷹，沒有毒蛇，我才能安心地過日子。」

上帝又把鳥變成了魚。可是，魚的處境似乎更糟，因為大海裡到處都有「大魚吃小魚，小魚吃蝦米」的鬥爭。過了幾天，魚又要求上帝把它變成人。魚說：「人是萬物之靈，他們住在堅固的鋼筋水泥屋子裡，使用著各種先進的武器裝備，任什麼凶猛的動物都不能傷害他們。相反，那些在山林裡威風十足的獅虎，全被他們關在籠子裡，供他們觀賞取樂，那些蛇呀鷹呀，都成了他們餐桌上的美味……」

上帝把魚變成了人，心想，這下你該滿意了吧！可是，過了不久，人照樣來向上帝訴苦：「太可怕了！到處都在流血，到處都是屍體，到處都是廢墟……我們再也沒法活了！」原來人類發生了戰爭，數以萬計的士兵在互相殘殺，無數的平民流離失所，死於飢餓和寒冷……

一切都會過去

> 普希金（Aleksandr Sergeyevich Pushkin）說：「一切都是暫時的，轉瞬即逝……」因此，當我們一帆風順時，要學會惜福與感恩；身處逆境時，要學會堅忍和等待。要時刻提醒自己：一切都會過去。

古希臘有一位國王，擁有至高無上的權力、享用不盡的榮華富貴，但他並不快樂。他可以主宰自己的臣民，卻難以操控自己的情緒，種種莫名其妙的焦慮和憂鬱讓他悶悶不樂、寢食難安。

於是，他召來了當時最負盛名的智者蘇菲，要求他找出一句人間最有哲理的箴言，而且這句濃縮了人生智慧的話，必須有一語驚心之效，能讓人勝不驕、敗不餒，得意而不忘形、失意而不傷神，始終保持一顆平常心。蘇菲答應了國王，條件是國王將佩戴的那枚戒指交給他。

幾天後，蘇菲將戒指還給了國王，並再三勸告他：不到萬不得已，別輕易取出戒指上鑲嵌的寶石，否則，它就不靈驗了。

沒過多久，鄰國大舉入侵，國王率部隊拚死抵抗，但最終整個城邦淪陷於敵手。於是，國王四處亡命。

有一天，為逃避敵兵的搜捕，他藏身在河邊的茅草叢中，當他掬水解渴，猛然看到自己的倒影時，不禁傷心欲絕 —— 誰能相信如今這個蓬頭垢面、衣衫襤褸的人，就是那個曾經氣宇軒昂、威風凜凜的國王呢？

就在他雙手掩面欲投河輕生之際，他想到了戒指。他急切地摳下了上面

的寶石，只見寶石裡側鐫刻著一句話 —— 這也會過去！

頓時，國王的心頭重新燃起希望的火花。從此，他忍辱負重、臥薪嘗膽，重招舊部並東山再起，最終趕走了外敵，贏回了王國。

而當他再一次返回王宮後，所做的第一件事便是將「這也會過去」這句五字箴言，鐫刻在象徵王位的寶座上。

後來，他被譽為最有智慧的國王而名垂青史。據說，在臨終之際，他特意留下遺囑，死後，雙手空空地露出靈柩之外，以此向世人昭示那句五字箴言。

理解別人，不要斤斤計較

「難得糊塗」是一種寬容和理解，是一種成熟的表現。千萬不要太過追求完美，對別人過分苛刻。

「盡量少犯錯誤，是人的準則；不犯錯誤，那是天使的夢想。」這是法國作家雨果在其名著《悲慘世界》中說過的一句話。現實生活中，只要是人，就會犯錯誤，你犯錯誤的時候希望別人可以寬恕自己，那你有沒有想過：自己是不是也應該寬恕別人的錯誤呢？寬容，是一種美德，它能讓人與人之間的關係貼得更近。

有的人喜歡斤斤計較，其實，有些事情不一定很重要，他們這樣做只是為了讓自己心理獲取平衡。就像《紅樓夢》裡的王熙鳳：「機關算盡太聰明，反誤了卿卿性命。」王熙鳳對人對事太認真、太聰明、太苛刻，結果，不僅自己得不到好處，還賠進了性命。很多事情往往是算計得越清楚，自己就越煩惱。因為生怕自己吃虧的人，總圍繞別人的想法轉，她們總是認真琢磨別人的每一個簡單舉動，哪怕是微不足道的。算來算去，既費神又費力，最後使自己的生活變得一蹋糊塗。

一個寬容別人的人，不僅可以給自己帶來好心情，有時還會給自己帶來好運氣。你們若不信，可以看看這個《第六枚戒指》的故事：

這個故事發生在美國經濟大蕭條時期。十八歲的女孩曼莎費盡千辛萬苦才在一家高級珠寶店當上銷售員。在聖誕節前一天，有一位三十歲左右的男顧客走了進來。他雖然穿著很整齊乾淨，看上去很有修養，但卻是一個正遭受失業打擊的不幸的人。

當時店裡只有曼莎一個人，其他幾個員工剛剛出去。

曼莎向他打招呼時，男子不自然地笑了一下，目光從曼莎的臉上慌忙躲閃開，沒說任何話。

這時，電話鈴響了。曼莎去接電話，一不小心，將擺在櫃檯上的盒子打翻了，盒中裝著的六枚精美絕倫的金戒指掉在了地上。她慌忙彎腰去撿。可她撿回了五枚以後，卻怎麼也找不到第六枚戒指。當她抬起頭時，看到那位男顧客正向門口走去。於是，她明白是他拿走了那第六枚戒指。

當男顧客的手將要觸及門框時，曼莎柔聲叫住了他。

男顧客轉過身來，兩個人相視無言足足有一分鐘。曼莎狂跳的心做出了種種不好的猜測。

男顧客終於開口問曼莎有什麼事。

曼莎極力壓住心跳，鼓足勇氣，對他說這是她的第一份工作，並以朋友口吻對他說，在經濟這麼不景氣的情況下，找份工作是一件多麼不容易的事。

男顧客長久地審視她後，臉上浮現出了一絲微笑，曼莎也平靜下來，並微笑地看著他，兩人之間突然像老朋友見面似的那樣親切自然。

「是的，的確如此。」他回答，「但是我能肯定，妳在這裡會做得不錯。」

說完後，他朝她走來，並把手伸向她：「我可以為妳祝福嗎？」

緊緊地握完手後，他轉身緩緩地走向門口。

曼莎目送他的身影在門外消失後，轉身走回櫃檯，把手中的第六枚戒指放回原處。

曼莎最後終於找到了解決問題的最好方法，她依靠的是理解、寬容和將心比心。但如果她當時驚慌失措地報警或者大吵大鬧，結果肯定會非常糟糕。這個男顧客可能會被抓進監獄，受到眾人鄙視，而曼莎也很有可能因為沒有保護好戒指而被辭退。無論是哪種情況，都會導致兩敗俱傷，而聰明的曼莎以她的寬容和理解解決了這個問題。男顧客沒有被抓，她也沒有丟掉工作，而且兩人心中還都有一絲人情溫暖。

不要用情緒來面對問題

只會用情緒來處理事情的人，任誰也不敢將工作託付給他。遇到
重大問題，需要的是冷靜與理性的處理能力。

在職場中，我們無法憑藉理論來表現出真正的實力。不管理論如何清楚，都必須經由行動，才能看見已經融會貫通的專業能力。

知名的沃爾瑪超市要招一名收銀員，幾經篩選，最後只剩三個女孩有幸參加複試，複試由老闆親自主持。第一個女孩剛走進老闆辦公室，老闆便丟了一張百元鈔票給她，並命令她到樓下買包香菸。

這個女孩心想，自己還未被正式錄取，老闆就頤指氣使地命令她做事，因而感到相當不滿，更認為老闆故意傷害她的自尊心。

因此，老闆丟出來的錢，她連看都不看，便怒氣沖沖地掉頭離開。

她一邊走，一邊還氣呼呼地咒罵：「哼，他憑什麼支使我，這份工作不要也罷！」

第二個女孩一進來，也遇到相同的情況，只見她笑咪咪地接了錢，但是她也沒有用它去買菸，因為鈔票是假的。

由於她失業許久，急需一份工作，只好無奈地掏出自己的一百元真鈔，為老闆買了一包菸，還把找回來的錢，全交給了老闆。

不過，如此盡職賣力的第二個面試者，卻沒有被老闆錄取。

因為，老闆錄取了第三個面試的女孩。原來，這個女孩一接到錢時，就發現錢是假的，她微笑著把假鈔還給老闆，並請老闆重新換一張。老闆開心地接過假鈔，並立即與她簽定合約，放心地將收銀工作交給她。

三位面試者有三種截然不同的應對方式。

第一個面試者的心態，是多數老闆最害怕的類型。畢竟，只會用情緒來處理事情的人，任誰也不敢將工作託付給他。

第二位面試者的處理方式，則是最不專業的表現。雖然委曲求全的人比較有敬業精神，但萬一真的遇到重大問題，老闆需要的不是員工的委屈與退縮，而是冷靜與理性的處理能力。

第三位面試者成功了。因為在這件小事上，她充分表現出敬業態度和專業能力。從「接過錢」與「發現假錢」的兩個小動作中，我們便能看見她的配合度與專業能力，而這才是大老闆期待的最佳人選。

想面試成功，除了要有自信與正確的態度之外，別忘了要多了解工作本身的需求，預備或培養好相關的專業能力。因為任何一個小動作，都將是你表現專業能力與敬業精神的機會。

第一章

第二章

不完美的圓圈

生活就像一個用手繪製的圓圈，永遠不可能是一個完美的圓。坦然接受這個不完美，你將會發現生活中原來有那麼多驚喜。

有一個圓圈，缺了一塊楔子。它想保持完整，便四處尋找那塊楔子。由於不完整，所以它只能慢慢地滾動。一路上，它對花兒露出羨慕之色，它與蠕蟲談天侃地，它還欣賞到了陽光之美。圓圈找到了許多不同的楔子，但沒有一塊與它相配。所以，它將它們統統棄置路旁，繼續尋覓。

終有一天，它找到了一塊完美的楔子。圓圈是那樣的高興，現在它可以說是完美無缺了。它裝好楔子，並開始滾動。現在它已成了一個完美的圓圈，所以滾動得非常快，以至於難以觀賞花兒，也無暇與蠕蟲傾訴心聲。當圓圈意識到因快奔而失去了原有的世界時，它不禁停了下來，將找到的配件棄置路旁，又開始慢慢滾動。

有所得必有所失，有所失也會有所得。一個擁有一切的人其實在某些方面是個窮人，他永遠也體會不到什麼是渴望、期待及如何用美好的夢想滋潤自己的靈魂。

人生的完整性在於知道如何面對缺陷，如何勇敢地摒棄不現實的幻想而又不以為缺憾。人生的完整性還在於學會勇敢面對人生悲劇而繼續生存。

當我們接受不完整性是人類本性的一部分，當我們能不斷地欣賞人生的價值時，我們就會獲得其他人僅能渴望的完整人生。

不捨就不能得

生活中誘惑我們的東西太多，以致心裡累積的煩惱太繁雜，努力的方向過於分散。為了簡化我們的人生，就要經常有所放棄，要學習「斷捨離」，把自己生活中和內心裡的一些東西斷然拋棄。

有個美國碩士正坐在墨西哥一個小漁村的碼頭上，看著一個墨西哥漁夫划著一艘小船靠岸，小船上有好幾尾大黃鰭鮪魚。這個美國碩士對墨西哥漁夫抓這麼高級的魚恭維了一番，然後問他要多少時間才能抓這麼多。

墨西哥漁夫說：「才一會兒就抓到了。」

她再問：「你為什麼不待久一點，好多抓一些魚？」

墨西哥漁夫不以為然：「這些魚已經足夠我一家人生活所需啦！」

她又問：「那麼你一天剩下那麼多時間都在做什麼？」

墨西哥漁夫解釋：「我呀？我每天睡到自然醒，出海抓幾條魚，回來後跟孩子們玩一玩，再跟老婆睡個午覺。黃昏時晃到村子裡喝點小酒，跟朋友們玩玩吉他，我的日子過得充實又忙碌呢！」

美國碩士幫他出主意，她說：「我是哈佛大學企管碩士，我可以幫你的忙！你應該每天多花一些時間去抓魚，到時候你就有錢去買條大一點的船，這樣就可以抓更多魚，再買更多漁船，然後你就可以擁有一個漁船隊。到時候你就不必把魚賣給魚販子，而是直接賣給加工廠，或者可以自己開一家罐頭工廠。如此你就可以控制整個生產、加工處理和行銷。然後你可以離開這個小漁村，搬到墨西哥城，再搬到洛杉磯，最後到紐約，在那裡經營你不斷擴充的企業。」

墨西哥漁夫問：「這要花多少時間呢？」

她回答：「十五到二十年。」

墨西哥漁夫問：「然後呢？」

她大笑著說：「然後你就可以在家當皇帝啦！時機一到，你就可以宣布

股票上市，把你的公司股份賣給投資大眾。到時候就發啦！可以幾億幾億地賺！」

墨西哥漁夫問：「然後呢？」

她說：「到那個時候你就可以退休啦！你可以搬到海邊的小漁村去住。每天睡到自然醒，出海隨便抓幾條魚，跟孩子們玩一玩，再跟老婆睡個午覺。黃昏時，晃到村子裡喝點小酒，跟朋友們玩玩吉他！」

墨西哥漁夫說：「可我現在就過著這樣的生活呀！」

有時我們的心思太複雜，我們的負荷太沉重，我們的煩惱太無緒，誘惑我們的事物太重太多，大大地妨礙了我們，無形而深刻地損害著我們。

曾經有個年輕的建築師一直苦悶自己無法突破前輩們出色的建築設計，她只能跟在大師後面亦步亦趨，這使她感到十分沮喪。

於是，她暫時告別了自己熱愛的工作，帶上所有的積蓄準備遊覽全世界的著名建築。

當她跋山涉水走過了一座又一座城市，見過了一個又一個國家的雄偉建築，最後來到一個無與倫比的輝煌建築 —— 聞名世界的泰姬瑪哈陵時，她被這絕無僅有的建築迷住了。

她的靈感頓時泉湧般噴湧而出，她完成了許多出色的建築設計，成了知名度頗高的建築設計師。

當思路被阻塞時，暫時放棄，換一種方式也許能突破自己。

放棄我們人生田地和花園裡的這些雜草害蟲，我們才有機會與真正有益於自己的人和事親近，才會獲得適合自己的東西；我們才能在人生的土地上播下良種，致力於有價值的耕種，最終收穫豐碩的果實，在人生的花園採摘到美麗的花朵。

放棄得當，是對圍剿自己藩籬的一次突圍，是對消耗自己精力的事件的有力回擊，是對浪費自己生命的敵人的掃射，是自己在更大範圍去發展的前提。

放棄得當，是對壓迫自己的背包的一次清理，丟掉那些不值得你帶走的包袱，你才可以簡潔輕鬆地走自己的路，人生的旅行才會更加愉快，你才可以登得高，看得遠，看到更多更美的人生風景。

因小失大，得不償失

> 有些人喜歡貪圖小便宜，其代價是失去了長遠的利益。所以，對
> 於眼前的一些小恩惠、小誘惑，不妨把眼光放得更長遠些，切不
> 可因小失大，得不償失。

春秋戰國時期，晉國想攻打小國虢，而攻打虢必須途經虞國。因此，晉王贈給虞國國王很多寶物與駿馬，要求虞王讓晉國軍隊通過虞國，以順利攻打虢國。虞國一位大臣竭力反對借路給晉國，他說：「我國與虢國關係十分密切，如果借路給晉國，那麼虢國滅亡的同時也將是我國滅亡之日。請陛下絕對不要接受晉國的禮物。」

但是受到耀眼的寶石和美麗的駿馬所蒙蔽的國王卻不聽大臣的忠告，而借道給晉國。結果正如大臣所猜測的，晉國在滅了虢之後，回程便攻破虞國，寶石和駿馬當然又物歸原主了。

由於虞國國王受到眼前利益的誘惑而不顧無窮的後患，終致亡國。也許有人會取笑虞國的愚蠢，其實像這樣的事情在我們現實生活中也是經常發生的。

再舉一個實例。有「水塔王」之稱的臺灣良機實業有限公司總經理張廣博講述了自己幼時的故事：

張廣博幼年時家境貧寒，出身清苦。小時候經常要幫人割草、放牛，或去賣冰棒，以補貼家用。在那一段辛苦的日子裡，使他領悟到許多為人處世的道理，其中令他畢生難忘的，就是有關賣冰棒給他的啟示。

念小學時的夏天，每逢放學後，張廣博就背著一個裝滿四十支冰棒的木箱，沿街叫賣。

有一天，才賣出三支，突然下起的陣雨又使氣溫下降。因為溫度降低，不但冰棒賣不出去，而且由於木箱內相對溫度提高，裡面剩下的三十七支冰棒開始慢慢融化。

眼看箱裡的三十七支冰棒逐漸融掉，他著急了，因此不時打開箱子查看融化的程度。不料，因為多次打開木箱，外面的空氣跑入，更加速了冰棒的融化。

這下子把他急壞了，心想：「反正就要融掉了，不吃白不吃。」於是一口氣吃掉了剩下的三十七支冰棒。

原本就有點感冒的張廣博，吃下三十七支冰棒之後，病情轉為重感冒。他迷迷糊糊在床上躺了很久，才逐漸康復。

由於捨不得冰棒白白融掉，才一口氣吃掉它們，沒想到引來一場大病，結果不僅不能出去賺錢，更花掉一大筆醫藥費。

這件事也讓張廣博明白，人不可以貪圖小便宜，眼前的利益很容易蒙蔽人的眼睛，為以後的失敗埋下隱患。接受了教訓的張廣博逐漸養成高瞻遠矚的行事風格，最終成就了一番事業。

等待，不如主動尋找機會

機會是留給準備好的人。很多人總是喜歡被動地等待，等待愛情的到來，等待命運的垂青。殊不知，很多大好的機會在你的等待中悄然流失。

一九五〇年代初期，有個叫丹尼爾的年輕人，從美國西部一個偏僻的山

村來到紐約。走在繁華的都市街頭，啃著乾硬冰冷的麵包，他發誓一定要闖出一片屬於自己的天空。

然而，對於沒有進過大學校門的丹尼爾來說，要想在這座城市裡找到一份稱心如意的工作，簡直比登天還難，幾乎所有的公司都拒絕了他的求職請求。

就在他心灰意冷之時，有一天，他接到一家日用品公司讓他前往面試的通知。他高興地去了，但是面對主考官提出的有關各種商品性能和使用方法的問題，他吞吞吐吐一句話也答不出來。說實話，擺在眼前的許多東西，他從未接觸過，有的連名字都叫不出來。

眼看唯一的機會就要消失，在轉身退出主考官辦公室的一刹那，丹尼爾有些不甘心地問：「請問閣下，你們到底需要什麼樣的人才？」主考官彼特微笑著告訴他：「這很簡單，我們需要能把倉庫裡的商品銷售出去的人。」

回到住處，回味著主考官的話，丹尼爾突然有了奇妙的感想：不管哪個地方找員工，其實都是在尋找能夠幫自己解決實際問題的人。既然如此，何不主動出去，去尋找那些需要幫助的人？他想，總有一種幫助是他能夠提供的。

不久，在當地一家報紙上，登出了一則頗為奇特的啟事。文中有這樣一段話：「謹以我本人人生信用作擔保，如果你或者貴公司遇到難處，如果你需要得到說明，而且我也正好有這樣能力給予幫助，我一定竭力提供最優質的服務……」

讓丹尼爾沒有料到的是，這則並不起眼的啟事登出後，他接到了許多來自不同地區的求助電話和信件。原本只想找一份適合自己工作的丹尼爾，這時又有了更有趣的發現：老約翰的花貓生下小貓，可他因為照顧不過來而煩惱，而凱茜的寶貝女兒吵著要貓咪，她卻因找不到賣主而著急；北邊的一所小學急需大量鮮奶，而東邊的一處牧場卻奶源過剩……諸如此類的事情一一呈現在他面前。

丹尼爾將這些情況整理分類，一一記錄下來，然後毫不保留地告訴那些需要幫助的人。而他，也在一家需要市場推廣員的公司找到了適合自己的工作。不久，一些得到他幫助的人給他寄來了匯款，以表謝意。

據此，丹尼爾靈機一動，辭了職，註冊了自己的資訊公司，業務越做越大，他很快成為紐約最年輕的百萬富翁之一。

後來，丹尼爾告誡自己的孩子：成功無定律，幸運從來不主動光顧你，要靠自己去尋找。有時候，給別人幫助的同時，其實也為自己創造了最好的成功機會。

懂得選擇和放棄

> 為什麼我們總是感覺不到幸福？哲人說：「那是因為我們總是選擇太多，放棄太少。」選擇是人生智慧的展示，而放棄則是人性境界的展現。

有一個小女孩在海灘上撿貝殼，很快兩隻手就拿不住了。這時候，一個金黃色的美麗貝殼出現在她面前，小女孩看看貝殼又看看手裡，不禁有些猶豫不決。媽媽對她說：「先放下手中的，再把妳認為最美的放在手裡。」小女孩的媽媽接著告訴她，在成長的過程中她要捨棄更多，不管她願不願意。

有句古話說「有所得必有所失」，還有句話說「有所為有所不為」，可見人生在世什麼都想得到、什麼都想擁有是不可能的。要想得到某些有價值的東西，就要捨得放棄一些相對沒有價值的東西。我們對於人生應該有所追求，但是又不能喪失理智地痴迷和盲目地執著；對於幸福和快樂，應該有所嚮往，但是又不能為生活的瑣事而煩惱，不能患得患失。世間萬物都有它的規律，一切事情都要努力去爭取，一旦力所不能及，就應該果斷地放棄。

選擇是人生的一種態度

其實，人的一生中要經歷無數次選擇，聰明人的心裡有自己的確切目標，知道自己最想要的是什麼，然後按照優先順序在多個目標中做出正確的決定。

在南亞大海嘯中有這樣一個感人的故事：當年輕的母親看著兩個兒子在海灘上追逐嬉戲時，海嘯發生了，這個母親抱起離自己最近的小兒子，趕快找到一個安全的地方躲了起來。海嘯結束，他們也存活了下來。但還有很多人，由於貪戀財物等東西，不願放棄，則被無情的海嘯吞沒了。可以想像，如果那個母親再跑到遠處，抱另一個孩子，她和小兒子的生命，也許都不存在了。這個故事不太符合東方人的倫理，卻也真切地告訴人們一些道理：在人生的抉擇中，很多時候是由不得人的，學會選擇是我們人生的一種藝術，也是一種態度。捨不得扔掉的東西也許很有價值，也許毫無價值，如何取捨就要看我們的目的了。人的情感總是希望有所得，以為擁有越多就會越快樂，迫使我們沿著追尋收獲的路走下去。當我們受了很多苦以後才發現：許多無聊和困惑、痛苦和失落、壓抑和無奈，都和我們渴望擁有更多有關，因為不懂放棄或過分地執著，以致迷失了正確的方向。

放棄是人生的一種智慧

對於許多女人來說，除了事業以外，愛情和婚姻是最為重要的，然而這又是最難掌控的、最不能按照個人意志發展的，它充滿了無奈的變數。因此，有時候隨緣和認命並不代表著消極的人生態度，而是對自然規律的遵循，是對這個世界的尊重與善待。每一個女人，當她還是個小女孩的時候，當她讀了格林童話《灰姑娘》以後，就在她純潔的心靈中，憧憬著某一天會有一個英俊的白馬王子出現在她的面前，與她攜手走進美好婚姻的殿堂，帶給她世間最美好的感情 —— 愛。從此，她開始了苦苦地尋覓和等待。為了獲得，我們每天都在忙碌著，都在追求著，但是當我們真正擁有了那份愛的時

候，卻又懷著一顆忐忑不安的心，害怕有朝一日愛會離我們而去。面對夕陽的嘆息、花開花落的煩惱，使我們本應快樂的人生變得很不快樂。

生活有時會逼迫你，不得不改換愛好，不得不撇開友情，甚至不得不拋下愛情……你不可能什麼都得到，所以應該學會放棄。放棄，是一種對名利的淡薄，對世俗的鄙視。學會放棄，你便可以使負重的人生得到暫時的休息，擺脫煩惱和糾纏，使整個身心沉浸在一種輕鬆悠閒的寧靜之中。學會放棄，你便可以以充沛的精力去做你最想做、最該做、最需要做的事情。

學會放棄是在生活中智慧的表現。放棄了不屬於自己的，珍惜屬於自己的一切，幸福也許就在不遠處。

勇敢放棄你的面子

有些人很愛面子，通常是由於過度地自尊所致。千萬要記住，不要為了顧及自己的面子，而傷害了關心、在乎你的人。

女人都是喜歡包包的，手提包、側背包、後背包；深色、淺色；皮的、布的，不計其數，每一款包包都有一種風情，每一種包都蘊含著一種心情。

她也不例外，擁有很多包，但她最喜歡的是好友給她設計的一款湖藍色亞麻布單肩小包包，樣式別致，僅此一版。她喜歡在週末的時候，紮兩根麻花辮，換上休閒服，背著小包包，挽著老公，遊走於大街小巷，簡單清純如學生。

那個週末，她想和老公去郊區的公園玩，可是他卻說還有很多事沒做，她又是撒嬌又是耍賴地把老公強行押到了公園裡。他們坐在湖邊的草地上，他有些心不在焉地抽著菸，可能是在想工作上的事，她卻心滿意足地靠在他懷裡，充分享受著大自然，連一向討厭的菸味也變得可愛起來。

不知是他的不小心還是她的不在意，一截帶著火星的菸灰不知怎麼的就

落在了她的包上，她一下子憤怒了，他也毫不相讓。她埋怨他不該抽菸，不抽菸就不會弄壞她的包，他氣憤她不應該逼他出來，他要顧工作，還要照顧她，沒有精力照顧她的包。

她覺得他蠻不講理，賭氣不理他，他也不像平時一樣找她講和。後來她才知道，那段時間他公司出現危機，瀕臨倒閉。她想想，自己實在關心他不夠，有些後悔，卻虛榮得不肯道歉。

拿著包去找好友，等著她對自己的責怪。沒想到好友卻笑笑說：「這麼一點小洞，我給妳繡朵花，保證比以前還漂亮。」她心裡才有些坦然，斷斷續續地講了和老公的冷戰。

好友說：「就一個包而已，再珍貴畢竟是身外之物，老公只有一個，是妳至親至愛陪妳風風雨雨的人啊。既然知道自己不對，就去承認錯誤吧。妳為什麼一定要等他道歉呢，愛情裡沒有誰高誰低，放下妳的面子和優越感，為了這個和妳相伴終身的人，有什麼不可以呢？」

有些人總是享受著另一半的追求以及細心的呵護，總會覺得是他先主動的，他就要遷就和忍讓，就該在吵架時先來道歉。其實，在愛情裡要勇敢放棄你的面子。我們應該知道什麼東西該放棄，什麼時候該放棄，為了自己心愛的人，有時候放棄一些東西是值得的。

第二章

第三章

錯過花，你將收獲雨

> 痛過了，才會懂得如何保護自己；傻過了，才會懂得適時堅持與
> 放棄。人生的路上並不平坦，不過要記住：錯過花，你將收獲雨。

學會放棄，在落淚以前轉身離去，留下簡單的背影；學會放棄，將昨天埋在心底，留下最美的回憶；學會放棄，讓彼此都能有個更輕鬆的開始，遍體鱗傷的愛並不一定就刻骨銘心。這一程情深緣淺，走到今天，已經不容易，輕輕地抽出手，說聲再見，真的很感謝，這一路上有你。曾說過愛你的，今天，仍是愛你。只是，愛你，卻不能與你在一起。一如愛那原野的火百合，愛它，卻不能攜它歸去。

每一份感情都很美，每一程相伴也都令人迷醉。是不能擁有的遺憾讓我們更感繾綣；是夜半無眠的思念讓我們更覺留戀。感情是一份沒有答案的問卷，苦苦地追尋並不能讓生活更圓滿。也許一點遺憾，一絲傷感，會讓這份答案更雋永，也更久遠。

收拾起心情，繼續走吧，錯過花，你將收獲雨；繼續走吧，你終將收獲自己的美麗。

最近有一個令人震驚的例子，一位在婚姻關係中不斷有外遇的丈夫，在因前妻以驗傷單為由訴請離婚後，過了幾年還來潑前妻硫酸，導致前妻一眼失明，全身百分之四十燒燙傷。她失去工作，嚴重破了相，更必須撫養兩個孩子，還在擔心因傷害罪入獄的前夫假釋出獄，繼續傷害她。更可怕的是她的前夫沾沾自喜地叫人來傳話：「現在妳沒人要了吧，我還是可以要妳，妳乖乖把孩子帶回來……」

一個永遠不想失去你的人，未必是愛你的人，未必不傷害你，還傷害得理所當然。

在心中如果有「曾經擁有就永遠不要失去」的偏執念頭與占有欲，越想要獲得愛的永久保證書，只會越走越偏離。

　　有時候為了強求一樣東西而令自己的身心都疲憊不堪，是很不划算的。再者，有些東西是只可遠觀而不可近看的，一旦你得到了它，日子一久你可能會發現其實它並不如原來想像中的那麼好。如果你再發現你失去的和放棄的東西更珍貴的時候，我想你一定會懊惱不已。所以也常有這樣的一句話：「得不到的東西永遠是最好的」。所以當你喜歡一樣東西時，得到它並不是你最明智的選擇。

　　喜歡一個人，就要讓他快樂，讓他幸福，使那份感情更誠摯。如果你做不到，那你還是放手吧。學會放棄，因為放棄也是一種美麗。

瑪丹娜的減歲哲學

> 當心靈拂去塵埃，當你有足夠的智慧不去理會生命中那沒有意義、沒有價值、繁瑣無聊的事情，你的心態就會年輕許多。

　　當驚世駭俗的瑪丹娜四十歲的時候，她進入了生命的成熟期，但是她一樣有驚人之論。她說雖然生理年齡四十歲了，但是她卻認為自己必須減五歲，實際上是三十五歲才對！

　　她的理由有四個：當年與西恩・潘的婚姻，可說有一整年是浪費掉的，因此必須減去一歲。她與喜劇演員珊德拉・班哈特為某件事而翻臉，兩年的友情算是空白，又要減兩歲。接下來是她曾經演出過大爛片《赤裸驚情》，所以這一年也不能算。最後是演出《狄克崔西》時與華倫比提的戀愛謠傳，那一年等於是浪費她的生命，因此必須要減掉那一年。

　　如此推算下來，果然她又多了五歲！真的可以理直氣壯地再年輕一次了！

　　想想看，你是否也有些歲月是浪費掉，需要重來的？花了五年時間愛錯了一個男人？減掉五歲吧！因為失戀而消沉了一年？減掉一歲！花兩年時間

做了一份不喜歡的工作，減掉兩歲！這樣算下來，你是不是又年輕了幾歲？時間對你再也不是壓力了！你是不是又可以重新開始嘗試嶄新的生活？

其實時間是供我們垂釣的溪流。在這條溪流中，我們想要抓住星星、月亮或魚群、水草，完全掌握在我們的手中。汨汨的河水流逝了，年輕的心境卻永遠不會磨損。

法國思想家蒙田說：「我寧願有一個短促的老年，也不願在我尚未進入老年期就老了。」

好好掌握自己的生命，運用減歲哲學將使你的心情永遠不會衰老，永遠有機會重新開始！

越貪婪越是什麼也得不到

貪得無厭，形容人貪婪過度，永遠沒有滿足。古希臘寓言家伊索說：「有些人因為貪婪，想得到更多東西，卻把現在所擁有的也失掉了。」

一個乞丐在大街上垂頭喪氣地往前走著。他的衣衫襤褸，面黃肌瘦的，看起來很久沒有吃過一頓飽飯了。他一邊走，一邊嘀咕著：「要是能讓我吃飽一頓該多好啊！為什麼我就這麼窮呢！」他痛恨貧窮，怪命運女神太不照顧自己。

正在此時，命運女神出現在乞丐的面前。乞丐揉了揉混濁的雙眼，認出是命運女神，連忙跪倒在地，低聲哀求道：「慈愛的命運女神啊，幫幫我這可憐的人吧！可憐可憐我吧，我現在什麼都沒有了。」

命運女神和氣地問乞丐：「那你告訴我吧，你最想要什麼？」

乞丐早就把自己剛才的願望拋到了九霄雲外，張口就說：「我要金子！」

命運女神說：「脫下你的外衣來接吧。不過不要接得太多，那樣會把衣服

撐破的。這些金子只有被接住並且牢牢地包在衣服裡才是金子，要是掉在地上，就會全部變成垃圾。」乞丐大喜過望，三兩下就脫下了衣服。

命運女神輕輕地一揮手，只見金子像流星雨一樣，閃著金光，一塊塊地落在乞丐的衣服上，漸漸堆成了一座小金山。

命運女神說：「小心啊！你的衣服就要被壓破了，再多裝一點金子就要掉下去了。」乞丐看著飛來的金塊，兩眼放光，哪裡聽得進女神的勸告，只是一味興奮地嚷嚷：「再給點，再給點！」

正喊著，只聽嘩啦一聲，他那破舊的衣服裂開了大口子。金子滾落在地上，就在落地的那一瞬間變成了磚頭、玻璃和小石塊。

命運女神消失了。乞丐又變得一無所有，他只好披上那件更破更爛的衣服，繼續沿街乞討。

有捨才有得

該得時你便得之，該失時你要大膽地讓它失去，要相信：有捨才有得。

有個人說了這樣一個有趣的事：他曾經和前女友做了一個小測驗，說如果同時丟了三樣東西：錢包、鑰匙、電話簿，最緊張哪一樣？前女友毫不猶豫地選擇了電話簿，而他毫不猶豫地選擇了鑰匙。答案說，前女友是一個懷舊的人，他是一個現實的人。

後來他們分手了。前女友的確總被過去糾纏得不快樂，一段大學時代未果的愛情至今還讓她念念不忘，而他早已為人夫，為人父了。前女友的心停在了過去，一直後悔當初沒有堅持到底，因此又錯過了很多不錯的人。他問她：「還可以挽回嗎？」她搖搖頭，他說：「那為什麼不放棄？」她無奈地說：「放棄不了。」他說：「其實是妳不想放棄。」

有句古語說：「苦海無邊，回頭是岸。」偏偏有人就執迷不悟，因此，煩惱都是自尋的。

外在的放棄讓你接受教訓，心裡的放棄讓你得到解脫。生活中的垃圾既然可以不皺一下眉頭就輕易丟掉，情感上的垃圾也無需守護。

不要總想著挽回，有時人生需要放棄。

放棄是一門藝術。在物欲橫流的今天，既需要你做出選擇，而更多的則是放棄。與其說是抉擇得當，不如說是放棄得好。人生苦短，要想獲得越多，就得放棄越多。那些什麼都不放棄的人，是不可能有多少獲得的。其結果必然是對自身生命的最大的放棄，讓自己的一生永遠處在碌碌無為之中。

放棄是一種讓步，讓步不是退步。讓一步，避其鋒，然後養精蓄銳，以利更好地向前衝刺。

放棄是量力而行。明知得不到的東西，何必苦苦相求，明知做不到的事，何必硬撐著去做呢？

放棄是明智的選擇，該得時你便得之，該失時你要大膽地讓它失去。有時你以為得到了一些時，可能失去了很多；有時你以為失去了不少，卻有可能獲得許多。不以得喜，不以失悲。盡自己最大的努力去做，管它花開花落，笑看雲卷雲舒。

這是你的選擇

要學會為自己的選擇負責，而且一定要保持自己選擇的權利和自由。只有這樣，你才會贏得人們的尊重，贏得愛人的尊重。

一個美國男人看中了一個臺灣女孩，便一直追著不放。最後，臺灣女孩辭掉了令人羨慕的工作，跟美國男人結了婚，飛到大洋彼岸去了。

「我放棄了那麼好的工作，遠離父母跟你到美國來，這可是我為你做出的

犧牲呀。」臺灣女孩說。她以為這樣說能使他感動，沒想他只是說：「不，不，我不認為這是什麼犧牲。在我看來，這只是妳的一種選擇。」

她後來才意識到，美國人在人際交往中，只會尊重你的選擇，而不會承認你的犧牲。這就意味著：你做出的所有決定，都必須符合你自己的心願，符合自己的心願才能成為自己真正的選擇。這樣與人打交道，才會擁有真正的平等，同時也才能贏得他人的尊重。那個美國男子是一位通曉中英文的醫生，在美國是很容易賺錢的，他工作一個小時就有一百美元的收入，但是她卻跟國內的朋友說：「我必須工作，必須自己賺錢。如果沒有經濟上的獨立，就不可能做出真正符合自己心願的選擇，也就不可能贏得他長久的尊重。」

她做出了自己的選擇，也學會了為自己的選擇負責，並且她贏得了自己，以及所愛的人的尊重。

第三章

第四章

再艱難也不要放棄信念

當你跌倒時，唯一能讓你再站起來的人，只有你自己。

法國文豪羅曼・羅蘭（Romain Rolland）曾說：「累累的心靈創傷，就是生命給你的最好回饋。因為，每個創傷上面都標著邁向成功之路的記號。」

的確，平靜的湖面，訓練不出精明能幹的水手；安逸的環境，造就不出劃時代的英雄。因此，如果我們有朝一日功成名就，首先要感謝的人，應該是那些曾經折磨過自己的人。

在美國一個小鎮上，有個名叫露茜麗・鮑爾的小女孩，從小便立定志向，要成為一個著名的演員。十八歲時她進了一家舞蹈學校學習跳舞。

然而，在這家舞蹈學校唸書三個月後，她的母親突然接到了一封學校的信函，上面寫著：「您好，相信每個人都知道，本校一向是以培育最佳的表演人才聞名，世界上幾乎所有著名的表演工作者，都是從本校畢業的。所以，我們一眼便能辨識出學生的資質如何。遺憾的是，我們還真沒有見過像您女兒這樣差的資質，因此我們必須請令千金退學，以保證我們的學生程度。」

露茜麗退學後，一邊打工，一邊利用工作之餘參加各種演出與排練，即使沒有報酬，她也無所謂。

露茜麗為了實現自己的夢想而努力著，但幸運之神並未降臨，病魔卻纏上了她。一天，醫生告訴她：「妳的雙腿開始出現萎縮，以後恐怕不能行走了！」

露茜麗沒有被病魔嚇倒，她告訴自己：「我一定會站起來。」回到家中，在家人們的支持下，她開始了艱苦的康復訓練。

經過無數次的跌倒，更忍受了每一次康復訓練的痛苦，兩年後，奇蹟出現了，她終於能再次奔跑了！

戰勝了病魔之後，露茜麗更加努力地向著自己的目標奮鬥。由於年齡已大，身體狀況不佳，她的表演之路更加艱辛，然而露茜麗・鮑爾一點也不氣

餒。她告訴自己：「我已經能自己行走了，以後再也沒有什麼事能難倒我，我一定會成功。」

直到四十歲，露茜麗終於獲得一次相當難得的演出機會，有個電視臺的導演看中了她，認為有個角色非常適合由她來扮演。從這一刻起，她的表演之旅正式開始。

露茜麗‧鮑爾的演出非常成功，她越來越受歡迎。在電視螢幕裡，每個人看見的，不是她的跛腿與滿臉的滄桑，而是她傑出的表演天分與不懈的努力，是一個不顧一切實現自己夢想的成功典範！

從露茜麗的經歷中，我們可以得出這樣一個結論：永遠不要放棄，只要還活著就有機會。

年齡不是阻礙，體能更不是藉口，只要我們充滿信心，鼓起勇氣，跌倒後再站起來，我們便能在困苦中發現生命的樂趣。

沒有人能預見目的地！我們經常聽見的所謂預言，很多時候只是不負責任的臆測；根本沒有人能未卜先知，也沒有人能預測你的人生。因為當你跌倒時，唯一能讓你再站起來的人，只有你自己。

不要被過去傷害

> 過去的已經過去，抓住現在就意味著和昨天的痛苦決裂。不要由
> 於往日的痛苦，而失去燦爛的今天和精彩的明天。

人生發生各式各樣的不幸都是在所難免的，如何面對過去遇到的各種不幸？安東尼‧羅賓提出忠告：「把苦惱、不幸、痛苦等等認為是人生不可避免的一部分。當你遇到不幸時，你得抬起頭來，嚴肅對待，並且說：『這沒有什麼了不起，它不可能打敗我。』其後，你得不斷向自己重複使你愉快高興的話：『這一切都會過去。』」

你絕對不可能回到過去。這一事實太明顯了，沒有必要提及，過分提及，只能引發自己心理上的危機。如果你因過去的事情耗盡現在的時光而一蹶不振，那麼拋棄過去的第一步便是放棄這樣的態度。這裡面包括改變自己對待現在的態度，而不是人為地消除過去確實發生的事情。

有一個年輕人與朋友一起創業，幾年下來賺了不少錢，卻被他信賴的朋友陷害奪走了。那時他還很年輕，還有很多東山再起的機會，但他卻被受騙受害的慘痛記憶折磨著，再跨不出成功的一步。看似上了一次當，其實毀了一生。一位女子讀高中時慘遭強暴，後來一直被痛苦的記憶折磨著，不得不放棄學業，此後不再和男性交往，將自己完全封閉，過著黯淡的人生。她受害一次，往後人生便時時刻刻活在過去的陰影中。

這種記憶是讓人終生痛苦的負擔，與其珍藏，不如忘卻。忘記，是對痛苦的解脫。儘管忘記過去是十分痛苦的事情，但是因為過去發生的事情，損害了目前存在的意義，你就是在無意義地損害自己。如果不學會忘記，讓那些傷心事、煩惱事、無聊事永遠縈繞於心頭，在心中烙下永不褪色的印記，那就等於背上了沉重的包袱、無形的枷鎖，會活得很累很苦。不愉快的記憶要捨棄雖然很難，但是遠比一直被它折磨拖累著要容易。

在低谷中崛起

> 處在人生的低谷，不要徘徊和失望，否則你永遠都走不出人生
> 的低谷。

人生的旅途，並非是一帆風順，它就好像是大海上的波浪，起起落落。不論是在波浪的巔峰還是波浪的低谷，浪起別張狂，浪落勿氣餒。

處在生命的低谷在所難免，世事不會全都順心如意，如果你由此怨嘆、悲泣、痛苦，甚至傷害他人，是不明智的做法。人生就像股票，不總是下

滑，總有回升的時候。如果股票跌入谷底時，你喪失希望甚至絕望，不安慰自己，和自己過不去，就會走上極端，甚至會逼死自己。也許並不是你想這樣做，只是因身處低谷而被沮喪、無奈的情緒所左右，不能自拔，做出違心的事情。

低落的情緒會牽引一個人墮落。如果此時你正處於生命的低谷，你要用意識及意志盡快解救自己！就像一個身患重病的病人，他想活下去的意識及意志非常重要。如果他沒有了活下去的信心，再優秀的醫護人員、先進的醫療設備、有效的藥品來拯救他，也挽救不了他的生命。

超脫一些吧！怨嘆、悲泣、痛苦，也救不了你，它只會加深你的怨嘆、悲泣、痛苦，導致你墜落得更深、更慘！

古今中外，多少名人志士的成功都是在生命的低谷中成就的，他們擁有的許多人生哲理，也是在生命的低谷中領悟的。他們巔峰時期實現的理想，也是在生命的低谷中醞釀的。想一想，他們能，為什麼我們不能呢？只要努力，我們也完全能夠實現呀！處在人生的低谷，不要徘徊、失望，不要抱怨命運不佳，否則你永遠都走不出人生的低谷。

當生命的浪潮湧來，如果不懂得應對必會沉淪。如果懂得順勢躍起，駕馭浪潮，就會在風浪中前進。處在生命的低谷，不要手足無措，讓自己平靜下來，認真思考身處低谷時應該怎樣養精蓄銳，累積奮發的信心與能量，為一鳴驚人做充分的準備，增進奮起的信心與動力，相信你早晚會有出頭之日的。

面對問題，抱怨不是解決辦法

面對問題，抱怨不是解決問題的辦法，更不要逃避。只有去除浮躁，踏實做好事情才會體會到快樂。

　　抱怨人人都會有，牢騷人人都愛發，只是在發出怨言之前，請先想好，免得當你抱怨完後，才發現問題變得更嚴重。

　　有一匹生長在農家的馬兒，每天都有許多工作要做，經常累得筋疲力盡，但是主人給的飼料卻很少。

　　一天，這匹馬兒向上帝祈求，希望能讓牠換個新主人。

　　沒想到，這個願望真的實現了。

　　幾天之後，農夫把牠賣給了一個做陶器的工匠。於是，馬兒非常開心地來到了新的環境。

　　沒想到，來到這個陶器匠的家中，馬兒的工作更多了，牠幾乎連喘口氣休息一下的時間都沒有。

　　不久，馬兒又開始抱怨了，埋怨自己的命運不好。於是，牠再次祈求上帝，希望能重新再找一位主人。

　　上帝讓牠的願望再次實現了。

　　這次，陶器匠把牠賣給了一個皮革匠。

　　當馬兒來到皮革匠的院子，看見到處掛滿了馬皮時，只能大聲地哀嘆：「唉，我真是可憐！早知道這樣就應該安分地跟著原來的主人，現在我什麼工作都不必做了，只是我的皮恐怕也不保了。」

　　面對問題，抱怨和逃避都不是最好的方法。常聽到人們說，做一行怨一行，但是，我們可以補充一句，離開了這一行，才後悔當初怎麼不珍惜。其實，只有做好了自己應該做的事情，才能夠無怨無悔。

失戀，沒有那麼可怕

　　失戀可以讓人們更加成熟！失戀是痛苦的，但沒有失戀的人生是不完整的，甚至是可悲的。失戀中的你一定要相信，真愛對真心的人來說，絕對不是遙不可及的。

如果真有月老，能指引我們直接找到屬於我們的真命天子，那該多好！然而，現實卻並非如此。現代社會，能夠使初戀一直延續下去，並且伴隨自己終生的人越來越少了，失戀也成了生活中的家常便飯。雖然失戀是常事，但面對失戀而不痛苦的人，應該是鳳毛麟角。有人因為失戀的痛苦而增加了人生經驗，提高了下一次戀愛成功的可能；也有人因為失戀的痛苦而一蹶不振，從此談愛色變，封閉自己，孤獨一生；更有人因為戀愛的失敗而妄自菲薄、自輕自賤，失去了繼續生活下去的信心和勇氣，走上了輕生的絕路……

「愛之深，痛之切」，戀愛給人的幸福有多強烈，那麼失戀帶來的痛苦也就有多深刻。失戀的痛苦，大多來自於對愛的留戀，對戀人的不捨，以及被遺棄的傷心。但是因為對方已經主動走出了你的世界，所以你不得不抽身出來。

那麼，沒有來得及抽身出來的一方，該怎麼擺脫失戀的痛苦呢？

最好的辦法是進行逆向思考。逆向思考是一種認識事物的思考方式，它可以加深或矯正由正向思考所獲得的，對事物的某些認知。比如：在失戀之後，如果腦子裡總是些「我哪裡做錯了」、「他把我給甩了」之類的念頭，就看不到事情的本質，也無法真正擺脫失戀帶來的打擊。其實不妨反過來想想，可能你們兩個本身確實存在著不和諧的因素，只不過他早你一步看到了，而你因為對感情有更多的不捨，沒有關注這些而已。現在，你可以仔細想一想，跟他在一起，你真的可以得到幸福嗎？或者，你真的可以給他幸福嗎？如果他不能給你幸福，那麼他義無反顧地選擇分手，你應該感謝他；如果你無法給他幸福，那你應該在分手之後，給他最真誠的祝福，希望他找到適合他的伴侶。這樣想一想，你一定會好很多。

第二個辦法是暫時拋開失戀的痛苦，將全部身心投入到社會生活中去。除了愛情，我們的生活中還有很多面向 —— 家人、朋友、工作等等。將之前因為戀愛而一時忽略的，一一重新拾起。如果長期以來只顧戀愛，幾乎沒有關心過父母的需要，那麼，現在是時候去想一想了；如果你家裡有一隻可愛

的小狗，那麼，現在是時候去陪陪牠，帶牠出去散散步了；如果你的事業因為戀愛而一度停擺，那麼，何不趁現在好好地努力？說不定你的下一個事業高峰就在不遠處呢！總之，既然必須將眼神從曾經的戀人身上移開，那麼，不妨多看看周圍的事物，它們一直在那裡，而你已經很久沒注意它們了。

這個方法還有另外一個好處，那就是使失戀者在別的地方找到安慰，恢復自信。畢竟，失戀意味著自己被對方拒絕了，而對方是自己在乎的人，所以，一定程度的挫敗感是在所難免的，只不過挫敗感的深淺因人而異。有著較深挫敗感的人，在把失戀的責任歸咎於自己的同時，會產生深深的自卑，甚至完全改變原來的世界觀和人生觀，這會對其工作和生活等方面產生不良影響。所以，鼓勵自己克服失去面子和羞愧心理，盡快從失戀的陰影中走出來，是極為必要和緊迫的。

第三個辦法就是讓自己走進大自然，從自然界的賜予中昇華心靈，感受啟發。比如，在浩渺的大海邊，奔騰不息的浪花能使你想到人生的各種風浪，進而產生努力打拚、戰勝困難的勇氣；在高聳入雲的山巔，遼闊的視野使你暫時忘卻世俗的痛苦，淨滌心靈，以嶄新的面貌重新開始你的人生；在碧波蕩漾、波光瀲豔的湖畔，你煩惱、悲苦的心得以平靜下來，你可以回過頭來重新思考自己的戀愛歷程，你的答案可能會有所不同，你也可以積極勾畫你的未來藍圖，那一定使你熱情澎湃、信心倍增。大自然有好多美麗的景色，它們是我們人生財富的一部分，我們何不善加利用呢？

總而言之，失戀了，意味著這段戀愛已經成為過去，那麼，我們就只有及時抽身出來，才能以良好的精神狀態繼續今後的人生之路。

再婚女性應有的心態

再婚也可以很幸福，但一定要擁有良好的心態。第一次婚姻只是過去，妳更應該掌控好的是現在和將來。

　　在封建社會「三從四德」的禁錮下，女人對自己的婚姻沒有任何選擇的權利，從一而終是她們唯一的選擇。如今的女性，對自己的婚姻一般都有自主權，結婚後，也擁有相對的獨立，不必對丈夫唯命是從；一旦對自己的丈夫不滿意，還可以按照自己的意願恢復自由身。比起過去的女性，如今的女性自然是幸福多了。但是，離婚畢竟意味著人生中的一次挫敗，也必然會使女性的心理產生一些變化，這些變化在女性再次結婚後，可能會探出頭來，對女性的第二次婚姻產生或多或少的影響。這就需要女性再婚後面對現實生活，過好心理調適這一關，忘掉過去的傷痛，真正邁向自己人生的春天。

　　具體來講，再婚女性的心理調適應從以下幾方面入手：

　　期望值不要過高。由於第一次婚姻的失敗，再婚的女性對第二次婚姻一般都抱有較高的期望。但事與願違，由於再婚雙方的種種心理因素，許多再婚家庭從一開始就潛伏著危機。比如，雙方都有各自的子女的再婚家庭，在生活中難免會產生很多利益衝突，這些衝突直接影響家庭的和睦，降低婚姻的品質。對這樣的婚姻，期望值太高顯然是不明智的。因此，再婚的女性要學會面對現實。不管是初婚還是再婚，都不可能一帆風順。只要保持一個良好的心態，夫妻雙方注意感情交流，加深理解，學會諒解，生活就一定會美滿的。

　　克服嫉妒心理。有的再婚女性總擔心自己在丈夫心目中的地位不及他的前妻重要，尤其是丈夫在喪偶的情況下，更是如此。於是，總不由自主地拿自己與丈夫的前妻比較。有的再婚女性甚至阻止丈夫保留前妻的紀念物，或三番兩次讓丈夫表態 —— 到底誰好？或要求丈夫徹底忘記前妻……這種種做法往往使夫妻之間的矛盾更加激化，使丈夫對前妻更加念念不忘。所以，為了把握好這第二次婚姻，女性一定要克服嫉妒心理，以真誠的心面對再婚後的新生活，用實際行動讓丈夫真正從第一次婚姻中解脫出來，共同構築你們的幸福。畢竟，丈夫的前妻擁有的是他的過去，而妳擁有的是他的現在和將來。

　　避免回歸心理。很多再婚女性在與丈夫相處一段時間之後，發現他與前任丈夫相比，有些地方不及前任丈夫。於是開始想起前任丈夫的好，對其陷入了深深的懷念之中，尤其是那些基於喪偶而再婚的女性，她們多數還對前夫有著較深的依戀，再婚，一般是出於對家庭和孩子考慮。所以，她們對於第二次婚姻有一種潛在的牴觸情緒，往往要經過很長時間才能徹底擺脫前一次婚姻的影響。當然，也沒有必要完全忘記對前夫的思念之情，但要盡力避免回歸心理，不要總是去追憶往事，或者將前後兩個丈夫進行對比。事實上，互相比較很難得出理想的結論。既然過去的沒辦法追回，那就應該以嶄新的面貌開始新的生活，因為重要的是現在和將來，而不是過去。

　　相互信任。信任是維持美滿婚姻的前提。再婚女性的戒備心理往往比較嚴重，尤其在夫妻雙方都有各自的孩子的再婚家庭，女性的戒備心理會更加強烈。比如有的夫妻在經濟開支上「你」、「我」分得很清，有的建立自己的小金庫以防不測，有的擔心對方偏袒自己的孩子等等。這種不信任會直接影響夫妻間的感情，導致夫妻間的矛盾衝突，最終危及到婚姻。所以，要想第二次婚姻能長長久久，就一定要在夫妻之間建立起相互信任，對雙方的孩子一視同仁，在經濟開支上善加溝通，不要過於計較，對家庭的財產不要有什麼私心。只要做到了這些，要建立再婚夫妻之間的信任應該不是難事，要維持再婚家庭的長久和睦應該也不是難事。

失敗面前，勇於屢敗屢戰

　　通向成功之路並非一帆風順，會遭受很多挫折和失敗，成功的關鍵在於能否屢敗屢戰。很多時候，看似已經山窮水盡了，實際上你離成功僅有一步之遙。

　　梅西於一八八二年生於波士頓，年輕時出過海，之後開了一家小雜貨

鋪，賣些針線。鋪子很快就倒閉了。一年後，他另開了一家小雜貨鋪，仍以失敗告終。

在淘金熱席捲美國時，梅西在加利福尼亞開了個小飯館，本以為供應淘金客膳食是穩賺不賠的買賣，豈料多數淘金者一無所獲，什麼也買不起。這樣一來，小鋪又倒閉了。

回到麻塞諸塞州之後，梅西滿懷信心地做起了服裝生意，可是這一回他不僅是小店倒閉，更是徹底破產，賠了個精光。

不死心的梅西又跑到新英格蘭做服裝生意，這一回終於迎來了成功。他買賣做得很靈活，甚至把業務祿展到其他性質的商店。慢慢地，梅西累積了巨大的財富。後來位於哈頓中心地區的梅西公司，成為了世界上最大的百貨公司之一。梅西成了美國百貨大王。

還有一個屢敗屢戰的事例。

保羅・高爾文是個身強力壯的愛爾蘭農家子弟，充滿進取精神。十三歲時，他見別的孩子在火車站月臺上賣爆米花，他不由得被這個工作吸引了，也一頭栽了進去。

但是他不懂得，早已占住地盤的孩子們並不歡迎有人來競爭。為了幫他懂得這個道理，孩子們搶走了他的爆米花，並全部倒在了街上。

第一次世界大戰以後，高爾文從部隊退役回家，他在威斯康辛開了一家電池公司。可是無論他怎麼賣力工作，產品依然沒有銷路。有一天，高爾文離開廠房去吃午餐，回來只見大門被上鎖，公司被查封了，高爾文甚至不能再進去取出他掛在衣架上的大衣。

一九二六年，他又跟人合夥做起收音機。當時，全美國估計有三千臺收音機，預計兩年後將擴大一百倍。但這些收音機都是用電池做能源的。於是他們想發明一種燈絲電源整流器來代替電池。這個想法本來不錯，但產品還是無法拓展銷路。眼看著生意一天天走下坡，他們似乎又要停業關門了。

此時高爾文利用郵購銷售的辦法招攬了大批客戶。用這些資金，他建立

了專門製造整流器和交流電真空管收音機的公司。可是沒出三年，高爾文依然破了產。

這時他已陷入絕境，只剩下最後一個掙扎的機會了。當時他一心想把收音機裝到汽車上，但有許多技術上的困難需要克服。

到一九三〇年底，他的製造廠帳面上已淨欠三百七十四萬美元。在一個週末的晚上，他回到家中，妻子正等著他拿錢來買食物、交房租，可他摸遍全身只有二十四美元，而且全是借來的。

然而，高爾文並沒有因此停止奮鬥，經過多年的不懈努力，高爾文終於成了腰纏萬貫的富翁。他蓋的豪華住宅，就是用他的第一部汽車收音機的牌子命名的。

磨練是成功的必經之路

磨練是一個人獲得成功所必須的過程，大凡成功者都歷經磨難。

一個人只有經歷長久的歷練，才會擁有成功的籌碼。

莫泊桑一生寫了三百四十多篇短篇小說和六部長篇小說，赤裸道出資產階級的虛偽與自私，他是法國的現實主義作家。他的文學成就以短篇小說最為突出，寫出了《羊脂球》、《項鍊》等一眾佳文，被譽為「短篇小說之王」，對後世產生極大影響。但是很多人並不知道，三十歲以前的莫泊桑一直默默無聞。

莫泊桑十三歲的時候，考入里昂中學，他的老師是當時著名的高蹈派詩人布耶。布耶在學校裡發現莫泊桑經常寫詩，便把莫泊桑的筆記本拿來翻閱。筆記本上有幾句詩：「人的生命，有如船在海上駛過的水痕，慢慢變遠，慢慢變淡。」這幾句詩表達消極情緒，有詩意，文句也很優美。布耶覺得他有寫詩的才能，便不斷引導他，啟發他。為了更好地培養他，布耶決定讓福樓

拜來幫助他。

正巧莫泊桑的舅舅也是福樓拜的朋友，因此莫泊桑萌生了拜福樓拜為師的想法。

福樓拜是世界聞名的作家，當時在法國享有崇高的聲譽。他看了看莫泊桑的作品，對他說：「孩子，我不知道你有沒有才氣。在你帶給我的東西裡表明你有某些方面的聰明，但是，你永遠不要忘記，一位作家曾經說過，才氣就是堅持不懈。你得好好努力呀！」莫泊桑點點頭，把福樓拜的話牢牢記在心裡。福樓拜想考一考莫泊桑的觀察能力和語言基本功。一天，福樓拜帶莫泊桑去看一家雜貨鋪，回來後要莫泊桑寫一篇文章，要求所寫的商人必須是雜貨鋪的那個商人，所寫的事物只能用一個名詞來稱呼，只能用一個動詞來表達，只能用一個形容詞來描繪，並且所用的詞，應是別人沒有用過甚至是還沒有被人使用過的。莫泊桑嚴格按照老師的要求去做，他寫了改，改了寫，反反覆覆，指導老師露出滿意的笑容……。

在福樓拜的嚴格要求下，莫泊桑的寫作程度進步飛快。後來，他就寫開始劇本和小說了，寫完就請福樓拜指點，福樓拜總是指出一大堆缺點。莫泊桑修改後要寄出發表，但是福樓拜總是不同意，並且告訴他，不成熟的作品，不要寄往刊物上發表。

剛開始，莫泊桑唯命是從，福樓拜不點頭，他就把文稿放在櫃子裡。慢慢地，文稿堆起來竟有一人高，莫泊桑開始懷疑福樓拜是不是在有心限制自己。

一天，莫泊桑悶悶不樂，到果園去散心。他走到一棵小蘋果樹面前，只見樹上結滿了果子，細嫩的枝條被壓得貼在了地面，再看看兩旁的大蘋果樹，樹上雖然也果實累累，但枝條卻硬朗地支撐著。這給了他一個啟示：一個人，在「枝幹」未硬朗之前，不宜過早地讓他「開花結果」，「根深葉茂」後，是不愁結不出豐碩的「果實」來的。從此，他更加虛心地向福樓拜學習，決心使自己「根深葉茂」。

　　一八八〇年，莫泊桑已經三十歲了，可是他在文壇還是默默無聞。這一年，他寫了篇題為《羊脂球》的短篇小說，並把它送給福樓拜請求指點。福樓拜讀完這篇小說後，興高采烈地向他的學生祝賀說：「這篇小說寫得太好了！說明你的作品已經成熟了，完全可以見世面了！」不久，《羊脂球》正式發表。這篇小說一問世，就轟動了法國文壇，使莫泊桑一舉成名。人們爭相傳頌莫泊桑的名字，但他們哪裡知道，這部作品凝結了莫泊桑多少汗水啊！

　　沒有持久的磨練，是不可能完成偉大的作品的。人不經歷磨練，也不可能取得成功。

堅持是突破窘境的利器

　　《荀子‧勸學》：「鍥而舍之，朽木不折；鍥而不舍，金石可鏤。」

　　無論人生、事業或者愛情，若想成為成功者，就必須懂得堅持。

　　藤田田是日本麥當勞株式會社的名譽社長，他開創了日本的麥當勞公司。藤田田一九六五年畢業於日本早稻田大學經濟學系，畢業之後隨即在一家大電器公司工作。

　　一九七一年，他開始建立自己的事業，經營麥當勞。麥當勞是聞名全球的連鎖速食公司，採用的是加盟連鎖機制，而要取得加盟資格是需要具備相當財力和特殊條件的。而藤田田當時只是一個剛出校門幾年、毫無家族資本支援的上班族，根本就無法具備麥當勞總部所要求的七十五萬美元現款和一家中等規模以上銀行信用支援的苛刻條件。只有不到五萬美元存款的藤田田，看準了美國連鎖速食文化在日本的巨大發展潛力，決意要不惜一切代價在日本加盟麥當勞，於是絞盡腦汁四處周轉。事與願違，五個月下來，只借到四萬美元。面對巨大的資金落差，要是一般人，也許早就心灰意冷了。然而，藤田田卻偏有向困難說「不」的勇氣和銳氣，偏要迎難而上。

　　於是，在一個風和日麗的春天的早晨，他西裝革履、滿懷信心地跨進日本住友銀行總裁辦公室的大門。藤田田以極其誠懇的態度，向對方表明了他的創業計畫和求助心願。在耐心地聽完他的話之後，銀行總裁做出了「你先回去吧，讓我再考慮考慮」的決定。藤田田聽後，心裡即刻掠過一絲失望，但馬上鎮定下來，懇切地對總裁說了一句：「先生可否讓我告訴你，我那五萬美元存款的來歷呢？」回答是「可以」。「那是我六年來按月存款的收穫，」藤田田說道，「六年裡，我每月堅持存下三分之一的薪資獎金，雷打不動，從未間斷六年裡，無數次面對經濟緊張或手癢難耐的尷尬局面，我都咬緊牙關，克制欲望，硬挺了過來。有時候，碰到意外事故需要額外用錢，我也照存不誤，甚至不惜厚著臉皮四處借貸，以增加存款。這是沒有辦法的事，我必須這樣做，因為在跨出大學門檻的那一天我就立下宏願，要以十年為期，存夠十萬美元，然後自創事業，出人頭地。現在機會來了，我一定要提早開創事業……」藤田田一口氣講十分鐘，總裁越聽神情越嚴肅，並向藤田田問明白他存錢的那家銀行的位址，然後對藤田田說：「好吧，年輕人，我下午就會給你答覆。」

　　送走藤田田後，總裁立即驅車前往那家銀行，親自了解藤田田存錢的情況。櫃檯小姐了解總裁來意後，說了這樣幾句話：「哦，是問藤田田先生啊。他可是我接觸過的最有毅力、最有禮貌的一個年輕人。六年來，他真正做到了風雨無阻地準時來我這裡存錢。老實說，這麼嚴謹的人，我真是要佩服得五體投地了！」

　　聽完小姐介紹後，總裁大為動容，立即打通了藤田田家裡的電話，告訴他住友銀行可以毫無條件地支援他加盟麥當勞。藤田田追問了一句：「請問，您為什麼要決定支援我呢？」總裁在電話那頭感慨地說道：「我今年已經五十八歲了，再兩年就要退休，論年齡，我是你的兩倍，論收入，我是你的三十倍，可是，直到今天，我的存款卻還沒有你多……我可是大手大腳慣了。光這一項，我就自愧不如，敬佩有加了。我敢保證，你會很有出息的。

年輕人，好好做吧！」

藤田田六年如一日的堅持不懈，讓總裁相信，有如此堅定信念的年輕人，一定可以創業成功。而結果也和總裁所預想的一樣，藤田田成功了。

把一條路走到底

> 追尋成功貴在堅持！如果選擇了一條路，那麼選了，不管未來要
> 經歷怎樣的苦難，都應該不畏艱難地走下去。條條大路通羅馬，
> 只要沿一條路堅持走下去，不半途而廢，羅馬終將到達。

她的名字叫小孟，她說她只是賣茶的，也永遠是個賣茶的。

小孟剛剛十四歲的時候，就在一個小鎮賣茶，三塊錢一杯。茶水放在一個個透明的杯子裡，上面蓋塊小玻璃片。鎮上的市場人來人往，她的茶水小攤就設在市場旁邊。因為她的茶杯比別人大一號，所以賣得最多。沒有人清楚三塊錢一杯的茶水，賣一天下來她究竟能有多少收入，大家看到的，只是她總在高興地忙碌著。

三年後，小孟十七歲了，原來的同行不是嫌賣茶收入太低而放棄了，就是賺到一點錢就趕快轉行另謀出路。唯有她還在賣茶，只是，她不再在小鎮上賣茶，而把攤位搬到了另一座城市裡；不再賣最簡單的，從大茶壺裡倒出的茶水了，改賣當地特有的「擂茶」。擂茶製作起來很麻煩，但也能賣得出去，小杯十五元，大杯二十五元，而不管大杯小杯，她的杯子又比旁人的都要「胖」了一圈。所以，她的小生意又是忙忙碌碌。

又過了三年，小孟二十歲，在大城市，仍然賣茶。攤位也變成了小店面。屋子中央擺一張茶几，客人進門，必泡上熱乎乎的茶。客人盡情享受之後出門時，或多或少會掏錢再帶走一兩袋茶葉。不知有幾人能把一杯茶水堅持賣十年之久？何況在如今風起雲湧的商界，總是不時冒出各式各樣快速致

富的神話。但她做到了，長達十年的光陰中，她始終在茶葉與茶水間忙碌。只是，她已經擁有三十七家茶莊，遍布各個城市，各地茶商們一提起她的名字，莫不豎起大拇指。

小孟二十四歲時，已經事業有成。她甜美的笑容在一本知名財經刊物的封面上格外燦爛，在照片的下面有行文字：我的成功沒有祕訣，只不過是一條路走到底。翻開雜誌的第一頁，就是她的詳細報導。在文中的最後一段，她說了那句話：「我只是個賣茶的，也永遠是賣茶的。」接著她又說：「我一定會一條路走到底。若干年後，你會發現本來習慣喝咖啡的國度裡，也會有洋溢著茶葉清香的茶莊出現，那也許就是我開的……」後來她把生意拓展到國外。她總是強調一句話：成功沒有什麼祕訣，僅僅只需要一條路走到底。

堅持的路上，也許很平淡，也許還會有別人的冷言冷語。可是，只要堅持下去，成功就在不遠處。

夢想往往與苦難同行

> 每個成功的人背後，都有著不為人知的奮鬥史。堅信自己的選
> 擇，全力以赴地去追求夢想，才有成功的可能。夢想往往與苦難
> 同行，面對苦難時，只有不妥協、不放棄，才能實現夢想，最終
> 取得輝煌的成就。

莫札特雖然很小就顯示出了非凡的音樂才能，但是，隨著年齡的增長，作品的日益成熟，迎接他的卻是貧困和壓迫。他那些嚴肅的作品，越來越不為追求浮華的貴族們所接受。二十二歲以前，莫札特兩次求職，都沒有成功，不得不返回薩爾斯堡當宮廷樂師。新任的薩爾斯堡大公十分專橫，音樂家在他的眼裡連廚師都不如。他給莫札特定了兩條規矩：一、不准到任何地方演出；二、沒有主教允許不得離開薩爾斯堡。每天清晨，他讓莫札特和其

他僕人一起坐在走廊裡等待分派當天的工作，並把莫札特當做雜役使用。

　　一七八〇年，無法在家鄉忍受屈辱生活的莫札特來到了維也納，開始了他一生中音樂創作最輝煌的時期。他雖獲得了自由，但接踵而來的便是貧困。為此，他工作十分勤奮，每天很早起床作曲，白天當家庭教師，晚上是繁重的演出，回來後再接著創作樂曲，寫到累得拿不起筆為止。

　　二十六歲的莫札特成家之後，生活依然非常貧困。有了子女之後，更是難以度日，全家生活在飢寒交迫之中。為了改變這種處境，莫札特經常餓著肚子，拖著疲憊的身軀舉行長時間、超負荷的音樂演奏會。只要賺了一點錢，他總是迫不及待地買些食物，急匆匆地趕回家去讓全家人吃上一頓飽飯。看著自己幼小的孩子和屢弱的妻子吃飯時狼吞虎嚥的樣子，莫札特多少次難禁熱淚，他叩問上天，為什麼在追求夢想的過程中，要付出如此沉重的代價？

　　很多時候，貴族們也會「慷慨」地施捨一些財物給莫札特，但是他們的施捨是有目的的，他們希望聽到莫札特為他們演奏歌舞昇平的靡靡之音，可是莫札特沒有妥協，他深信：真正的音樂應代表大眾的心聲，即使餓死，他也絕不背叛自己的夢想！虛榮心得不到滿足的貴族們於是惱羞成怒，他們譏笑說：「你這個窮小子也有夢想？哼，夢想救不了你，總有一天，你會餓著肚皮來乞求我們的施捨。」

　　就是在這樣的逆境中，莫札特仍不喪失高尚的情操。他鄙視那些仰人鼻息的樂匠，始終堅持自己的藝術理念。正是在他生活最困苦的時期，他創作了《費加洛婚禮》、《唐璜（唐‧喬凡尼）》、《魔笛》等著名的歌劇。

第五章

寬容的智慧

> 俗話說：「吃虧是福。」這種吃虧，其實就是一種寬容的智慧，以
> 一種博大的胸懷和真誠的態度寬容別人，就等於送給了自己一份
> 神奇的禮物。

在美國洛杉磯唐人街的一個市場裡，有個亞洲婦人的攤位生意特別好，引起其他攤販的嫉妒，大家常有意無意地把垃圾掃到她的店門口。

這個亞洲婦人只是寬厚地笑笑，不予計較，反而把垃圾都清掃到自己的角落。旁邊賣菜的墨西哥婦人觀察了她好幾天，忍不住問道：「大家都把垃圾掃到妳這裡來，妳為什麼不生氣？」

亞洲婦人笑著說：「我為什麼要生氣呢？在我的故鄉，過年的時候，都會把垃圾往家裡掃，垃圾越多就代表會賺很多的錢。現在每天都有人送錢到我這裡，我怎麼捨得拒絕呢？妳看我的生意不是越來越好嗎？」

到後來，那些垃圾越來越少，直至不再出現。可以想像，如果亞洲婦人用敵視的態度來處理此事，結果會怎麼樣呢？她門口的垃圾可能會有增無減吧。

寬容不是遷就，也不是軟弱，而是一種充滿智慧的處世之道。亞洲婦人用寬容寬恕了別人，也為自己創造了一個融洽的人際環境，這種化詛咒為祝福的智慧確實令人驚嘆。

用一種博大的胸懷和真誠的態度對待別人，也等於送給了自己一份神奇的禮物。任何擔心這樣做會引起混亂或被認為是示弱行為或怕丟臉的想法都是不正確的，幾乎所有這樣的擔心都是多餘的。還有一個故事：

清朝時期，宰相張廷玉與一位姓葉的侍郎都是安徽桐城人。兩家比鄰而居，都要蓋房造屋，為爭地皮，發生了爭執。

張老夫人便修書傳至北京，要張宰相出面干預。這位宰相見識不凡，看罷來信，立即作詩勸導老夫人：「千里家書只為牆，再讓三尺又何妨？萬里長

城今猶在，不見當年秦始皇。」張母見書明理，立即把牆主動退後三尺。葉家見此情景，深感慚愧，也馬上把牆讓後三尺。

這樣，張、葉兩家的院牆之間，就形成了六尺寬的巷道，成了有名的「六尺巷」。張廷玉失去的是祖傳的幾分宅地，換來的卻是鄰里的和睦及流芳百世的美名。

俗話說得好：「吃虧是福。」這種吃虧，其實就是一種寬容的智慧。因為上天是公平的，你在這裡失去的東西，它會在那裡給你加倍的回報。

佛桌上開出的花朵

> 沒有不可以回頭的歧路，沒有不可以改正的錯誤。給予別人一個
> 機會，便是讓一個人獲得新生。

朝陽升起之前，廟前山門外凝滿露珠的春草裡，跪著一個人。

他是某城市的風流浪子，二十年前曾是廟裡的小沙彌，極得方丈寵愛。方丈將畢生所學全部教授，希望他能成為出色的佛門子弟。他卻在一夜間動了凡心，偷偷下山，五光十色的城市遮住了他的眼目，從此花街柳巷，他只管放浪形骸。

夜夜都是春，卻夜夜不是春。二十年後的一個深夜，他陡然驚醒，窗外月色如洗，澄明清澈地灑在他掌心。

他忽然深自懺悔，披衣而起，快馬加鞭趕往寺裡。

「師父，你肯饒恕我，再收我做弟子嗎？」

方丈深深厭惡他的放蕩，只是搖頭：「不，你罪孽深重，必墮地獄，要想佛祖饒恕，除非 ── 」方丈信手一指供桌，「連桌子也會開花。」

浪子失望地離開了。

第二天早上，方丈踏進佛堂的時候，愣住了：一夜間，佛桌上開滿了大

簇大簇的花朵，紅的，白的，每一朵都芳香逼人，佛堂裡一絲風也沒有，那些盛開的花朵卻簌簌急搖，彷彿焦灼地召喚。

方丈瞬間大徹大悟。他連忙下山尋找浪子，卻已經來不及了，心灰意冷的浪子又墮入他原本的荒唐生活。

而佛桌上開出的那些花朵，只開放了短短的一天。

一夜，方丈圓寂，臨終遺言：

「這世上，沒有什麼歧途不可以回頭，沒有什麼錯誤不可以改正。一個真心向善的念頭，是最罕有的奇蹟，好像佛桌上開出的花朵。」

而讓奇蹟隕滅的，不是錯誤，是一顆冰冷的、不肯原諒的心。

正如方丈遺言，真心向善的念頭是一個奇蹟。而摧殘奇蹟的往往是人們拒絕原諒的心。俗話說：浪子回頭金不換。給予別人一個機會，便是讓一個人獲得新生。

別把繩子牽得太緊

> 要想實現自己的願望，在行動上我們必須努力，但在心靈上，我
> 們卻必須寬容豁達一些，不能把願望看得過重而成為負擔。

生活中常常會碰到這樣的情形，越想死命抓住的東西，卻越難抓住；功利心太強，壓力與心理負擔也越重，結果事情往往以失敗告終，身心都不堪重負。一位農婦講的一個故事告訴了我們這個道理。

黃昏時分，一個孩子把牛從三里外的鄰村牽回家。那時候他還沒學會騎在牛背上趕牛，只會在前面遠遠地拉著牛繩走。天就要黑了，他心裡開始著急。然而這牛卻跟他作對：孩子牽得緊，牛卻偏要走得慢；用力拉，牠就使性子不肯邁步。這牛脾氣！孩子一邊罵牛一邊心急。

眼看著天色越來越黑，沿路村莊裡的燈一盞盞都亮起來，孩子心一急，

就從路旁折了一根薪條，繞到牛屁股後面狠狠地抽了牠一下。這下子可好，牛一驚，掙脫了牽在孩子手中的韁繩，向前狂奔。

當孩子拚命跑了半個多小時終於趕上牛的時候，牛正悠閒地停在村口的路邊吃草。母親也站在那裡等他。他把牽牛的事一說，母親笑了，說：「你把繩子牽得太緊，牛鼻子就疼，牛鼻子疼了，牠當然不會跟你走了！」

孩子聽了，若有所悟。

孩子很快十八歲了，那年他考大學，由於心理壓力太大，平時成績一直名列前茅的他竟失手了。後來母親跟他說：「別把考大學看得跟命一樣重！記得你小時候牽牛的事嗎？繩子牽得太緊，牛反倒不跟你走了！」孩子猛然醒悟，第二年的夏天，他終於以優異的成績被一所頂尖大學錄取。

有夢想，才有動力。可是夢想太過沉重，就會影響前進的腳步，最好的辦法就是心中釋然。

原諒、寬容、寬恕

> 豁達地寬容別人，是一種優雅，是一種君子的風度。給人一點寬恕，它將帶給一個人重新獲取新生的勇氣，去面對他一生中的另一個幸福時刻。

一個週五的早晨，潔西卡的禮品店依舊開門很早。潔西卡靜靜地坐在櫃檯後面，默默地欣賞著禮品店裡各式各樣的禮品和鮮花。

忽然，禮品店的門被推開了，走進來一個年輕人。他的臉色顯得很陰沉，眼睛瀏覽著禮品店裡的禮品和鮮花，最終將視線固定在一個精緻的水晶烏龜上面。

「先生，請問您想買這件禮品嗎？」潔西卡親切地問。可是，年輕人的眼光依舊冰冷。

第五章

「這件禮品多少錢？」年輕人問一句。

「兩百五十元。」潔西卡回答道。

年輕人聽潔西卡說完後，伸手掏出兩百五十元錢甩在櫃檯上。潔西卡很奇怪，自從禮品店開業以來，她還從沒遇到這樣豪爽、慷慨的買主呢。

「先生，您想將這個禮品送給誰呢？」潔西卡試探地問了一句。

「送給我的新娘，我們明天就要結婚了。」年輕人依舊冰冷地回答著。

潔西卡心裡咯噔一下：什麼？要送一隻烏龜給自己的新娘，那豈不是給他們的婚姻安上一個定時炸彈？潔西卡沉重地想了一會，對年輕人說：「先生這件禮品一定要好好包裝一下，才會給你的新娘帶來更大的驚喜。可是今天這裡沒有包裝盒了，請你明天再來取好嗎？我一定會利用今天晚上為您趕製一個新的、漂亮的禮品盒……」

「謝謝妳！」年輕人說完轉身走了。

第二天清晨，年輕人早早地來到了禮品店，取走了潔西卡為他趕製的精緻的禮品盒。年輕人匆匆地來到了結婚禮堂 —— 新郎不是他而是另外一個年輕人！

年輕人快步跑到新娘跟前，雙手將精緻的禮品盒捧給新娘後，轉身迅速地跑回了自己的家中，焦急地等待著新娘憤怒與責怪的電話。

在等待中，年輕人的淚水撲簌簌地流了下來，有些後悔自己這樣去做。傍晚，婚禮剛剛結束的新娘便給他打來了電話：「謝謝你，謝謝你送我這樣好的禮物，謝謝你終於能明白一切了，能原諒我了……」

電話的一邊，新娘高興而感激地說著。年輕人萬分疑惑，什麼也沒說，便掛斷了電話。但他似乎又明白了什麼，迅速地跑到了潔西卡的禮品店。推開門，他驚奇地發現，在禮品店的櫥窗裡依舊靜靜地躺著那只精緻的水晶烏龜！

一切都已經明白了，年輕人靜靜地望著眼前的潔西卡。而潔西卡依舊靜靜地坐在櫃檯後面，衝著年輕人輕輕地微笑了一下。年輕人冰冷的面孔終

於在這瞬間被改變成一種感激與尊敬:「謝謝妳,謝謝妳,讓我又找回了我自己。」

原諒是一種風格,寬容是一種風度。

潔西卡只是將那一件水晶烏龜禮物,換成了一對代表幸福和快樂的鴛鴦,竟在這短短的時間內最大程度上改變了一個人冰冷的內心世界。

有時候,我們像那個新娘子,需要別人的寬恕,才心靈寧靜;有時候,我們像那個年輕人,寬恕了別人,才會處世坦然。

母親一生當中的八個謊言

撒謊誰都經歷過,只是所實施的對象不同而已。但是,一個善意而美麗的謊言,居然也可以改變一個人的生活態度。

兒時,小男孩家很窮,吃飯時,飯常常不夠吃,母親就把自己碗裡的飯分給孩子吃。母親說:「孩子們,快吃吧,我不餓!」

—— 母親撒的第一個謊。

男孩長身體的時候,勤勞的母親常用週日休息時間,去郊區河溝裡撈些魚,給孩子們補營養。魚很好吃,魚湯也很鮮。孩子們吃魚的時候,母親就在一旁啃魚骨頭,用舌頭舔魚骨頭上的肉漬。男孩心疼,就把自己碗裡的魚夾到母親碗裡,請母親吃魚。母親不吃,母親又用筷子把魚夾回男孩的碗裡。母親說:「孩子,快吃吧,我不愛吃魚!」

—— 母親撒的第二個謊。

上國中了,為了繳夠男孩和其他孩子的學費,當縫紉工的母親就去找個做火柴盒的家庭代工,貼補家用。有個冬天,男孩半夜醒來,看到母親還躬著身子在油燈下做火柴盒。男孩說:「媽,睡了吧,明早您還要上班呢。」母

親笑笑，說：「孩子，快睡吧，我不睏！」

　　—— **母親撒的第三個謊。**

　　考大學那幾天，母親請了假，天天站在考場門口，為參加考試的男孩助陣。時逢盛夏，烈日當頭，固執的母親在烈日下一站就是幾個小時。考試結束的鈴聲響了，母親迎上去，遞過一杯用玻璃瓶裝著的濃茶，叮囑孩子喝了，茶亦濃，情更濃。望著母親乾裂的嘴唇和滿頭的汗珠，男孩將手中的玻璃瓶反遞過去要母親喝。母親說：「孩子，快喝吧，我不渴！」

　　—— **母親撒的第四個謊。**

　　父親病逝之後，母親又當爹又當娘，靠著自己做縫紉工那點微薄收入，含辛茹苦拉拔著幾個孩子，供他們唸書，日子過得十分拮据。巷口電線桿下修電表的李叔叔知道後，有事就找藉口過來幫忙，搬搬柴，挑挑水，送些物資來幫助男孩的家裡。人非草木，孰能無情，左鄰右舍對此看在眼裡，記在心裡，都勸母親再嫁，何必苦了自己。然而母親多年來卻始終不嫁，別人再勸，母親也斷然不聽，母親說：「我不愛！」

　　—— **母親撒的第五個謊。**

　　男孩和他的兄弟姊妹大學畢業進入職場後，退休的母親在附近市場擺了個小攤，維持生活。在外地工作的孩子們知道後，就常常寄錢回來補貼母親，母親堅決不要，並將錢退了回去。母親說：「我有錢！」

　　—— **母親撒的第六個謊。**

　　男孩教了兩年書，後又考取了美國一所名校的博士，畢業後留在美國一家科學研究機構工作，待遇相當豐厚。條件變好，身在異國的男孩想把母親接去享享清福，卻被老人回絕了。母親說：「我不習慣！」

—— 母親撒的第七個謊。

晚年，母親患了胃癌，住進醫院，遠在大洋彼岸的男孩坐飛機趕回來時，手術後的母親已是奄奄一息了。母親老了，望著被病魔折磨得死去活來的母親，男孩悲痛欲絕，潸然淚下。母親卻說：「孩子，別哭，我不疼。」

—— 母親撒的第八個謊。

說完，在「謊言」裡度過了一生的母親終於閉上了眼睛。

其實，在我們習以為常的生活中，真實的謊言往往可以把人們拋入痛苦的深淵，而有的時候，善意的謊言卻能催生出這個世界上最美麗的花。

感恩，不要忘了說聲「謝謝」

感恩，是對生命饋贈的欣喜，是對饋贈所給予的回饋。所謂感恩，它乃是用我們赤子般純潔無瑕的心，去領略那付出背後的艱辛、關愛和溫情。可以說，感恩是茫茫天地間愛的傳承，感恩是宇宙中生命與生命相聯繫的見證。

有一位美國醫生，他為那些受焦慮、憂愁、挫折或自我懷疑折磨的病人，開了一個獨特的處方 —— 謝謝你療法。他要求患者無論何時何地、無論何人對自己表示關心時都說聲「謝謝」，並強調要面帶微笑，這樣堅持六週。結果大多數病人的症狀在六週內得到明顯改善。

感恩之心能激發人們快樂的情緒。一個朋友曾向我講過這樣的故事：「我們在美國旅遊期間，有一次驅車外出，不料車在交通要道熄了火，一時發動不了。正著急時，一個年輕的卡車司機走過來問：『我幫妳們把車拉到路邊好嗎？』把車子拉過去後，他和我們聊了幾句就若無其事地走了。我們只知他是從外地來謀生的。他幫了我們的大忙，卻只帶走了幾聲『謝謝』，不要絲毫

錢財作為報答。我姪女剛到美國時，看到報上有人願意免費教授英文的廣告後，便與那位退休老師聯絡上。以後每週四上午這位老人就驅車前往我姪女的住處教她聽講英文，有時還帶去錄音帶幫她練習。有一次我姪女病了，老人還給她帶去一些藥。久而久之，兩人成了跨越國籍的忘年之交。」

然而，現實中的許多人，不管是到了「不惑之年」、「知天命之年」的年紀，還是意氣風發時，他們總覺得父母的撫養、老師的教育、同事的支持、朋友的鼓勵、另一半的關愛都是應該的、天經地義的，而沒有心懷感恩。

當大學老師向他的學生詢問有誰知道自己母親的生日時，竟沒有一個學生能夠說出來。如果問到他們自己的生日，每一個人都知道得清清楚楚。在他們心目中，自己理所當然處在最重要的位置，而對他們父母的養育卻不知感恩。

一個不知道何為感恩的人，追根究柢，只能是一個自私自利的人；一個不知道感恩的社會，只能是一個自私自利的社會。其實，任何人在生活中給予我們一點關心和幫助的時候，他們其實並不奢望什麼，但我們為什麼就不能對人家說一聲「謝謝」呢？如果連最基本的感恩之心都沒有，一個人又怎麼能融入社會？一個社會的穩定、祥和與幸福又怎麼能有根基？

還有一個故事：兩個人同時去見上帝，問上帝去天堂的路怎麼走？上帝見兩人飢餓難忍，先給他們每人一份食物。一人接過物很是感激，連聲說：「謝謝！謝謝！」另一人接過食物無動於衷，彷彿就該給他似的。之後，上帝只讓那個說「謝謝」的人上了天堂，另一個則被拒之門外。被拒之門外的人不服，說道：「我不就是忘了說聲『謝謝』嗎？」上帝說：「不是忘了。沒有感恩的心，就說不出感謝的話；不知感恩的人，就不知愛別人也得不到別人的愛。」上帝接著說，「這就沒辦法了。因為天堂的路是用感恩的心鋪成的，上天堂的門只有用感恩的心才能打開，而下地獄則不用。」

這個故事我們可以一笑了之，但是，面對恩情，你首先不能忘記你的父母，只要記住父母的養育之恩，真誠地對他們說聲「我愛您」，不管他們會不

會親吻你，理解你，你都會感受到幸福正包圍著你；面對恩情，你不能忘記你的老師，只要記住老師的教育之恩，永遠地對他們說聲「謝謝您」，不管他們在不在世上，會不會回答你，你都會覺得愛在簇擁著你；面對恩情，你要記住所有關心和幫助過你的人，只要記住他們的知遇之恩，及時地說聲「謝謝你」，不管他們是不是還記得你，你的心裡都不會留下什麼遺憾。

記住，什麼時候都不要忘了說聲「謝謝你」。

微笑是最善意的使者

> 微笑，是人與人友好的接力棒，微笑是最善意的信使。會微笑的
> 人，是最具有魅力的人。

婉麗是一個年輕有為並且事業有成的女子。她繼承了鉅額家產，這使她年紀輕輕就已經是好幾家公司的老闆。

她雖然很聰明並且才華橫溢，但也有一個不小的缺點，那就是多少有一些富家子女的氣息。她總是不斷變換著價格不菲的 LV 包，手腕、脖子上也總是戴些耀眼的首飾，這一切使她看起來確實頗為招搖。而且，她平時為人也非常傲慢，永遠只為自己著想。因此，大家都非常討厭她。

但是，突然有一天，朋友們驚訝地發現，平時總是一身名牌的她，竟然只穿了一件非常普通的 T 恤；手腕上也沒有那只耀眼的金錶。她的態度也變得十分隨和，臉上總是帶著善意的微笑。

對她這些巨大的轉變，朋友們有些不敢相信自己的眼睛，甚至懷疑眼前的這個人究竟還是不是婉麗！

原來，一個月前，婉麗走進了一家大型百貨公司，想親自為躺在病床上的母親買一件禮物。

因為母親的病情當時有了轉機，因此她的心情出奇地好。當她停好那部

第五章

BMW 汽車準備走出停車場時，突然有一個身材矮小粗壯的男人，從側面猛力撞了過來。他不僅沒有道歉，而且還非常無禮地瞪著婉麗。

如果按照她平時的脾氣，肯定會衝上前去理論一番。但她那天心情好，況且是來為母親買禮物，所以她並沒有發火。相反的，還像一個老朋友般，向那個男子點頭微笑，並說了一句：「對不起！」

看著她微笑的表情，聽到那一句客氣的對不起，那個男人似乎有些吃驚。他不由露出了一種不可思議的表情。就在那一瞬間，他凶惡的表情，一點點地軟化下來。

突然間，他一扭頭，轉身向外跑去。婉麗當時只是感到有些莫名其妙，也沒有在意。晚上回家後婉麗看新聞報導，提到當天中午，在某幢大廈的地下停車場裡，發生了一起重大劫案。劫匪砍傷了一個駕駛著豪華跑車的老闆，搶去了許多貴重物品。

當螢幕上播出這個劫匪的照片時，婉麗突然認出，劫匪竟然正是那個無禮碰撞自己的男人！顯然，當時如果婉麗與他衝突起來，很有可能也會被他砍傷。

望著電視上事主滿臉鮮血的慘樣，她不禁想到，究竟是什麼救了自己，讓這個凶狠的劫匪沒有傷害自己呢？也許就是她當時的微笑 —— 像多年的老朋友般真誠的微笑。同時，婉麗也開始懷疑自己這身鮮亮的打扮，究竟還有什麼實際意義。

事後的第二天，她參加了一場布道會。牧師講述了《伊索寓言》中的一則故事：

從前，有一頭長著漂亮長角的鹿，來到泉水邊喝水，看著水面上的倒影，牠不禁洋洋得意：「啊，多麼好看的一對長角！」只是，當牠看見自己那四隻似乎細長無力的腿時，又變得悶悶不樂了。

就在牠欣賞自己的時候，背後出現了一頭凶猛的獅子。這頭鹿開始拚命地奔跑。由於鹿腿健壯有力，那頭獅子很快就被牠拋得遠遠的。但到了一片

叢林之後，鹿角就被樹枝絆住了。獅子最後追了上來，一口咬住了牠。

臨死前的一刻，這頭鹿悔恨地說道：「我真是蠢啊！一直不在意的腿，竟是自己的救命工具；引以為豪的漂亮長角，最後竟害了自己啊！」

講過故事後，這位牧師讓大家思索：自己生命中那對華而無實的鹿角，和那堅強有力的鹿腿，究竟在哪裡呢？

在一番深入的思索後，婉麗終於大徹大悟。一直以來，默默支持自己的員工、朋友，原來就是那堅強有力的鹿腿；而自己這身華麗的裝扮和傲慢的態度，也正是那對無益而有害的鹿角。

想明白這一點後，她的生命開始改變了。在公司裡，一個傲慢、不關心他人的老闆消失了，而一個態度隨和、關心他人、臉上時刻洋溢著微笑的受歡迎的新老闆出現了。最重要的是，自此以後，婉麗臉上總是帶著微笑——那種改變她一生的微笑。

給別人留路就是給自己留路

> 「退避三舍」的典故說明一個道理，要知恩圖報，與人為善。感恩
> 的心，永遠讓人受益匪淺。

晉獻公有個兒子叫重耳，他寵愛的妃子驪姬又給他生下了小兒子奚齊。驪姬想讓晉獻公把奚齊立為太子，就設計把原來的太子申生殺死了。太子一死，獻公另外兩個兒子重耳和夷吾都感到危險，紛紛逃往別的諸侯國避難。

晉獻公一死，晉國馬上發生了內亂。後來夷吾回國奪取了君位，也想除掉重耳，重耳不得不到處逃亡。

重耳在晉國是一個非常有聲望的公子，因此有一批有才能的大臣都願意追隨他。

開始時，重耳在狄國還算安穩地住了十二年，因為發現有人行刺他，又

逃到衛國。衛國看他是個失勢的公子，閉門不納。重耳一行人走到一個叫五鹿（今河南濮陽東南）的地方，實在餓得厲害，正看見幾個農夫在田邊吃飯。重耳看得更加嘴饞，就叫人去討點吃的。

農夫只顧自己吃，懶得理他們，其中有一個人甚至拿起一塊泥巴給他們。重耳大動肝火，他手下的人也想動手。但是隨從中有個叫狐偃的連忙攔住，接過泥巴，安慰重耳說：「泥巴就是土地，百姓給我們送土地來啦，這不是一個好兆頭嗎？」重耳也只好趁此下了臺階，苦笑著繼續向前走去。

他們流亡到齊國。齊桓公待重耳非常客氣，送給重耳不少車馬和房子，還把本族一個女孩姜氏許配給重耳為妻。

重耳覺得留在齊國就很好了，可是跟隨他的人都想回晉國，一舉復國。

於是，隨從們背著重耳，聚集在桑樹林裡商量回國的事。沒想到桑樹林裡有一個女奴在採桑葉，把他們的話偷聽了去，並告訴重耳的妻子姜氏。姜氏對重耳說：「聽說你們想要回晉國去，這是件好事啊！」

重耳急忙辯白，說：「沒有那回事。」

姜氏卻一再勸他回國，她說：「您在這兒一味貪圖享樂，能有什麼出息呢？」可重耳還是不願意走。當天晚上，姜氏和重耳的隨從們商量好，把重耳灌醉了，放在車裡，送出齊國。等重耳醒來時，他們已經離開齊國很遠了。

這之後，重耳又到了宋國。宋襄公派臣子對狐偃說：「宋襄公是非常器重公子的，但是我們實在沒有力量發兵送他回去。」

狐偃回答說：「您說的這些我們全明白，我們就不再打擾你們了。」

一行人離開宋國，又到了楚國。楚成王把重耳當貴賓，還用招待諸侯的禮節招待他。楚成王待重耳很好，重耳也對楚成王十分尊敬。兩個人成了無話不說的好朋友。

一次，楚成王在宴請重耳的時候，開玩笑說：「公子將來要是回到晉國，想要怎樣報答我呢？」

重耳說：「如果說金銀財寶，貴國有的是，您想叫我拿什麼東西來報答您

的恩德呢？」

楚成王笑著說：「難道就不報答了嗎？」

重耳說：「這樣吧。要是托大王的福，我能夠回到晉國，我願意跟貴國交好，讓兩國的百姓過太平的日子。萬一兩國發生戰爭，在兩軍相遇的時候，我一定退避三舍之外。」

楚成王聽了並沒有往心裡去，卻惹惱了旁邊的楚國大將成得臣。等宴會結束，重耳離開後，成得臣悄悄地對楚成王說：「重耳這個人說話沒有分寸，將來定是個忘恩負義的傢伙。還不如趁早殺了他，免得以後吃他的虧。」楚成王不同意成得臣的意見，正好秦穆公派人來接重耳，就把重耳送到秦國去了。

原來，之前秦穆公曾經用自己的力量，幫助重耳的異母兄弟夷吾當了晉國國君。沒想到夷吾做了晉國國君以後，反倒跟秦國作對，還引發了一場戰爭。夷吾一死，他兒子又與秦國不和，因此秦穆公才決定幫助重耳回國，扶植他為王。

四年後，重耳真的回到晉國，並順利成為國君，他就是歷史上有名的晉文公。晉國在他的治理下日益強大。幾年後，也就是西元前六三三年，楚國和晉國的軍隊在作戰時相遇。晉文公為了實現他許下的諾言，下令軍隊後退九十里，駐紮在城濮。楚軍見晉軍後退，以為對方害怕了，馬上追擊。晉軍利用楚軍驕傲輕敵的弱點，集中兵力，大破楚軍，最終取得了城濮之戰的勝利。

「退避三舍」已經成為一個家喻戶曉的成語，比喻不與人相爭或主動讓步。如果別人之前幫助過你，你就要抱有感恩之心，幸運之神自然也會眷顧你的。給別人留路，其實就是給自己留路。善待他人，實際上也就是善待自己。

僅次於最好的評價

> 與人相處，就應該多想想對方的優點，多些讚美、肯定。語言像
> 是一種咒語，它可以讓人憤怒、悲傷，也可以讓人勇氣十足、信
> 心百倍。

大學畢業，我在家鄉的報社當記者。我把這份工作看作是走向文人的第一步。當時，我對文學的概念很模糊，只是確信這與練習與經驗關係很大，我對練習、經驗的理解也同樣不明確，然而我深信這兩個問題的答案，可以從我們報紙的編輯那裡找到。

他是個很有才氣的詩人，他的詩作發表在很有影響的雜誌上，他還經常寫些幽默詼諧的諷刺評論文章。我希望自己也能有他那樣的洞察力。

那年夏天來了一個劇團，新劇院的經理來到報社，並解釋說，演員們正在排練四個改編過的劇碼，難度很高。「這些孩子們要想成功可不輕鬆啊！」他憂慮地說。

有時，我和編輯駕車前去看排練。當我們懶散地在後排座位落坐後，他不時發表一些逗人發笑的評論，因為演員們的演技仍不嫻熟。這一切在我看來倒挺好玩的。

離開富有魅力的劇院，我再去做我的正事，我的任務是撰寫故事。作為一個初試啼聲的文學工作者，我希望能盡力蒐集到有趣味和吸引人的素材，寫出能博得編輯讚賞的東西來。但我的家鄉沒有一夥風流倜儻的人物可供報導，只有一群勤勤懇懇靠做苦力來付房租、買雜貨的人。當然，我們現在有了這個新建的劇院。

儘管報社已有一個專欄記者負責評論戲劇，但我還是決定去觀看首場公演，寫一篇評論讓編輯看看。如果我的文章有足夠的韻味和程度，他會刊用的。其實，我只需要得到他的讚賞就心滿意足了。

首場公演時，劇院裡幾乎座無虛席，我聽到身旁的觀眾稱讚這個劇團有

魄力，在建劇院的同時，一下排出了四個戲。

我向我們報紙的專欄評論員揮手致意，她是個身材高挑、待人親切的寡婦。我斷定她寫的評論是捧場之作，而我卻要讓我的評論裡充滿諷刺與幽默的句子。

大多數演員只比我十九歲的年齡稍大一點。我看出那個漂亮的黑髮女主角對當晚的演出極度緊張不安，當她結結巴巴地說出第一句臺詞時，我真替她難過。我想，編輯也一定會發現這個興趣點，所以，我記了下來。

我還記下了男主角登場時，上錯了臺。他靈活即興插入幾句臺詞，使身陷窘境的其他演員鎮定下來。但我沒有記錄這一點，因為這與我文章的原意相悖。

散場回家時，我碰見了專欄評論員，她興奮地誇讚：「他們的演出太妙了！是吧？」

「演員們也精力充沛。」我漫不經心地附和著，心裡卻在想著那些尖銳辛辣的詞句。

那夜我開夜車把文章弄了出來，並精心修改潤色。第二天，專欄評論員的文章發表了，如我所預料的，她對每個演員的表演都找出了溢美之詞。終於，我將我的稿子交上去了。

從我的座位上，我看到編輯將稿子瀏覽了一遍，咧咧嘴笑了。他坐回椅子裡，把腳蹺到書桌上，又開始聚精會神地看，接著爆發出一陣大笑，而後，又是一陣更加劇烈的開懷大笑。我激動得臉上發燒，幾乎眩暈了。

「很有味道，筆鋒犀利。」編輯對我說，「這篇評論我也要用！」

第二天，當文章刊登後，我從頭至尾一氣讀了五遍，心中蕩漾著成功的喜悅。我好似看到我的面前已鋪出一條通向評論家的錦繡坦途。

在欣喜若狂之時，我在一家小商品雜貨店門口遇到了劇院經理，在自我陶醉中的我問他：「妳看我的評論怎樣？」

我那時正年輕，不自量力，而且正沉浸於讚揚聲中。我心想，他一定會

對我的評論文章感興趣的。然而劇院經理的話雖平平淡淡，卻如標槍一樣擊中了我。他說：「妳的文章傷害了很多人。」

我自鳴得意的氣球猝然破碎了。我僅僅是為了博得褒獎，就把演員們對於我那苛刻的文章所產生的感情丟在了一邊。我立在大街上，感到有點反胃。我強打精神準備應付他的怒火。然而，他卻溫和地說：「妳的文章寫得不錯。但妳要知道，做什麼事情都不容易，生活也是如此。一個聰明和老練的人，應該幫助人們來達到完美的境界，而不是使用他的才能去行詆毀之事。」

這是二十五年前的一件事了。然而，每當我產生一種強烈地要批評某人能力的欲望時，就彷彿看到了那位劇院經理，我也想起了那位專欄評論員的文章，溫和委婉地指出不足之處，強調其成績，熱情鼓勵演員們努力向日臻完美的目標發展。也許，那個親切的寡婦才是個真正老練的人。

不久以前，有個人在街頭攔住了我。「我和許多朋友都常讀您的作品，大家很欣賞您那積極的態度 —— 您似乎從來不打擊人。」他笑著說，「我敢說，這是您所得到的最佳評價。」

我又一次想起了那位劇院經理，便向這位恭賀我的人說：「您不知道我多麼感謝您的話，因為您的話實際上僅次於最好的評價。」

別讓果實長成誘惑

> 不讓果實長成誘惑，不給別人伸手的機會，他們也就沒有了偷摘
> 的欲望。這是一種責任，也是一種真正的睿智和善良。

她是個懂情調的人，是個小資女。因為愛梨花的白，她讓丈夫在院子裡種了一棵梨樹。梨樹還來不及開花的時候，丈夫去了國外，她便守著梨樹守著相思過日子。

梨樹寸寸拔高，終於長成了社區裡的風景，開了綿白的花，掛了青澀的

果。果子還沒成熟的時候，就已經引得附近鄰居的孩子目光豔羨。於是，不時有小腦袋在圍牆外探望。

她是個善良的人，明白小孩子的心思，明白他們心裡和嘴裡的那份饞。所以，她會主動給孩子們機會。有孩子趴在圍牆上探頭探腦的時候，她會回到屋裡去。她家的圍牆不高，孩子們費不了多少力氣就可以爬上來，站在圍牆上，就搆得著樹上的果實。她會躲在屋裡看孩子們偷摘果子而發笑，孩子們的得逞，也是她心裡的一份滿足和快樂。

她甚至故意敞開了院門，她不希望有孩子會因翻越圍牆而摔傷。

梨樹上的果子沒有哪一個能真正等到成熟就都成全了孩子們的嘴饞。

孩子們喜歡她的大度，大人們喜歡她的善良，她的人緣很好。

但終於還是出了事。有個孩子貪戀樹頂上的一枚果子，爬上了樹，結果摔了下來，斷了腿。

孩子在醫院裡躺了好些日子才康復，一出院，孩子的父親就提著斧頭來到她家，要砍掉她的梨樹，說留著這棵梨樹終是禍害，說不定誰家的孩子又會從樹上摔下來。她覺得他這樣做有些無理，鄰居們更是覺得他太過蠻橫，自己的孩子貪嘴受了傷，怎麼反倒怪起了別人。在人們的指責聲中，他提起的斧頭落不下去，悻悻然作罷。

這件事使她覺得很無趣，便生了去國外與丈夫團聚的念頭，於是辦了簽證變賣房產。哪知道第一個跑來要買她房子的，竟是那個要砍掉她的梨樹的男人。

房子易了主，院子裡的梨樹便也有了新主人。新主人還是不容梨樹存活，搬來的第一天就要將樹砍倒，但被鄰居們勸住了。多年來，這棵梨樹已長成了社區裡的風景。大家習慣了看梨樹的花開花落，果青果黃。

他猶豫了一陣，還是聽了大家的勸，扔了斧頭，放梨樹一條生路。自此，梨樹仍在院子裡開花、結果，仍有附近的孩子在圍牆外探頭探腦，豔羨枝頭的果實。但他卻不容孩子們打這些果子的主意。一有孩子在圍牆外探頭

探腦，他就高聲呵斥，他甚至去買了防護網，裝在圍牆的上面。這樣，一樹的果實被罩在了圍牆裡，誰也摘不著。

孩子們都罵他吝嗇，鄰居們也認為他太小家子氣，不就是幾個梨嗎，何必這樣寶貝著。

但他就是寶貝著，任誰都別想打那些梨的主意。

轉眼就是秋涼，一樹的梨黃澄澄的。他架了梯子，一個個摘下來。摘了一籮筐，又拆去了牆頭的防護網。他將那些梨分裝在許多塑膠袋裡，然後，一家一家地送，讓附近鄰居品嘗。大家都說，原來這樹上的梨不是酸的，原來會有這麼甜。

自此，梨樹在院子裡年復一年地生長，年復一年地開花結果。圍牆上的防護網也是安了拆，拆了安。沒有孩子打那些果實的主意，因為他根本不給孩子們機會。但每一年的秋熟季節，社區裡的人們都能品嘗到那一樹果實的甘甜。

到了後來，他即使沒在圍牆上安防護網，也沒有誰偷摘過樹上的一枚果實。

他說，他這樣做，只是為了不讓那一樹果實長成誘惑。

他原來是想砍掉那棵梨樹的，他覺得，他孩子的受傷，是梨樹的過錯。但後來他明白了，梨樹並沒有過錯，錯的是梨樹的主人。它過去的主人是善良的，任由孩子們採摘果子，但恰恰如此，讓那一樹果實，成為了一樹的誘惑，誘使孩子們學會了以不正當的手段獲得，誘惑孩子們去遭遇因這種獲得而帶來的危險。

成熟的果實是甜的，但誘惑的果實卻是酸澀的。

生氣真的沒有用

> 生氣只是拿別人的錯誤懲罰自己而已。所以，不要生氣，生氣也
> 解決不了問題。

法師有一天正要開門出來，不料，迎面撞進一位彪形大漢，說時遲，那時快，只聽得「砰」的一聲，剛巧撞在法師的眼鏡上，眼鏡戳青了他的眼皮，然後跌落地上，鏡片摔得粉碎。

可那滿臉落腮鬍撞人的大漢，卻毫無愧疚之色，反而理直氣壯道：「誰叫你戴眼鏡？」

法師當時心想：世間法多由因緣合和而生，有善緣，亦有惡緣，解決惡緣之道，唯以慈悲待之。因此便以歡喜豁達的心胸來接受這一事實。

大漢見法師以微笑回報他的無理，頗覺訝異地問：「喂！和尚，為什麼不生氣？」

法師借機開示說：「為什麼一定要生氣呢？生氣既不能使破碎的眼鏡復原，又不能使臉上的淤青立刻消失，苦痛解除。再說，生氣只會擴大事情，如果我生氣，對您破口大罵，或是打鬥動粗，必定造下更多的業障及惡緣，甚至傷害了身體，仍不能把事情化解。」

「以世間因緣果報來看這件事情，我早一分鐘，或遲一分鐘開門，都可以避免相撞，而我們卻撞在一起，或許這麼一撞化解了我們過去的一段惡緣。因此，我不但不生氣，反而還要感謝您助我消除業障呢！」

大漢聽後十分感動，他問了許多佛法及法師的稱號，然後若有所悟地離去。這件事過了很久，有一天法師接到一封掛號信，內附五千元，原來正是那個大漢寄來的，信中寫道：

師父慈鑒：

非常感謝您，那天撞了您，卻救下三條活命，事情是這樣的：

我年輕時本來不知用功進取，畢業之後，在事業上高不成低不就，十分

苦惱，常常自怨自艾，結婚之後，也不知善待妻子，常常拿妻子出氣。有一天，我外出上班，忘了拿公事包，中途又返家去取，沒想到卻發現妻與一名男子在家中談笑，我非常生氣，衝動地跑進廚房，拿了一把菜刀，想殺了他們兩人，然後自殺，以求了斷。不料，那男子驚慌回頭，臉上的眼鏡摔落地上，一時，我憶起慈悲的師父，師父的一句「生氣不能解決問題」，使我冷靜下來。我想：妻子出軌，我必須負完全責任。因為，過去我實在不該冷落她。經過這件事，我悟到許多為人處世的道理，再也不會暴躁及莽撞了。目前，我們一家和睦相處，生活和美，工作上也更能得心應手了。

師父的開示，改變了我的人生觀，一生受用不盡，為了感謝師父的恩德，我附上五千元，兩千元賠償師父的眼鏡，三千元為我，為妻子，及那個男人做功德。我慚愧以往不知修福，反而造下不少惡業，還請求師父為我們祈福化解，消除業障……。

人與人之間相處，難免產生碰撞，切記「生氣是不能解決問題的」。法師以歡喜心接受橫逆，不但化解一段惡緣，並且點醒了莽撞漢，使他遇事能自我反省，冷靜地處理了忽然遭遇的情境，避免了血案，迎來了美好的生活。

生氣只是用別人的過錯懲罰自己而已。所以，不要生氣。

上帝派來的天使

微笑、信任、寬容的力量比任何大聲的叫嚷更強大，它們能讓那些被放逐的心重新振奮，在人們和藹與善意中重新審視自己，審視人心，從自暴自棄的牢籠中掙脫出來，獲得新生。

肯特 · 基恩是英國牛津大學的著名心理教授。他的學術成果曾多次獲得過國際大獎。二〇〇一年九月，他應邀到一所少年感化院演講，講了他的故事：

　　小時候，我是一個搗蛋、不愛唸書又極愛報復的孩子。無論在家裡還是在學校，父母和老師、兄弟和同學都極其厭惡我，然而，在心裡我渴望著大家的關愛，就像人們渴望上帝的福澤一樣。我一個人獨處的時候常常默默祈禱：上帝啊！給我善良、給我寬厚、給我聰明吧，我也想如卡爾列一樣成為同學們的榜樣。可是，上帝正患耳疾，我的祈禱沒有一句應驗。我依然是個令人生厭的壞孩子，甚至因為我，沒有老師願意帶我們這個班。

　　三年級的第一個學期，學校裡來了一位新老師，她就是年輕的瑪利亞小姐。瑪利亞小姐剛一站到講臺上，整個班裡都沸騰了，她太漂亮啦！我帶頭吹口哨、飛吻，往空中扔書本，好多男生跟我學，我們的吵鬧聲幾乎要把房頂掀開。

　　瑪利亞小姐沒有像其他老師那樣大聲叫嚷：「安靜！安靜！」她始終面帶微笑地望著我們。奇怪，這樣我反而感到很無聊，於是，我打了一個手勢，大家立即停止了胡鬧。瑪利亞小姐開始自我介紹，當她轉身想把自己的名字寫到黑板上時，才發現講桌上沒有粉筆，我注意到她的眉頭皺了一下，很快又舒展了。我心想，糟了，她肯定識破了我們的把戲。但是，瑪利亞小姐卻轉過身來問：「誰願意替老師去拿盒粉筆？」剛剛平靜下來的沸騰又開始了，怪聲怪氣的笑聲再次淹沒了整個教室，好多男生爭著去幹這件事。

　　瑪利亞小姐請大家不要爭，她會挑個最合適的人選。瑪利亞走下講臺，仔細查看了每一個人，最後她說：「基恩，你去吧。」我說：「為什麼是我？」

　　「因為我看得出你熱情、靈活又具號召力，我相信你會把這件事情做得很好。」

　　我熱情？我靈活？我具有號召力？我竟然有這麼多優點？瑪利亞一眼就看出了我的優點！要知道，在此之前從未有人說過我哪怕一點點的好處，甚至我自己也認為我是個被上帝拋棄的孩子。

　　我很快取回一盒粉筆，因為它就藏在教室後面的草叢裡。當我正要把粉筆遞給瑪利亞小姐時，我發現我的手指甲縫裡存滿了汙垢，襯衫袖口開了

線，褲管上濺滿了泥點，更糟糕的是我五個腳趾全從破了口的鞋子裡露出了頭。我很不好意思，可瑪利亞小姐一點也不在意這些，她接粉筆的時候給了我一個天使般的微笑。瑪利亞就是上帝派來的天使。

從此，我決定做一個上進、體面的人，因為我知道天使正在注視著我。

是的，一個微笑，一分信任，一點寬容的力量比大聲的叫嚷更強大，它們能讓那些被放逐的心重新振奮，在人們的和藹與善意中重新審視自己，審視人心，從自暴自棄的牢籠中掙脫出來，獲得新生。

需要保守的祕密

> 如果是真心愛著你的人曾經無意傷害了你，那麼，請原諒他，不
> 要舊事重提。如此，幸福仍完整地存留在你手裡，不會受到一點
> 損害。對別人的釋懷，也是對自己的善待。

一對新婚夫妻蜜月，來到一處風景名勝之地旅遊。妻說：「這個地方我來過，而且留下了不可磨滅的記憶。」夫說：「我也是。」

於是兩個人坐下來，決定一人談一件有關此地的往事。

夫說他小時候很淘氣，喜歡用彈弓打鳥。七、八歲時，父母帶著他到這裡旅遊，他見山上的翠林中有一隻奪目得像火焰的黃鸝，在枝葉中時隱時現，於是便從衣袋裡掏出彈弓。隨後，他果真打中了那隻鳥。可惜，那隻受傷的鳥到底還是艱難地飛到山坡下。

生活中，這不過是件小事。然而妻卻很認真地追問此事發生在何年、何月、何日、何時。夫只將妻的詢問看成她的執著，沒有深想。

但妻在細問了那件事後，隨即說：「但願你講的只是個隨隨便便的故事。如果你有興趣，我可以為你續說下面的事。」

夫很高興，連說：「好好，希望妳發揮得像精彩小說，像傳奇故事……」

妻說道：「那隻美麗的鳥受了傷，急忙地往山下飛一陣，歇一陣。恰巧一個看林人發現了，他為了這隻傷鳥，匆匆地追在後面，想把牠救回去，為牠將傷養好。但在追到山旁的一個石崖時，由於失神，跌落進山澗裡。幸虧被粗樹枝攔了一下，保住了命，但失去了一條腿，還有一隻眼睛被樹枝戳傷，失明了。」

夫說這個故事太平常，不精彩，隨即打了哈欠。此後多年，妻也沒再提及此話題。

很多年過去了。一天，妻在遠地的舅舅來探親，住在這對夫婦家裡。他是個身障人士，有一隻眼是瞎的。

夫要陪舅舅到城裡轉轉，妻說：「千萬不要讓我舅舅累著，因為他的一條腿是假的。」丈夫細看，果然。

他問：「舅舅的眼、腿是怎麼受傷的？」

舅舅漫不經心地笑著說：「小事一樁，不值一提！當年，無非是哪個小孩子淘氣，用什麼小石子……」

剛說到這裡，妻子就攔下了，岔開了話題。因為沒有特別提到那隻鳥，丈夫自然也就沒想到其他。

住了幾天，舅舅準備回老家，妻子對丈夫說：「舅舅由於當年受傷，成了身障，生活自然很困難。我每月都寄一些生活費給他，你從來沒有計較過。我很感激你。」

丈夫說：「什麼話！妳每月從自己的薪資中寄給別人一點錢，我認為一定有妳的理由，何必要問？」

舅舅自然也說了幾句感謝話，丈夫連忙攔住，並為舅舅準備了很多東西和一些錢。舅舅堅持不收，最後還是推脫不掉。

舅舅走時，妻問：「舅舅，假如你發現使你受傷的那個男孩，你會怎麼做？」

舅舅仍是笑著說：「小孩子嘛！淘氣無罪！何況又與我的受傷沒有必然關

係⋯⋯」

舅舅回家了。

妻從來不提往事，因為她怕那事一經說破，有可能加重丈夫的負罪感。何況，夫確實無罪。

又過了一段時間，妻子出差，繞道探望了舅舅。她向舅舅說出了當年往事的內情。舅舅只是又一次笑著說：「哈哈哈⋯⋯可信，可信。我看得出，這小子是聰明孩子，小時候一定格外淘氣⋯⋯」

她說她打算把這件事的真相告訴丈夫。

「妳要說的話，我不饒妳！」舅舅真的生氣了，「無法挽回的事何必反覆叨唸？自找麻煩！哼！」

就在這時，郵差送來一張郵件通知單，上面寫郵件是一隻假肢。從假肢的牌子，舅舅知道其價格的昂貴。舅舅嘆口氣說：「這孩子很有心。當初他反覆端詳我的假肢，原來是為了⋯⋯」

她走時，舅舅一再叮囑：「記住！讓好人心煩的事，爛在肚子裡一輩子也不能說！答應我！」

她點了點頭。

有些事情一旦說破便會留下永久的陰影，就像文中丈夫若知道了真相，負罪感很可能伴隨他一生，幸福就可能大打折扣。舅舅是個豁達的人，他明白不可挽回的事就不必再去追究。重要的是現在的生活，大家都很好，已經夠了。

寬恕傷害你的人

無論何時，寬容都是一種美德，並充分展現了人的胸懷。寬恕傷害你的人，是困難的，卻是高貴的。

在美國愛荷華大學一位已故副校長曾工作的房子裡，保存著一封信的影本，這封信讓很多人讀後潸然淚下，這封信所傳遞出的愛心與寬容，展現出的人性的高貴，散發著震撼人心的力量。

那位副校長名叫安 · 柯萊瑞（T. Anne Cleary，或譯安妮 · 克黎利），她是愛荷華大學最有權威的女性之一。很久以前，她的父親曾遠渡重洋，到東方傳教，她成了出生在東方的美國人，所以她對東方人有著特殊的感情。她終身未婚，對待亞洲留學生就像對待自己的孩子一樣，無微不至地關照他們，愛護他們。每年的感恩節和耶誕節，她總是邀請亞洲學生到她家中做客。

不幸的事情發生在一九九一年十一月一日，那是一起震驚世界的慘案。一位叫盧剛的中國留學生，在他剛獲得愛荷華大學太空物理博士學位的時候，開槍射殺了一位教授、一位副教授、一位和他同時獲得博士學位的中國留學生、系主任，以及時任副校長的安 · 柯萊瑞。另外擊傷一名女學生。

一九九一年十一月四日，愛荷華大學的兩萬八千名師生全體停課一天，為安 · 柯萊瑞舉行了葬禮。安 · 柯萊瑞的好友德沃 · 保羅神甫在對她的一生進行回顧追思時說：「假若今天是被我們的憤怒和仇恨籠罩的日子，安 · 柯萊瑞將是第一個責備我們的人。」

安的慘死並沒有動搖親人們的信仰，並沒有讓他們以仇恨來取代愛。他們深知，仇恨的心理最後傷害的是自己，仇恨的心理也不符合安生前所堅持的理想。愛和寬恕才是對親人最好的紀念。這一天，安 · 柯萊瑞的三位兄弟舉行了記者會，他們以她的名義捐出一筆資金，宣布成立安 · 柯萊瑞博士國際學生心理學獎學基金，用以安慰和促進外國學生的心智健康，減少悲劇的發生。他們向凶手的家人伸出了溫暖的雙手，她的兄弟們還在無比悲痛之時，以極大的愛心宣讀了一封致盧剛家人的信，這就是那封在安 · 柯萊瑞曾工作的房子裡保存著影本的信：

致盧剛的家人：

我們經歷了突發的劇痛，我們在姐姐一生中最光輝的時候失去了她。我

們深以姐姐為榮，她有很大的影響力，受到每一個接觸她的人的尊敬和熱愛——她的家人、鄰居，她遍及各國學術界的同事、學生和親屬。

我們一家從很遠的地方來到這裡，不但和姐姐眾多朋友一同承擔悲痛，也一起分享著姐姐在世時留下的美好回憶。

當我們在悲痛和回憶中相聚的時候，也想到了你們一家人，並為你們祈禱。因為這個週末你們肯定是十分悲痛和震驚的。

安最相信愛和寬恕。我們在你們悲痛時寫這封信，為的是要分擔你們的悲傷，也盼你們和我們一起祈禱彼此相愛。在這痛苦的時候，安是會希望我們大家的心都充滿同情、寬容和愛的。我們知道，在此時，比我們更悲痛的，只有你們一家。請你們理解，我們願和你們共同承受這悲傷。這樣，我們就能從中一起得到安慰和支持。安也會這樣希望的。

誠摯的安 · 柯萊瑞博士的兄弟們

弗蘭克／麥克／保羅 · 柯萊瑞

遭遇不幸，安的家人很悲傷，但是他們沒有怨恨和憎惡。相反，他們對「仇人」的家庭報以同情和關懷。這種人道的力量，足以讓人心震憾。寬恕傷害你的人，是艱難的，卻讓人佩服、敬仰。

從偏激中走出

> 情感太過偏激，會讓你看不清事實的全部，更談不上看清事情的
> 真相。這不但對做事不利，而且還會成為行動的絆腳石。

你是如何看待身邊的事物的？是不是覺得什麼都好或者是什麼都不好。不論是哪一種結果，都說明了你看待事物的看法有些偏激。一旦你過於偏激地看待事物，那麼你就會走入認知的框架，不論是對自己還是對他人，必然會產生不利的影響。

　　一個年輕女性向一位心理學教授諮商，問她是否應和目前正在交往的男友結婚。教授請她說說男友的事。她說：「他是零缺點的人。他有我曾經希望擁有的一切，我愛他的一切。」她的陳述說明她太偏激，不可能是真相。教授知道沒有人能具有她描述的形象，而她現在的不真實期待會導致以後的忿恨。於是，教授告訴她，他覺得在現階段她不宜結婚。

　　為了能夠幫助她找到原因，教授要她列出他的性格中好的特質，她很快列出六十多個特質。接下來教授請她在旁邊列出不好的或負面的特質，她變得很生氣而且很反感。「如果他的缺點和優點一樣多，我才不會愛上他！」她怒氣沖沖地說。教授解釋說，他認為她的陳述不夠真實，如果她現在不看清真相，一旦他們結婚，她將會在真實生活中覺醒。

　　當人們看到一個完整的人 —— 無論我們喜歡或不喜歡 —— 我們有了更好的機會體驗更充實的關係。她同意試著去均衡正面和負面的認識，這花了些時間，不過她繼續迫使自己探究，一直到負面的也和正面一樣多。當她重新看自己寫下的東西時，她的眼中充滿淚水。「我不希望看到任何我可能不喜歡他的事情。」她說，「我以為忽視這些事會比較好，不過現在我都寫出來了，我對真正的他比較有概念了。」

　　接下來教授請她審視「好的特質」那一份清單，一項一項地探視自我，發現她自己有與他相同的特質。當她完成時，她發現自己不如原先想像的那麼「需要」那位男友。她開始了解，她曾以為他擁有她缺乏的特質，實則她都具備了。她克服了迷惑、障礙，感到了解和感謝時，她流下淚水。「現在我知道我並不需要他」，她說：「我知道他還有我不喜歡的一面，然而最不可思議的事情是，我也知道我真的愛他。」

　　偏激會使一個人在看待問題的時候變得狹隘，不能夠客觀公正地評價周圍的人和事，這樣難免會發生錯誤。所以在做事情的時候，必須要從內心的偏激中走出，千萬不要感情用事，多聽一聽他人的意見，就能夠看清事實的真相。

第五章

第六章

感謝羞辱給你的動力

> 踏入社會，總會遇到一些不如意的事情：被人刁難，遭人白眼……那麼受到刺激後該怎麼辦呢？學習那些感謝羞辱的勇敢者。當你用人性的執著與追求超越那些僅停留於羞辱帶來的傷害與脆弱時，你就打開了另一扇能夠打動人心的境界之門。

小紅是某跨國企業的亞洲地區總經理。三十幾年前，小紅還只是一個護士。那天，她決定要到這家跨國企業去應徵。當時，公司的徵才地點在一座五星級的飯店。

她回憶說，在飯店門口，自己足足徘徊了五分鐘，呆呆地看著那些各種膚色的人從容地邁上臺階，簡簡單單地進入另一個世界。她的內心深處無法丈量自己與這道門之間的距離。經過一番思考，她鼓足了勇氣，邁著穩健的步伐，穿過威嚴的旋轉門響應內心的召喚，走進了世界頂尖的跨國公司的辦事處。她的確是個人才，順利地通過了兩輪筆試和一場口試，最後到了主考官面前，眼看就要大功告成了。

俗話說：「閻王好見，小鬼難纏。」現在已經見到了「閻王」，她什麼也不怕了。主考官沒有提什麼難問題，只是隨口問：「妳會不會打字？」

她本來不會打字，但是本能告訴她，到了這個地步，不能有不會的。

於是，她點點頭，只說了一個字：「會！」

「一分鐘可以打多少個字？」

「您的要求是多少？」

「每分鐘一百二十字。」

她不經意地環視一下四周，沒看見考場裡有打字機，她馬上就回答：「沒問題！」主考官說：「好，下次錄取時再加試打字！」

實際上，小紅從來沒有摸過打字機。面試結束，她就飛快地跑到一個朋友處借了八百五十塊錢買了一臺打字機，然後沒日沒夜地練習了一個星期，

居然達到專業打字員的水準。

她被錄取了，她成了這家世界著名企業的一名普通員工，可她不是白領階層，她的主要工作是端茶倒水，打掃環境，用她自己的話說，「完全是腦袋以下的肢體勞動」。她為此感到很自卑，她把可以觸摸傳真機作為一種奢望，她所得到的安慰，就是自己能夠在一個可以解決溫飽問題而又安全的地方做事。可是作為一位服務人員，這種心理平衡很快就被打破了。

一天，小紅拉著拖車買辦公室用品回來，保全把她攔在門口，故意要檢查工作證。她沒有工作證，於是在大門口僵持了一會兒，進進出出的人就像看街頭藝人那樣，個個都投以異樣的目光。作為一位女性，她的內心充滿了屈辱，可是她知道得到這份工作不容易，她沒有發洩出來，可是她內心咬著牙在說：「我不能這樣下去！」

還有一件事情衝擊著她的內心：有個來自香港的女職員，資歷很深，動不動就喜歡差遣人替她辦事，小紅就是她的主要差遣對象。一天，這位女士叫著小紅的英文名字說：「如果妳想喝咖啡，請直接告訴我！」小紅不知這位自以為是的女士在說什麼。

這位女士說：「如果妳要喝我的咖啡，還請妳喝完後務必把杯蓋蓋好！」小紅本來是一個很會忍氣吞聲的人，這次女性的溫柔全都不見了，因為那女人把自己當成偷喝咖啡的賊了，這是一種人格上的侮辱。她頓時渾身戰慄，就像一頭憤怒的獅子，把埋在內心的滿腔怒火全部發洩了出來。

小紅發誓：「有朝一日，我要去管公司裡的任何一個人，不管他是來自哪裡的人！」甘願自卑，就只能沉淪下去，不肯自卑，就會產生無窮的推動力。小紅每天除了工作就是唸書，她在尋找著自己的最佳出路。

最終，與她同期進公司的人中，她第一個做了小組長；她也是第一批成為經理的當地人；第一批成為赴公司在美國的本部進行商務策略研究的人；更登上這家跨國公司地區總經理的寶座。

社會是個大熔爐，我們會面對各色人等，會遭遇各種對待。面對羞辱和

刁難，有的人膽怯，而另一些人卻激發了內心深處的潛能，乘風破浪，取得一番成就。

別讓你的原諒遲到

> 親人是愛自己的，不要因為自己的任性傷了他們的心。告訴爸爸
> 媽媽你愛他們，在任何場合、任何需要的時候。

陳先生只有一個女兒。他跟護士要了紙和筆，並告訴了護士女兒的電話，希望女兒能來見他一面。

「陳小姐嗎？我是醫院的護士，我打電話是要談妳父親的事，他患心臟病今晚住院了，而且……」

「啊！」她在電話中尖叫了一聲，「他不會死的，對吧？」這與其說是詢問，還不如說是懇求。

「他現在的情況還好。」護士說，並竭力使自己的聲音聽上去令人信服。

「妳不能讓他死，求求妳，求求妳！」她哀求道。

「他現在得到的是最好的照顧。」護士安慰她。

「妳不知道，」她解釋道，「爸爸和我曾吵過一架，吵得非常厲害，差不多已有一年了，我……我從那時起就沒見過他。我對他說的最後一句話是『我恨你』。」她的聲音變啞了，突然哭了起來。一個父親，一個女兒，就這樣互相失去了對方。

「我就來了，現在就來了，三十分鐘之內。」她說著掛斷了電話。

女兒來到病房時，看到陳先生一動也不動地躺著，似乎睡著了。門突然被撞開了，醫生和護士衝進了屋子。醫生開始對他人工呼吸，沒有一點反應，沒有跳動一下。護士關掉了監視器。他們一個接一個地走了。

她跪在床前，對著病床上的陳先生如夢囈般的說：「你知道，我從來沒有

恨過你，我愛你。」她說，「如果我能早來一點看你……」

突然她看到床邊桌上的一張紙，便拿起了它。

我親愛的女兒：

我原諒妳，我懇求妳也原諒我。我知道妳愛我。我也愛妳。

爸爸

她的手在顫抖著，讀了一遍，再讀一遍。她把那紙條緊緊地抱在胸前。

對於陳先生和女兒這樣的結局，我們只能說幸好還來得及。可是他們一年多的冷戰所失去的歡樂和幸福又該如何彌補呢？父親帶著對女兒的原諒和女兒對他的原諒走了，可他終究沒能親耳聽到女兒的話，又怎能不遺憾呢？如果他們彼此早一點寬容對方，早一點放棄自己微妙的「自尊」，結局一定更圓滿。

忘記朋友的傷害

> 朋友的幫助要銘記於心，永不忘懷；朋友的傷害，讓它隨風逝去，化為烏有。友誼總會有摩擦，寬容才能使友誼永恆。

威廉和邦德已經不記得他們認識了多久，他們只記得他們是怎麼從普通的朋友變成兄弟的。

那還是他們剛認識的時候的事情，他們相約一起去沙漠旅行，在旅途中他們迷路了，威廉認為他們應該往東走，邦德卻覺得他們應該向北走，爭執了一會，威廉做出了讓步，但是，邦德指的路險些讓他們在沙漠裡喪生。為此，威廉指責了邦德，面對死亡的恐懼，他在失控的情緒下還打了邦德一個耳光。邦德覺得受了屈辱，卻沒有還手，也沒有說什麼，只是在沙子上寫下：「今天我的好朋友打了我一巴掌。」威廉起初為自己的行為後悔，也欽佩邦德的大度和忍讓，但是看到邦德在沙子上寫的話又有些看不起邦德，覺得他肯

定是沒膽量還手，而且還記仇。

他們繼續往前走，直到走到一片綠洲，他們決定休息一下。邦德在河邊喝水時不小心掉到了河裡，生性不識水的他差點淹死，幸好威廉把他救了起來。邦德被救起以後，拿了一把小刀在石頭上刻下了：「今天我的好朋友救了我一命。」

一旁的威廉覺得好笑，也很好奇：「為什麼我打你以後，你要寫在沙子上，而現在要刻在石頭上呢？」

邦德笑笑說：「當被一個朋友傷害時，要寫在易忘的地方，風會負責抹去它；相反的，如果被幫助，我們要把它刻在心裡的深處，那裡任何風都不能磨滅它。」

從此，威廉和邦德就成了兄弟。

可能女人都有這樣的感覺，男人之間發生了矛盾是很容易解決的，有什麼不滿他們會互相指責，甚至大打出手，但是，很快就會過去，所以男人與男人的友誼總是牢不可破。而女人往往過於敏感也過於小心，一旦產生矛盾就會互不說話，然後絕交。其實，在日常生活中，最要好的朋友也會有摩擦。大多數時候，朋友的傷害往往是無心的，但是，他對你的幫助卻是真心的，所以，忘記那些無心的傷害，放棄無謂的爭執，化解內心的怨氣，銘記那些對你真心的關照，你會發現，維持一份友誼原來如此簡單。

善良是一種永恆的美

我們可以長得不好看，也可以不溫柔，但是卻絕對不可以不善良。善良是一種美德，一種天性，只有擁有了它，我們才會成為天使，一個為人間散播愛心的天使。

曾經有一個媒體舉辦過一場討論會，題目是「什麼樣的人最讓人喜歡」。

答案五花八門，什麼都有。

有人說：「我喜歡好看的人。因為漂亮的女人使我賞心悅目，就好像是看到了一處美麗的風景。此外，如果能娶漂亮的女人為妻，在自己內心滿足的同時，不也在向世人證明自己的魅力嗎？」

有人說：「我喜歡聰明的人。因為聰明的人能令我心智開闊。跟他們在一起常常使我獲益匪淺，感受智慧的魅力，那是一種真正的愉悅。何況，和他們出去事情井井有條，不用費心就感受到輕鬆與默契，豈不是一種愉悅？」

到底什麼樣的人最讓人喜歡，大家七嘴八舌，各抒己見，但最終討論的結果是：善良的人最讓人喜歡。其中有一位參與者的發言贏得了最熱烈的掌聲。他講道：「比方說我的母親吧。她已去世好多年了，我常常回憶起她，有一次我偶然發現，我對她的回憶竟主要是她的善良！在我的記憶中，只要有討飯的人路過我家門口，我母親就總是請他們進屋，端來熱水請他們洗手洗臉，然後把熱熱的一碗飯和一盤菜讓他們熱熱地吃下……有一次，一個女子討飯到我家，我母親請她吃飯時和她聊天，得知她死了丈夫又受公婆和小姨子的氣才逃了出來，聽得兩眼溼溼的，隨後便讓她在我家洗了澡，然後把我們家附近的一個單身漢介紹給她，後因男的不同意才作罷。送那女子走的時候，我母親還把自己的衣服給了她。人們常說，善良是一種美德；但在我看來，善良更是一種美麗。就是說，善良使人美麗，人因善良而更美麗。」

可見，善良是人類最寶貴的品德，這種內在美是永恆的美麗。

《鐘樓怪人》中的加西莫多是世界文學史上一個著名的醜人，但在人們看來，他實在要比那位護衛隊長和神父美麗得多。人們之所以會有這樣的審美感受，顯然是因為他那奮不顧身的善良。

至於生活中不斷湧現的捨己為人者、無私奉獻者乃至慈善家們，他們更是因為善良的品性與行為，而令我們深覺可愛可敬！是他們使我們的生活更美麗，令我們在遭遇困難時得到幫助，並確信陽光是不會消失的，且明天會更加燦爛！

一個人再好看，再有才能，再聰明，如果他有一顆邪惡的心，那他最終只能成為一個壞人。

一個人的生命，只有有助於他人，才能稱得上是喜悅與快樂的。

一個人只有深知給予的道理，他才能有所獲取，他的生命才能散發長久的馨香。

有一位哲人問他的學生：「對一個人來說，最需要擁有的是什麼？」答案很多，哲人都搖頭否定，但有一位學生的答案令他露出了笑容，那位同學答道：「一顆善心！」哲學家說：「在這『善心』二字中，包括了其他人所說的一切東西。因為有善心的人，對於自己則能知足常樂，能去做一切於己適宜的事。對於他人，他則是一個良好的伴侶和可親的朋友。」

一顆善良的心，一種愛人的性情，可以說是一個人最大的財富。雖然他給予他人愛、同情和鼓勵，然而他本身卻並未因為給予而有所減少，反而會由於給予而獲得更多。他把愛、同情、善意給人的愈多，他所能收回的愛、同情和善意也就愈多。

自私會毒噬純淨的心靈

> 自私的人心裡永遠只有自己，也只顧及自己的利益，容不得自己的利益有一絲一毫的損害，為了自己的利益可以去損害他人、團體的利益，甚至不擇手段地去追求獲取。

有人說，私欲是一切生物的共性，所不同的是其他生物的私欲是有限的，人的私欲是無限的。正因為如此，人的不合理的私欲必須要受到社會公理、道義、法律的制約，否則這個社會就不會是正常的社會。作為一個人，內心信守普遍的道德、法律的同時也有私心雜念，這是不矛盾的。如果人性中全是崇高的道德理念，人就不再是普通的人，而是聖人，如果人心中全是

私心雜念，無崇高的道德理念，人就不再是人，而和動物沒什麼區別。其實，我們每個人或多或少都有自私的一面，它可以說是一種本能的欲望，人也確實需要去滿足這種欲望。

自私是一種近似本能的欲望，處於一個人的心靈深處。人有許多需求，如生理的需求、物質的需求、精神的需求、社會的需求等。需求是人的行為的原始推動力，人的許多行為就是為了滿足需求。

但是，需求要受到社會規範、道德倫理、法律法令的制約，不顧社會約束，一味想滿足自己的各種私欲的人，就是具有自私心理的人。自私之心隱藏在個人的需求結構之中，是深層次的心理活動。

正因為自私心理潛藏較深，它的存在與表現便常常不為個人所意識到。有自私行為的人並非已經意識到自己在做一種自私的事，相反，他在侵占別人利益時往往心安理得。

自私的原因可從客觀與主觀兩個方面來分析。從客觀方面看，由於各種複雜的原因，很多資源的數量、種類、方式在占有和分配上，都存在許多不平衡、不合理之處。於是，缺乏資源的一方不得不用非正當的方式去交換。由此，一方面以權謀私，另一方面以錢謀私，不罕聞權錢交易、財色交易，相互交換的事情。

從主觀方面看，個人的需求若脫離了社會規範，人就可能傾向於自私。自私自利的人往往以自我為中心，對社會對他人極度依賴，並無休止地索取。

凡自私的人，都抱有這樣的病態心理，即「他人即地獄」、「各人只掃自家雪，哪管他人門前霜」、「事不關己，高高掛起」、「有權不用，過期作廢」、「利人者是傻子，利己者是聰明人」、「人不為己，天誅地滅」，這些心態逐漸變成了一種流行的畸形心態。

殊不知幫助別人，給予別人方便，才會得到別人的幫助，給自己也帶來方便。因為人們都有「相互回報」的心理，你對別人的慷慨付出往往也會得到別人的無償回報。

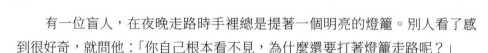

有一位盲人，在夜晚走路時手裡總是提著一個明亮的燈籠。別人看了感到很好奇，就問他：「你自己根本看不見，為什麼還要打著燈籠走路呢？」

盲人回答說：「這個道理很簡單，我提上燈籠並不是給自己照路的，而是為別人提供光明，幫助別人看清道路。不過，我這樣幫助別人的結果，其實也是等於幫助了自己。正是因為我手裡提著燈籠，別人就容易看見我，不會撞到我身上，這樣就可以保護我自己了。」

還有一個故事：一天，一個貧窮的小男孩為了存夠學費正挨家挨戶地推銷商品。勞累了一整天的他當時感到十分飢餓，但摸遍全身，卻只有一塊錢。怎麼辦呢？他決定向下一戶人家討口飯吃。當一位美麗的女孩打開房門的時候，這個小男孩卻有點不知所措了，他沒有要飯，只乞求給他一口水喝。這位女孩看到他很渴的樣子，就拿了一大杯牛奶給他。男孩慢慢地喝完牛奶，問道：「我應該付多少錢？」女孩回答道：「一分錢也不用付。媽媽教導我，施以愛心，不圖回報。」男孩說：「那麼，就請接受我由衷的感謝吧！」男孩說完離開了這戶人家。此時，他不僅感到自己充滿力量，而且還看到上帝正朝他點頭微笑。

數年之後，那位女孩得了一種罕見的重病，當地的醫生對此束手無策。最後，她被轉到大城市醫治，由專家會診治療。當年的那個小男孩如今已是大名鼎鼎的霍華德‧凱利醫生了，他也參與了醫治方案的制定。當看到病歷上所寫的病人的資訊時，一個奇怪的念頭霎時間閃過他的腦海，他馬上起身直奔病房。

來到病房，凱利醫生一眼就認出床上躺著的病人就是那位曾幫助過他的恩人。他回到自己的辦公室，決心一定要竭盡所能來治好恩人的病。從那天起，他就特別地關照這個病人。經過艱辛努力，手術成功了。凱利醫生要求把醫藥費通知單送到他那裡，在通知單的旁邊，他簽了字。

當醫藥費通知單送到這位特殊的病人手中時，她不敢看，因為她確信，治病的費用將會花去她的全部家當。最後，她還是鼓起勇氣，翻開了醫藥費

通知單，旁邊的那行小字引起了她的注意，她不禁輕聲讀了出來：「醫藥費：一滿杯牛奶。」

佛學講究善惡輪迴，因果報應。其實在現實生活中，這種所謂的因果報應，只不過是心存感激的受惠者對施惠者的一種報答而已。對他人施予善行，往往能收到別人更加豐厚的回報。明智的父母都懂得讓孩子奉獻自己的愛心，幫助別人。幫助別人，就是幫助自己，而我們為別人付出的時候，本身就體驗到了生命的快樂和富足。

當社會上每個人都願做善事，在我們需要的時候，就會有更多的人幫助我們。

聰明反被聰明誤

> 如果太過聰明，有時容易招來禍端，一定要小心聰明反被聰明誤。

一個人最大的弱點，就在於他自以為聰明。自作聰明者有這樣的缺點，但他們常常意識不到，甚至不願意識到。

有一個女人一直懷疑丈夫的聽力有問題，決定好好考驗一下他的聽覺。

有一天下班後，她躡手躡腳地走到丈夫背後七公尺的地方。「親愛的，你聽到我的聲音了嗎？」她丈夫沒有反應，她又走到五公尺的地方。「親愛的，你聽到我的聲音了嗎？」他依然沒有反應，她只好走到離他三公尺的地方。「你聽到我的聲音了嗎？」

「聽見了。」她丈夫說，「這已經是我第三次回答妳了！」其實，很多時候耳朵不好的是我們，我們卻不自知。當我們自以為聰明時，也正是愚昧的開始。下面的故事也說明了這一點。

有一地區的居民，因為水質不佳的關係，脖子長得又粗又胖。一個外地

人路過此地，當地的居民就譏笑她說：「你的脖子長得好奇怪，怎麼又長又細呢？」外地人說：「是你們的脖子有病，為什麼不去看醫生反而譏笑我呢？」居民說：「這裡的人全是這樣，何必去看醫生，可能你才需要看醫生呢。」

通常情況下，我們總喜歡批評他人，但卻不喜歡受人批評。

大概沒有人喜歡受人批評，除非他想真正地進步。

批評針對的往往是缺點、短處、不足……無論是誰，被人指出缺陷，總是一種不愉快的經歷。自作聰明者更是不喜歡遭人批評，他們甚至會認為批評者是不懷好意，因而他們對待批評的做法，往往就是置之不理或加以反駁。無論怎樣，最終的目的就是不讓批評損壞了自己的形象與聰明。

下面這個寓言故事中的大樹就是自作聰明者的典型。

一棵長得高大挺拔的樹，非常欣賞自己的身材，並引以為傲。

有一天，來了一隻啄木鳥，停在樹上，它聽到樹幹裡有許多小蟲啃噬的雜音，啄木鳥便用長喙在樹幹上啄一個洞，準備將小蟲一一吃掉。

這棵大樹非常生氣，它不能忍受美麗的枝幹被破壞出一個一個的洞，於是開口責罵啄木鳥，並把它趕走。

於是小蟲在樹幹裡長大並生了更多的小蟲，它們不斷地啃噬著樹幹，逐漸把它吃空了。

有一天，刮起一陣強風，這棵大樹便攔腰折斷了。

生活中的批評就像故事中的啄木鳥，它會為你除去身上的「小蟲」，這似乎使我們非常不暢快，但這些不快卻會成為對我們最大的幫助。為了使你更健康，你必須忍耐一下暫時的不快，而不要去考慮誰更聰明。

自作聰明者不僅對批評拒之千里，而且對良言忠告似乎也沒多大興趣。對於任何事情，建議對他們來說沒有實際的意義，追根究柢，他們還是喜歡自己按心意做出決定。

你因為自作聰明犯了錯，你會怎樣做？首先，不要羞於承認它。然後，對自己說：「很抱歉發生了這樣的事，讓你看看我能做些什麼。」不要用這樣

的話推卸自己的責任，比如：「我一直忙得暈頭轉向，所以我出了錯。」

人都會有出錯的時候，大多數人都憎恨承認自己做錯了事情。許多人錯誤地以為，一旦他們承認自己錯了，人們就會小看自己。可事實卻正好相反，你犯了錯誤，承認了它，並願意改正它，才不會在下一次還犯類似的錯誤。

所以要記住，克服自作聰明的最好方法就是有錯就改。

恐懼是你內心的的魔鬼

> 恐懼是自己給自己設置的牢籠，它會禁錮你的心靈，扼殺你的信
> 心、勇氣，讓你變成一個徹頭徹尾的膽小鬼、失敗者。只有克服
> 恐懼，才能活得輕鬆快樂。

恐懼能摧殘一個人的意志和生命。它能影響人的胃、傷害人的修養、減少人的生理與精神的活力，進而破壞人的身體健康。它能打破人的希望、消退人的志氣，而使人的心力衰弱至不能創造或從事任何事業。

許多人簡直對一切都懷著恐懼之心：他們怕風，怕受寒；他們吃東西時怕有毒，經營生意時怕賠錢；他們怕人言，怕輿論；他們怕貧窮，怕失敗……他們的生命，充滿了怕，怕，怕！

恐懼能摧殘人的創造精神，足以殺滅個性，而使人的精神機能趨於衰弱。一旦心懷恐懼、不祥的預感，則做什麼事都不可能有效率。恐懼代表著、指示著人的無能與膽怯。這個惡魔，從古到今，都是人類最可怕的敵人，是人類文明的破壞者。

最壞的一種恐懼，就是常常預感著某種不祥之事的來臨。這種不祥的預感，會籠罩著一個人的生命，像雲霧籠罩著爆發之前的火山一樣。

有些人對一些本來並不可怕的事情，卻產生一種緊張恐怖的情緒體驗。

他們自己也能意識到這種恐懼是完全不必要的，甚至能意識到這是不正常的表現，但卻不能控制自己，即使盡了很大努力也依然無法擺脫和消除，因而感到極為不安。例如，有的人因偶然一次化學實驗中試管發生爆炸，就再也不敢進實驗室；有的學生因某次上體育課摔傷過，以後只要上體育課就恐懼。

一個剛畢業的女孩曾經這樣描述她唸書歷程中的恐懼：「有一次老師叫我回答問題，我卻一個字也說不出。但在老師的心目中，我應是個好學生。老師一次次叫我回答，我每次都沒有滿意的答案。我慚愧了，我沉默了，我的心在流血，在呼喊，在悲傷。我的眼前是茫然、茫然、茫然……不敢看老師的眼睛，我的心在急速地跳動，我害怕、我緊張，我害怕老師的提問，我害怕再讓老師失望。我的心每時每刻都在急劇地跳動，它像一個惡魔，每當上課或是要專注去做某件事情時，它就會出來妨礙我、折磨我。我覺得自己被一個怪物控制著，將永遠聽命於它，永遠屈服於它。」

恐懼是人生命情感中難解的結之一。面對自然界和人類社會，生命的進程從來都不是一帆風順的，總會遭遇各式各樣、意想不到的挫折、失敗和痛苦。當一個人預料將會有某種不良後果產生或受到威脅時，就會產生這種不愉快情緒，並為此緊張不安。憂慮、煩惱、擔心、恐懼，程度從輕微的憂慮一直到驚慌失措。現實生活中，每個人都可能經歷某種困難或危險的處境，從而體驗不同程度的焦慮。恐懼作為一種生命情感的痛苦體驗，是一種心理折磨。人們往往並不為已經到來的，或正在經歷的事感到懼怕，而是對結果的預感產生恐慌，人們生怕無助、生怕排斥、生怕孤獨、生怕傷害、生怕死亡的突然降臨；同時人們也生怕失官、生怕失職、生怕失戀、生怕失親、生怕聲譽的瞬息失落。

某大公司招收職員，有一個剛畢業的大學生面試後，等待錄取通知時一直惴惴不安。等了好久，該公司的信函才寄到了她手裡，然而打開後卻是未被錄取的通知。這個消息簡直讓她無法承受，她對自己的能力失去了信心，覺得再試其他公司也會一敗塗地，於是服藥自盡。

幸運的是，她並沒有死，剛剛搶救過來，又收到該公司的一封致歉信和錄取通知，原來電腦出了點差錯，她是榜上有名的。

這讓她十分驚喜，急忙趕到公司報到。

公司主管見到她的第一句話卻是：「妳被辭退了。」

「為什麼？我明明拿著錄取通知。」

「是的，可是我們剛剛得知妳因為收到未被錄取的通知而自殺的事，我們公司不需要連一點挫折打擊都受不了的人，即使妳再有能力，我們也不打算錄取。因為公司今後可能會出現危機，我們需要員工能不畏艱難與公司共存亡，如果員工自己都無法克服畏懼心理，怎麼能讓公司也轉危為安？」

這個女孩徹底失去了這份工作，原因何在呢？很顯然，是因為她對自己的能力沒有正確評價，偶然受了點打擊便輕視自己而畏懼不前，對未來不抱有希望，這是心理極度脆弱的表現。她沒有想到自己失去工作，不是失在嚴格而苛刻的公司經理的考題上，也不是敗給實力不俗的競爭對手，恰恰是自己的畏懼，擋住了自己夢寐以求的發展道路。

恐懼是人生成功的大敵，它會損耗你的精力，折磨你的身心，縮短你的壽命，讓你失去信心，阻止你獲得人生中一切美好的東西。克服它，你才能給自己贏得一次成功的機會。如果你不願失敗，請立即向恐懼挑戰。

自我封閉是自製的牢籠

自我封閉並不是因為這個世界多可怕，而是因為他們太害怕並排斥與人交流。自我封閉的人啊！請你們打開心靈的窗戶，去感受世間的美好。

自我封閉的人通常孤獨而且敏感。生活中犯過一些小錯誤，就很容易導致自責自貶，就看不起自己，甚至討厭自己，總覺得別人在責怪自己，於

是深居簡出，與世隔絕。有些人十分注重個人形象的好壞，總是覺得自己長得醜。這種自我暗示，使得他們非常注意別人的評價，甚至別人的目光，最後乾脆拒絕與人來往。有些人由於幼年時期受到過多的保護或管制，他們內心比較脆弱，自信心也很低，只要有人說點什麼，就亂對號入座，心裡緊張起來。

自我封閉總是給我們的生活和人生帶來無法擺脫的沉重的陰影，讓我們關閉自己情感的大門，沒有交流和溝通的心靈只能是一片死寂。因此，一定要打開自己的心門，並且從現在開始。

自我封閉的人，需要改變自己。

首先，要樂於接受自己。有時不妨將成功歸因於自己，把失敗歸因於外部因素。不在乎別人說什麼，堅持走自己的路。

其次，要提高對社會交往與開放自我的認識。交往能使人的思考能力和生活功能逐步提高並得到完善；交往能使人的思想觀念保持新陳代謝；交往能豐富人的情感，維護人的心理健康。一個人的發展高度，決定於自我開放、自我表現的程度。克服孤獨感，就要把自己向交往對象開放。既要了解他人，又要讓他人了解自己，在社會交往中確認自己的價值，實現人生的目標，成為生活的強者。

第三是要順其自然地去生活。不要為一件事沒按計畫進行而煩惱，不要對某一次待人接物做得不夠周全而自怨自艾。如果你對每件事都精心對待以求萬無一失的話，你就不知不覺地把自己的感情緊緊封閉了。

應該重視生活中偶然的靈感和樂趣，有時讓自己高興一下就行，不要整日為了目的，為解決一項難題而奔忙。

第四是不要掩飾真實的感情。如果你和你的摯友分離在即，你就讓即將湧出的淚水流下來，而不要躲到盥洗室去。為了怕別人道短而把自己身上最有價值的一部分掩飾，這種做法沒有任何意義。

生活中許許多多的事都是這樣，遵從你的心，聽取你心靈的聲音，如巴

魯克教授所說，這樣即使做錯了事，我們也不會太難過。

有一個叫張燕的女人，自從參加一位朋友的生日宴會後，就突然感到莫名的恐懼，不敢外出見人，終致無法正常上班，而閒在家裡。家人也為此整日愁眉不展，後來在朋友的百般追問下她才道出了原因，她對朋友說：「兩年前我與一位長得很漂亮的同事一同去赴一位朋友的生日宴會，都是同行，但她更受朋友們的歡迎，不少人爭著和她聊天，像眾星捧月似的，搭理我的人卻很少。於是心中不安，中途退席回家。從此，不時感到惶恐不安，老是覺得我不如別人，因而感到害怕。開始還只是怕和她在一起，後來連見到她也害怕，整天擔心她會突然出現在我面前。不久，就連和客戶會面都讓我感到害怕。如此情況已有一年多了。不知道這種狀況還要持續多久，我老公現在也不想和我生活在一起了。」

阿燕的遭遇讓我們了解了自我封閉的可怕。自我封閉不僅讓自己失去對生活的信心，而且做任何事情都心灰意冷，精神恍惚，最終自己不能容納自己，走向極端。

自我封閉是心靈開放的一劑毒藥，是對自己融入群體的所有機會的封殺。自我封閉不僅毀掉自己的一生，也會讓周圍的朋友、親人一起憂傷。總之，自我封閉會葬送一生的幸福。所以，生活在快節奏的現代生活中，我們一定要走出自我封閉的牢籠，走入群體的海洋。

暫時的自我封閉孤獨有時也是一種休息、放鬆及宣洩。但是這種自我封閉只能是暫時的，如果長時間陷入其中，必然會導致心靈的失衡，最終走向極端。而且，長期的封閉會阻隔個人與社會的正常交往。處在封閉環境之中的人，感覺不到封閉，就必然導致精神的萎靡，思考的僵滯，它使人認知狹窄，情感淡漠，人格扭曲，最終可能導致人格異常與變態。

在一家生物公司工作的陳潔便是這樣。她和一名同事一起參加優秀員工的競賽，但結果是她落選了，她的同事被選上了。陳潔很不服氣地說：「論能力、論口才，我哪一點比她差？可她選上了，而我卻落榜了，不就是因為那

個副經理跟她同鄉嗎，有什麼了不起。」於是，以後的其他的活動她也「不屑」參加。應該承認，工作中好多事情也是少不了人情的，有些事情也是依靠人情才能解決的。既然現實已經如此就不得不接納，去坦然面對。像陳潔這樣的人一遇到挫折就怨天尤人、一蹶不振，很容易走向自我封閉。

在社會裡，經歷陳潔這般遭遇的人為數不少。起初，他們都是抱著一腔熱忱，想在工作中大展身手，但現實卻令他們失望，受了點挫折便自暴自棄了，甚至心如死灰，似乎看破了紅塵。這些人大多數在上學期間活潑開朗，只是到了工作時才連連受挫，因此也無意於爭名奪利了，逐漸變得內向、自我封閉。

自我封閉的心理具有一定的普遍性，各個歷史時期、不同年齡層次的人都可能出現，其症狀特點有：不願意與人溝通，害怕和人交流，討厭與人交談，逃避社會，遠離生活，精神壓抑，對周圍環境敏感。由於他們的自我封閉，所以常常忍受著難以名狀的孤獨寂寞。人類的內心世界是由感情凝結而成的，所以才能在鄰居或朋友之間建立起誠摯的友誼；才能在夫妻間建立起美滿的婚姻和家庭；社會也才能藉著感情的紐帶協調轉動。真摯的感情無影無形，但它卻比任何實際的東西都更有價值。

如果一個人總是將自己封閉在一個狹窄的圈子內，對自己、對社會都沒有好處，所以自我封閉的人都應走出自我封閉的圈子，注意傾聽自己心靈的聲音，並大膽表現它的美好和幸福。

疑心病，早拋棄

疑心重是一些人的通病，這不但不能幫助我們，反而使我們原來的優點變成缺點，使原來的缺點變得更突出。

有些人總是小題大做的，他們的拿手好戲是繪聲繪色和製造本來沒有的

緊張關係。發生點小事，他們就瞎猜亂想，即便是子虛烏有，也要把自己搞得神經兮兮。

你還一定記得關於「疑人偷斧」的那個古老的故事。自己家裡的斧頭丟了，就懷疑鄰居家偷的，怎麼看怎麼像，幾乎篤定無疑了。可後來斧頭卻在自己家裡找到了。於是，怎麼看，那鄰居都不像是個偷斧頭的賊了。

疑心重的人，再加上他們那原本容易輕信的弱點，便特別容易被挑動而激動，去做一些不明智的事情，可另外一方面，他們又特別容易在突然間偃旗息鼓。等事過境遷了，他們卻又拒不承認他們當初的表現。他們在任何事情上都不願意承擔哪怕是極微小的責任。他們總是以受蒙蔽者或者是受害者的角色，出現在生活中，以便處處求得別人廣泛的同情。

英國思想家培根曾說過：「猜疑之心如蝙蝠，它總是在黃昏中起飛。這種心情是迷惑人的，又是亂人心智的。它能使你陷入迷惘，混淆敵友，從而破壞你的事業。」

有一位名為珂珂的女孩子，把大量的時間花在了揣測別人的想法上，過度關注別人對自己的看法，結果把自己做正事的時間也浪費了。

珂珂是一家房地產公司的銷售人員，溫柔靦腆。有一次，她的一個同事整理檔案，將蒙上灰塵的一疊文件都堆放在她的桌上。那位同事並沒有注意到這一點，其他同事都各做各的事，也沒注意，珂珂心裡感到特別不舒服，就狠狠地瞪了那位同事一眼。她瞪完之後，立刻就後悔了，趕快環顧辦公室，這時正好有一位女同事抬頭看了她一眼，她非常擔心，怕同事說她小心眼。

「她們一定知道我的不滿，就這麼點小事，我幹嘛這樣對她呢？她們一定會怪我的。」在這一天中，她一直在注意其他人的反應，也不出去工作，恰好看她一眼的那位同事又問她：「妳今天下午怎麼不出去見客戶呢？」珂珂認為這是在趕她走，好說她剛才瞪人的事。

第二天上班時，珂珂來得有點晚了。她發現，其他同事正說笑著，沒人

在意她，她認為別人真的不理她了，而且，放檔案的同事在她來後不久就離開辦公室了。她想：「她一定是生我的氣了。」

　　下午，開例會時，珂珂又發覺別人都在用異樣的眼光看她。她想，壞了，她們一定對全體員工說了，這下整個公司都知道她小心眼了。以後在辦公室的時候，聽到同事們在笑，她就認為是在笑她；坐在這個辦公室，她又擔心另外辦公室的人在背後說她的壞話。珂珂整天坐立不安，覺也睡不踏實。不久患了失眠性神經衰弱，工作業績也下降了。

　　猜疑是缺乏事實根據的猜測，只是猜疑者根據自己的主觀臆斷，毫無邏輯地去推測、懷疑別人的言行。猜疑的人往往對別人的一言一行都很敏感，喜歡分析深藏的動機和目的，看到別人悄悄議論就疑心在說自己的壞話，見別人過於用功，就疑心他有不良企圖。好猜疑的人最終會陷入作繭自縛、自尋煩惱的困境中，最終還會導致自己的人際關係緊張，失去他人的信任，挫傷他人和自己的感情，對自己心理健康是極大的危害。

完美主義是一個美麗的錯誤

> 「最完美的商品只存在於廣告中，最完美的人只存在於悼詞中。」
> 完美永遠是不可觸及的。當我們不再注意自己是否完美時，或許
> 有一天我們會驚喜地發現，往日渴求的完美，今天已經具備。

　　從心理學角度來講，完美主義是對完美過分的一種極端追求。那種完善自我，健康地追求完美，並且在努力達到高標準過程中體驗到快樂的人，不是完美主義者。心理學上所指的完美主義者，是那些把個人的理想標準和道德標準都定得過高，不切合實際，而且帶有明顯的強迫傾向，要求自己去做不可能做到的事的那種人。

　　完美主義的人往往不願意接受自己或他人的弱點和不足，非常挑剔。比

如，讓自己保持優雅的姿態、不俗的氣質、溫柔的談吐，這就是為自己定了一個過高的理想標準，而且也帶有強迫的特徵。

完美主義者表面上都很自負，其實內心深處卻非常自卑。比如，很少看到自己的優點，總是在關注自己的缺點，而且總是不知足，也很少肯定自己。不知足就不快樂，也使周圍的人和自己一樣不快樂。所以，學會欣賞別人和自己是很重要的，它是進一步實現下一個目標的基礎。

在人際交往方面，為了維護自己這個完美的角色，完美主義者常常生活在一個狹小的圈子中。比如，很想要卻又不敢融入到群體中去，怕暴露了自己的缺點。不敢表露自己的感情，不敢表達自己的觀點和態度，給自己制定了太多的條條框框，以完美的標準要求自己，帶給自己的卻只有沉重的壓力和深深的自責。對於別人的褒獎，只會感到誠惶誠恐，認為自己還差得很遠。違心地滿足別人的要求，委屈自己。

改變這種可怕性格的方法就是當事人重新建立評價自己的標準，改掉原來那種完美的、苛刻的、傾向於全面否定的標準，建立一種合理的、寬容的、注重自我肯定和鼓勵的標準，學習多讚美自己，把過去成功的事情列在紙上，坦然愉悅地接受別人的讚揚並表示感謝。

有人問一位國際影星是否覺得自己長得完美時，她說：「不，我長得並不完美。我覺得正因為長相上的某些缺陷才讓觀眾更能接受我。」能認識到自己有種種不足並能寬容待之的人，可以說是自信的，心態也是健康的。人生並非上帝為人類設計的陷阱，好讓他譴責我們的失敗。人生也不是一盤棋，如果走錯一步那麼步步皆錯。人生其實就像踢足球，即使最偉大的球星也會在比賽中失誤，我們的目標是努力發揮最佳實力，但不能要求自己腳腳都是妙傳甚至是射門得分。

可見，醉心於追求完美的人，其實是不完美的。因為完美畢竟是抽象的，只有生活才是具體的。生活中有不少「完美」並非靠追求就能得到，相反，生活中有許多遺憾是無法避免的。假如我們在心理上戰勝了這些，我們

的內心就會穩健許多，就會重新感受到生活的樂趣。

　　所以，不要以為只要自己盡心盡力去做的事，就一定就會達到完美，應認真思考，自己到底需要什麼？不要壓抑自己，也不要太在乎別人的言論，要為活出自己的特色，活出自己的風格而努力。

　　「最完美的商品只存在於廣告中，最完美的人只存在於悼詞中。」完美永遠是可望而不可即的。當我們不再注意自己是否完美時，或許有一天我們會驚喜地發現往日渴求的完美，今天已經俱備。

　　有一個很著名的故事，因其耐人尋味而流傳甚廣。

　　國王有七個女兒，這七位美麗的公主是國王的驕傲。她們那一頭烏黑亮麗的長髮遠近馳名，受無數人傾慕，所以國王送給她們每人一百個漂亮的髮夾。

　　有一天早上，大公主醒來，一如既往地用髮夾整理她的秀髮，卻發現少了一個，於是她偷偷地到了二公主的房裡，拿走了一個髮夾。

　　二公主發現少了一個髮夾，便到三公主房裡拿走一個髮夾；三公主發現少了一個髮夾，也偷偷地拿走四公主的一個髮夾；四公主如法炮製拿走了五公主的髮夾；五公主一樣拿走六公主的髮夾；六公主只好拿走七公主的髮夾。於是，七公主的髮夾只剩下九十九個。

　　隔天，鄰國英俊的王子忽然來到皇宮，他對國王說：「昨天我養的百靈鳥叼回了一個髮夾，我想這一定是屬於公主們的，而這也真是一種奇妙的緣分，不曉得是哪位公主丟了髮夾？」

　　公主們聽到了這件事，都在心裡想：是我掉的，是我掉的。可是頭上明明完整地別著一百個髮夾，所以都懊惱得很，卻說不出。只有七公主走出來說：「我掉了一個髮夾。」

　　話才說完，七公主一頭漂亮的長髮因為少了一個髮夾，全部披散了下來。王子不由得看呆了，決定和公主一起過幸福快樂的日子。

　　一百個髮夾，就像是完美圓滿的人生，少了一個髮夾，這個圓滿就有

了缺憾。人生確實有許多不完美之處，每個人都會有這樣或那樣的缺憾。其實，沒有缺憾我們無法去衡量完美。仔細想想，缺憾其實不也是一種美嗎？

一位心理學家做了這樣一個實驗：他在一張白紙上點了一個黑點，然後問他的幾個學生看到了什麼。學生們異口同聲地回答，看到了黑點。於是，心理學家得到了這樣的結論：人們通常只會注意到自己或他人的瑕疵，而忽略其本身所具有的更多的優點。是呀，為什麼他們沒有注意到黑點外更大面積的白紙呢？

有這樣一位女子，她喜歡自助旅行，一路上拍了許多照片，並收集出版。她常自嘲地說：「因為我長得醜，所以很有安全感，如果換成是美女一個人自助旅行，那就很危險了。我得感謝我的醜！」

欣賞自己的不完美，因為它是你獨一無二的特徵。欣賞自己的不完美，因為有了它才使你不至於平庸。不完美使你區別於人，世界也因你的不完美而多了一點色彩。

貪婪到極致是虛無

> 貪婪，會讓人們忽略自身的弱點，不顧一切地去滿足欲望，而最後會失去更多。

貪婪的具體表現是貪得無厭，即對與自己的力量不相稱的事物的過分的欲求。它是一種病態心理，與正常的欲望相比，貪婪沒有滿足的時候，反而是越滿足，胃口就越大。

以前，有一個國王，王妃為他生了一群白白胖胖的王子。好不容易他最寵愛的一個妃子為他生了一位漂亮的公主。國王對小公主疼愛有加，視如掌上明珠，捨不得稍加訓斥。凡是公主要求的東西，國王從來都不會拒絕，就是她要天上的星星，國王也恨不得攀登天空，為公主摘下來，點綴為彩衣。

第六章

　　公主在國王的呵護縱容下，慢慢成長為荳蔻年華的少女，漸漸懂得了裝扮自己。有一天，春雨初霽的午後，公主帶著婢女徜徉於宮中花園。只見樹枝上的花朵，經過雨水的潤澤，花苞上掛著幾滴雨珠，顯得愈發嬌豔；蓊郁的樹木，翠綠得逼人眼睛。公主正在欣賞雨後的景致，忽然目光被荷花池中的奇觀吸引住了。原來池水正冒出一顆顆狀如珍珠的水泡，渾圓晶瑩，閃耀奪目。公主看得入神忘我，突發奇想：「如果把這些水泡串成花環，戴在頭髮上，一定美麗極了！」

　　她打定主意，於是叫婢女把水泡撈上來，但是婢女的手剛一觸及水泡，水泡便破滅無影。折騰了半天，公主在池邊等得憤憤不悅，婢女在池裡撈得心急如焚。公主終於氣憤難忍，一怒之下，便跑回宮中，把國王拉到了池畔，對著一池閃閃發光的水泡說：「父王！您一向是最疼愛我的，我要什麼東西，您都順著我。現在女兒想要把池裡的水泡串成花環，戴在頭上。」

　　「傻孩子！水泡雖然好看，終究是虛幻不實的東西，怎麼可能做成花環呢？父王另外替妳找些珍珠水晶，一定比水泡還要美麗！」國王無限憐愛地看著女兒。

　　「不要！不要，我只要水泡花環，我不要什麼珍珠水晶。如果您不給我，我就不想活了。」公主哭鬧著。束手無策的國王只好把朝中的大臣們集合於花園，憂心忡忡地說道：「各位大臣，你們號稱是本國的奇工巧匠，你們之中如果有人能夠用池中的水泡，為公主編織美麗的花環，我便重重獎賞。」

　　「報告陛下！水泡剎那生滅，觸摸即破，怎麼能夠拿來做花環呢？」大臣們面面相覷，不知如何是好。

　　「哼！這麼簡單的事，你們都無法辦到，我平日如何善待你們？如果無法滿足我女兒的心願，你們都提頭來見。」國王憤怒了。

　　「國王請息怒，我有辦法替公主做成花環。只是老臣我老眼昏花，實在分不清楚水池中的水泡，哪一顆比較均勻圓滿，能否請公主親自挑選，交給我來編串？」一位鬚髮斑白的大臣神情篤定地打圓場。

公主聽了，興高采烈地拿起瓢子，彎下腰身，認真地舀取自己中意的水泡。本來光彩閃爍的水泡，經公主輕輕一觸摸，霎時破滅，變為泡影。撈了半天，公主連一顆水泡也沒有拿起來。

顯然，公主的水泡花環夢想難以實現。我們暫且不說公主失望的表情，先來研究分析一下公主有此夢想的根源：正因為公主生活無憂，物質富足，她才貪婪那些虛無的東西。可以說，這是貪婪的極致。極致的貪婪蒙蔽了公主的眼睛，使她是非難辨，幻想與現實不分，鬧出如此笑話。

現代生活中的某些人是不是也有著公主的影子呢？過度的追逐，只能陷於痛苦的深淵。然而，世人大都面對金錢愛不釋手，面對名利心難清靜。更有甚者，為虛無的目標而苦命追逐。然而由於目標不當，有時不僅不會帶來快樂，反而會成為煩惱的根源，且白費精力。

「身外物，不奢戀」是思悟後的清醒。因為即使我們擁有整個世界，一天也只能吃三餐，一次也只能睡一張床。

不要成為金錢的奴隸

> 金錢可以讓人物質豐裕，但只有對待金錢的態度正確了，才會感覺到幸福。金錢不是萬能的，不要只為金錢而活。

這是一個極具誘惑力的社會，這是一個欲望膨脹的時代，人們的心裡總是充滿著欲望和奢求，追逐名利，穿名牌服飾，吃山珍海味，坐高級跑車，而這一切都需要錢。所以，有些人把追求財富當做了生活的全部內容，這樣一來，他們就再也無法享受到生活的寧靜美好，反將自己弄得身心疲憊。痴求財富就必為財富所奴役。

有一先生講述了他曾經和自己要強的妻子一起度過的一段悲慘生活。她似乎只有一種想法，這種想法占據了她整個的生活，那就是賺錢。她對於

生活本身絲毫不感興趣，而生活絕對不能干擾她為賺更多錢制定工作計畫。這位先生說，後來他們的家完全不是一個家了。她一回到家裡，就為更多的生意進行思考和安排計畫，為賺更多錢制定更多的方案。這樣，賺錢已經成為了她唯一的癖好。長此以往，她總是顯得那麼疲憊不堪，當她晚上回到家時，她甚至累得抬不起頭來。但即使這樣，她仍然不休息，而是很快地投入到工作中去，思考並計劃著更多的生意。於是，她總是使自己處在一種連續的疲勞狀態之中。

應該留在辦公室裡的生意和業務，總是時時刻刻伴隨著她。「一夜又一夜，」她先生後來說，「我記得她在午夜以後還坐在那裡，端詳著她的杯子並且仍然在思考、在做計畫。我聽見了她那痛苦的咳嗽聲，於是我常常走下樓去懇求她為了健康而休息一下，該上床睡覺了，更何況我有能力給予她寬裕的生活。但她從來都很固執。」

「她坦率地對我說過許多次，我的乞求毫無用處，如果在她的計算過程中少了一塊錢，她也不會放棄，直到查出那塊錢為止。有幾次，我在地板上丟下一塊錢，並且把它撿起來交給她說：『這就是差額。我剛把它從地板上撿起來，也許是妳的。』但是，她很敏銳地看穿了我的詭計。她無法停下來，直到在自己的書中發現了那一塊錢，哪怕為此找上通宵！」

儘管這個女強人有上千萬的財產，但是她沒有家庭生活，也享受不到家庭的歡樂。後來，她丈夫和孩子們疏遠了她。她從來沒有像別人那樣擁有空餘時間去享受快樂，她總是處於不停地思考、計劃和努力工作之中，直到死亡把她帶走。

財富可追求卻不可強求，每個人都要保持一種平和的心態，擺正財富的位置。那句俗語是永遠的真理：金錢不是萬能的。不要只為金錢而生活。

刻薄的言語傷人心

> 有些人為了贏得社交上的優勢，總喜歡用刻薄的語言去壓倒別人。殊不知，「惡語傷人六月寒」，一句話的傷害，足可在別人心中留下長久的陰影。刻薄的語言可以產生短暫的快感，但長遠來看，交際必然會受到惡劣的影響。

尖酸刻薄型的人，在任何交際圈裡都不受歡迎。他總樂於在與別人爭執時，挖人隱私不留餘地，同時冷嘲熱諷無所不至，令對方自尊心受損，顏面盡失。

這種人平常以取笑、挖苦別人為樂。你被老闆罵了，他會說：「這是老天有眼，罪有應得。」你和另一半吵架了，他會說：「一個巴掌拍不響，兩個都不是好東西。」你糾正了別人一個錯誤，被他知道了，他也會說：「有人惡霸，有人天生賤骨頭，這是什麼世界？」

尖酸刻薄型的人，天生得理不饒人，尖牙利嘴。由於他的言語犀利，因此基本沒有什麼朋友。他之所以能夠生存，是因為別人懶得理他。但如果有一天別人忍無可忍之時，他的下場也好不到哪裡去。

做老實人說老實話，本來應該是一條為人處世的準則，但若一味地老實寬厚，反倒會遷就縱容別人不適當的言行，所以，面對別人的無禮攻擊和嘲笑挖苦，我們一定要學會適當的反擊，維護自己的利益和尊嚴。

人既然從來不會為自己親切地對待別人感到後悔，為使自己的生活裡充滿「值得」，那就管好自己的嘴。

瑪莉亞是一位著名的作家，有一次應邀去參加一個音樂會。可是，音樂會的節目演出不久，她就厭煩地用雙手捂著耳朵，打起瞌睡來。主人見她這樣感到奇怪，推了她一下，問：「夫人，妳不喜歡音樂嗎？」

她搖了搖頭：「這種音樂有什麼好聽的？」

「啊？」主人驚叫，「妳說什麼？這裡演奏的都是流行樂曲呀！」

「難道流行的東西就是高尚的嗎？」

主人反問：「不高尚的東西怎麼會流行呢？」

瑪莉亞笑道：「那麼，流行感冒也是高尚的嗎？」

面對主人錯誤的論斷，瑪莉亞使用了歸謬法這個邏輯武器，直言不諱地一語道破，不含糊，也不迴避，反駁簡潔有力，言之有據，因為她主旨明確。

假如朋友或同事在公開場合責備你，而情況又不屬實，一定使人難堪。你可以心平氣和地直言：「我們是否私下談談這個問題？我要求你把情況搞清楚了再說話。如果你不注意尊重事實，那我以後很難再信賴你。」倘若是你的親友無故責怪你，你就明確地說：「你已經讓我難堪了，但你總該告訴我這都是為了什麼吧？我什麼地方得罪你了？」當然，假若做錯了什麼事，哪怕不是有意的，也要誠懇道歉。

正如故事中的主人的言辭一樣，語言是引起風波的罪魁禍首，如果別人不能容忍你的話。短短的一句話，能使你的職場步履維艱，能使姻緣斷絕，能使友情破裂。語言的威力可謂驚人，如若語言含有毒物，它可以毀滅人生，如若語言含有芳香，它可以愉悅生命。

語言的傷害力我們不可小視，隨口說的一句話可能給人以巨大的創傷，或者使人痛苦不堪。語言不是槍或刀等利器，但殘忍的言語比利器還要屬害，它會給人留下無法磨滅的心靈創傷。肉體的傷害容易癒合，但精神的創傷卻難以撫平。

做點好事別張揚

有位智者曾經說過：「人家對你做的好事，你要永遠記住；你對人家做的好事，你要立即忘記。」

以前，有位富人十分有錢，但卻得不到旁人的尊重，為此苦惱不已，每

日想著如何才能得到眾人的敬仰。

某日在街上散步時，他看到街邊一個衣衫襤褸的乞丐，心想機會來了，便在乞丐的破碗中丟下一枚亮晶晶的金幣。

誰知乞丐頭也不抬地仍是忙著捉蝨子，富人不由生氣：「你眼睛瞎了？沒看到我給你的是金幣嗎？」

乞丐仍是不看他一眼，答道：「給不給是你的事，不高興可以拿回去。」

富人大怒，開始意氣用事，又丟了十個金幣在乞丐的碗中，心想他這次一定會趴著向自己道謝，卻不料乞丐仍是不理不睬。

富人幾乎要跳了起來：「我給你十個金幣，你看清楚，我是有錢人，好歹你也尊重我一下，道個謝你都不會。」

乞丐懶洋洋地回答：「有錢是你的事，尊不尊重你則是我的事，這是強求不來的。」

富人急了：「那麼，我將我財產的一半送給你，能不能請你尊重我呢？」

乞丐翻著一雙白眼看他：「給我一半財產，那我不是和你一樣有錢了嗎？為什麼要我尊重你？」

富人更急道：「好，我將所有的財產都給你，這下你可願意尊重我了？」

乞丐大笑：「你將財產都給我，那你就成了乞丐，而我成了富人，我憑什麼來尊重你？」

還有一個故事：有一對年輕夫婦，他們住在美國南部的一個小城市裡，其鄰居是一對年老的夫婦，妻子的眼睛幾乎瞎了，並且癱瘓在輪椅中，丈夫本人身體也不是很好，他整天待在屋子裡照料自己的妻子。

一年一度的耶誕節快要到了，這對年輕夫婦決定裝飾一顆聖誕樹，送給這兩位老人。他們買了一棵小樹，將它裝飾好，帶上一些小禮物，在聖誕前夜把它送過去了。老婦人注視著聖誕樹上閃爍的小燈，感動地哭了，她的丈夫也一再說：「我們已經有許多年沒有欣賞聖誕樹了。」在以後的日子裡，每當他們拜訪這兩位老人時，老人都要很高興地提起那棵聖誕樹。對這對年

輕夫婦來講，也許他們只是做了一件很小的事情，但他們把巨大的歡樂送給了他人，因而自己也從中獲得了巨大的歡樂。這種歡樂是一種十分厚重的感情，而且也一直留在他們的記憶中。

我們為他人做好事的行為本質上是很好的，但是記住：我們只是以自己善良的行動為他人創造美好生活，而不是為了讓別人知道「我有恩於你」。實際上，你做好事的同時，你善良的本性已經使你感覺愉快——仁愛的意義即在於此，所以千萬別聲張，別圖回報。

既然要付出，就單純地付出，不要圖回報，這就是為什麼要提倡「悄悄地為他人做點好事」的初衷，別人的感激與表揚並不是你最需要的，你真正得到的有意義的回報是你無私奉獻的熱情——只要你有了這種熱情，你的生活就更加美好、更加愜意。所以，下次你為別人做好事的時候，不要聲張。心情坦然了，你就能體會到奉獻的樂趣，這是一種跟你的生活密切相關的處世方式，它不僅帶給你快樂，而且做起來也不那麼複雜。

丟掉嫉恨，贏得信任

> 嫉恨通常只能讓人們徒增煩惱而已，別把嫉恨帶在身上。懷有嫉妒心理的人往往是最不美麗的，還記得白雪公主的後母嗎？那個愛嫉妒的女人，最終的後果是失去一切。

幼稚園老師決定讓班上的孩子們玩一個遊戲。她告訴孩子們每人從家裡帶來一個塑膠口袋，裡面要裝上馬鈴薯。每一個馬鈴薯上都寫著自己討厭的人的名字，所以痛恨的人越多袋裡馬鈴薯的數量也就越多。

第二天，每一個孩子都帶來了一些馬鈴薯，有的是兩個，有的是三個，最多的是五個。然後老師告訴孩子們，無論到什麼地方都要帶著馬鈴薯袋子，即使是上廁所的時候。

日子一天天過去，孩子們開始抱怨，發霉的馬鈴薯散發出難聞的氣味，另外，那些帶著五個馬鈴薯的孩子也不願意再隨身帶著沉重的袋子。一週後，遊戲結束，孩子們終於解脫了。

老師問他們：「在這一週裡，你們對隨身帶著馬鈴薯有什麼感覺？」孩子們紛紛沮喪地表示，帶著馬鈴薯袋子行動不便，還有馬鈴薯發霉後散發的氣味很難聞。

這時，老師告訴他們這個遊戲的意義，她說：「恨的人越多，你身上的負擔便越重，心靈就越不容易得到快樂。放下心中的恨，得到的是輕鬆快樂。」

人們的嫉妒心經常表現在愛情方面，但並不僅限於愛情，當工作或是生活出現了比自己有能力的人的競爭之時，就會產生嫉妒心和憎惡感。

所嫉妒的一般是同時期進入公司的人，或是期望著獲得同一個差事、等待爬上同一個位置的人。

我們要力戒嫉妒的壞毛病，嫉妒是毒藥，不僅使人瘋狂，更讓人喪失理智。我曾遇到過一個女人，她本來氣質涵養還算不錯，如果她把心思好好地放在正事上，原可以做出一些成績，可她偏不這樣認為，老是把眼睛長在別人身上，只要別人比她強，她就不服氣，為此自己鬱悶生氣，想盡辦法找別人的毛病，打擊別人，以此來證明自己比他強。其結果是什麼呢？在她把時間都花在這些無聊的事上的時候，別人卻在繼續努力，事業發展得越來越好，成了成功的人士。別人並沒有因為她的嫉妒和誹謗喪失什麼，而是一直勤勉地向前走，在努力中得到成功的喜悅和快樂，並把她遠遠地甩在後面。

人性的底線

很多時候，人們總以為心裡有愛便湧泉相報，肝腦塗地；心裡有恨便你死我活，不共戴天，其實這都是有條件或在一定的底線下的。

第六章

　　人性是什麼？關於這個問題，無論中外，自古以來的聖哲多只以善惡來加以辨析，並不曾具體指稱人性是什麼。

　　其實，愛和恨都有一個底線，一切恩怨都在底線內演繹。一觸及底線，愛恨便會轉彎回頭。一旦有誰突破了底線，他不是大聖，便成大惡。

　　玉蘭考上大學後，因家庭貧困準備輟學去工作。是一對好心的老年夫婦向她伸出了援助之手，一直供她到大學畢業。玉蘭發誓今後做牛做馬也要報答二老的恩情。畢業後，玉蘭像孝順的女兒一樣不斷匯錢給二老，經常打電話問候。

　　這一年，老頭得了尿毒症，玉蘭傾其所有匯去二十五萬元（這已是她當年上大學費用的兩倍）。然而昂貴的醫藥費使兩位老人很快變得赤貧，玉蘭也因此背上了沉重的包袱。玉蘭借來十五萬元匯出去後，她終於不堪重負，從此消失了。兩位老人再也找不到她的蹤跡。

　　唐家和李家本是鄰居，因為一塊地而發生糾紛。爭鬥中，唐家男人被李家打傷了一條腿，從此兩家成為世仇。因為李家勢大，唐家屢屢吃虧，唐家女人因此虔誠信佛，日日在佛前祈禱，希望李家天降災禍，家破人亡。

　　不可思議的事竟真的發生了。先是李家男人得絕症而亡，接著，一場莫名其妙的大火又將李家燒了個精光，最後李家女人也瘋了，只留下一個十三歲的男孩和一個十歲的女孩艱難度日。

　　開始，唐家人幸災樂禍，覺得真是老天有眼，漸漸地，唐家人內心越來越不安，每當看見兩個孩子拖著瘦小的身軀在田裡艱難工作時，唐家女人就會偷偷掉淚。

　　後來，唐家男人經常趁著月夜幫李家孩子犁田，唐家女人也會在夜裡悄悄地為李家割稻。

　　很多時候，我們總認為自己心裡有愛便能湧泉相報，肝腦塗地；心裡有恨便是你死我活，不共戴天。其實，這都是有條件和底線的。當湧泉相報太過沉重時，即便知恩的人也可能會選擇逃離；即使是分外眼紅的仇人，也可

以在善良人性的驅使下笑泯恩仇。

第六章

第七章

說話要有技巧

> 說話是人類獨有的能力，語言是一門巧奪天工的藝術。美好的話
> 語就像美好的容顏，能讓人賞心悅目。聰明的人會說話，多說好
> 話，會使更多的人願意接近你。

從前有個皇帝，一天他夢見他所有的牙都掉了。醒來後他立即招來一個解夢家問一問這個夢有什麼象徵意義。

「唉，真是不幸啊，皇上！」這位解夢家說道，「每一顆掉落的牙齒，都代表著您一個親人的死亡。就是說，您所有的親人都要先於您死去。」

「放肆！」皇上勃然大怒，「竟敢口出惡言，對我說出如此不吉利的話。來人啊，拉下去打他五十大板！」

隨後，另一個解夢家被召進宮來，聽完皇帝的夢，他說：「皇上真有福分——您將活得比所有的親人更長久一些！」

皇帝龍顏大悅，立即吩咐下人付給他賞金五十。

送解夢家出宮時，一個侍衛不解地問解夢家：「就我聽來，您所解釋的和第一個解夢家解釋的意思並沒有什麼兩樣啊！」解夢家點了點頭：「是的。同樣的話可以有很多種說法，問題就在於你如何認識你的聽眾以及你怎樣選擇表述的方法。」

理髮師帶了個徒弟。徒弟學藝三個月後，這天正式站上工作崗位。他給一位顧客剪完髮，顧客照著鏡子說：「頭髮留得太長。」徒弟不知道該說什麼。

師傅在一旁笑著解釋：「頭髮長，使您顯得含蓄，這叫藏而不露，很符合您的身分。」顧客聽後，高興而去。

徒弟給第二位顧客剪完頭髮，顧客照照鏡子說：「頭髮剪得太短。」徒弟不知該說什麼。

師傅笑著解釋：「頭髮短，使您顯得精神、樸實、厚道，讓人感到親切。」顧客聽了，欣喜而去。

　　徒弟給第三位顧客剪完頭髮，顧客一邊交錢一邊笑道：「花時間挺長的。」徒弟無話可說。

　　師傅笑著解釋：「為『首腦』多花點時間是很有必要的，您沒聽說過：進門蒼頭秀士，出門白面書生？」顧客聽罷，大笑而去。

　　徒弟給第四位顧客剪完頭髮，顧客一邊付款一邊笑道：「動作挺俐落的，二十分鐘就解決問題。」徒弟不知所措，沉默不語。

　　師傅就笑著答道：「如今，時間就是金錢，速戰速決，為您贏得了時間和金錢，何樂而不為？」顧客聽完，歡笑告辭。

　　晚上打烊。徒弟怯生生地問師傅：「您為什麼處處替我說話？反過來，我沒一次做對過。」

　　師傅寬厚地笑道：「其實，每一件事都包含著兩重性，有對有錯，有利有弊。我之所以在顧客面前鼓勵你，作用有兩個：對顧客來說，是討人家喜歡，因為誰都愛聽吉言；對你而言，既是鼓勵也是鞭策，因為萬事起頭難，我希望你以後把工作做得更加漂亮。」

　　徒弟很受感動，從此，他邊努力學藝，邊練習口才，手藝日益精湛，口才也越來越好，理髮店的生意也日益興隆。

懂得讚美的人最受歡迎

> 每個人都希望得到別人的讚美和認可，女人都希望人家說她漂亮，而男人都希望人家說他瀟灑。學會讚美別人會讓你的交際無往不利，成為你攻克社交難關的法寶。

　　誰都喜歡聽好聽的，人的天性如此。西方心理學中有一種說法叫做「真誠的肯定」，大概的意思就是用讚美、熱情及真摯的字句向你的朋友說你真的相信他。

只要你適時而確切地發出了真誠的肯定，你就會得到接受你肯定的人的直接、友好的回饋。

讚美絕不是虛偽，一定要真誠。朋友把事情搞砸了，你卻讚美道：「你做得真好，我還做不到那個樣子呢。」這個時候，你的朋友會有被讚美的美妙感覺嗎？

讚美是一件好事，但絕不是一件易事。讚美如果不審時度勢，不掌握一定的讚美技巧，即使你是真誠的，也會變好事為壞事。

所以，我們一定要掌握下面六個讚美人的技巧：

因人而異

人的能力有高有低，年齡有大有小。因人而異，突出個性，有特點的讚美比一般的讚美能收到更好的效果。

比如老年人總希望別人記得他當年的雄風。所以和他們交談的時候，可以多稱讚他引為自豪的過去；對年輕人不妨語氣稍為誇張地讚揚他的創造才能和開拓精神，並舉出幾個例子證明他的確前途無量；對於經商的人，可以稱讚他頭腦靈活，生財有道；對於有地位的政治人物，可稱讚他為國為民，廉潔清正；對於知識分子，可稱讚他知識淵博、寧靜淡泊……當然這一切要依據事實，不要誇大其詞，讓人覺得你很虛偽，而產生反感。

有理有據

在日常生活中，成績卓著的人並不多見。所以，交往中應從具體的事件入手，善於發現別人哪怕是最微小的長處，並不失時機地予以讚美。讚美用語越具體，越說明你對他長處的了解和看重。讓對方感到你的真摯、親切和可信時，你們之間的人際距離就會越來越近。如果你只是含糊地讚美對方，說一些「您工作得非常出色」或者「您是一位卓越的領導者」等空泛飄浮的話語，就會讓對方產生反感，認為你是個愛拍馬屁、別有用心的人，甚至對你產生懷疑，更別提會信任你了。

情真意切

讚美要發自內心，只有有真情實感的話語，才不會給人虛假和牽強的感覺。有真情實感的讚美既能展現人際交往中的互動關係，又能表達出自己內心的美好感受，對方也能夠由衷地感受到你對他真誠的關懷。

雖然人都喜歡聽讚美的話，但不是任何讚美都能使對方高興。所以能引起對方好感的只能是那些基於事實、發自內心的讚美。相反，如果沒有根據，虛情假意地讚美別人，會讓人感到莫名其妙，更會覺得你油嘴滑舌、詭詐虛偽。例如，當你見到一位相貌平平的男子，卻偏要對他說：「你長得像彭于晏。」對方就會認為你說的是違心話，從而對你的第一印象大打折扣。但如果從他的服飾、談吐、舉止等方面的出眾之處真誠地讚美，他就會高興地接受，並對你產生好感。

合乎時宜

注意觀察對方的狀態是很重要的一個環節，如果對方恰逢情緒低落，或者有不順心的事情，你的讚美往往讓對方覺得不真實，所以一定要注重對方的感受。

讚美的效果在於見機行事、適可而止。比如當別人計劃做一件有意義的事時，開頭的讚揚能激勵他下決心做出成績，中間的讚揚有益於對方再接再厲，結尾的讚揚則是對其成績的肯定，對其進一步的努力予以支持。

雪中送炭

俗話說：「患難見真情。」最需要讚美的不是那些早已功成名就的人，而是那些因某種原因被埋沒而產生自卑感或身處逆境的人。他們平時很難聽到一句讚美的話語，一旦被你當眾真誠地讚美，便有可能振作精神，大展宏圖。所以，最有實效的讚美是雪中送炭，而不是錦上添花。

對事不對人

真誠讚美絕不是阿諛奉承。如果你的讚美毫無根據，只是說「你真是太好啦」或者「我對你佩服得如滔滔江水連綿不絕」之類的話，恐怕沒有什麼人會認為你真的是對他們充滿了善意吧！所以，一定要讚美事情本身，不要以人為對象，這樣你的讚美才可以避免尷尬、混淆或者偏袒的情況發生。

守時是一種美德

遲到並非誰的特權，經常讓別人等待是一種非常不討人喜歡的行為。讓別人毫無意義地等待，更是沒有修養的表現，而且有時遲到也會讓你失去一些重要的機遇。

有些人不把遲到當一回事，尤其是在談戀愛的約會中，很多人喜歡把遲到看做是女人應有的一種矜持。

然而事實並非如此，據相關調查顯示，大多數男人對約會遲到的女人都缺乏好感，因為他們認為這樣的女人在結婚後，也多半會是個拖拉的妻子。對於那些年輕有上進心的女人，更要培養自己辦事一貫準時、不拖延的好習慣。

拿破崙之所以能打敗奧地利人，據說是因為奧地利人不懂得珍惜五分鐘的價值。而滑鐵盧戰役中拿破崙的失敗也與他沒有掌控好時間有關。在現今的商業社會中，迅速敏捷和準時尤為重要。所以，辦事一貫準時，從不拖延誤點的好名聲，往往是走向成功的第一步。

有一句話說：「耽誤別人的時間，等於謀財害命。」現如今，你若想成為一個真正「謀財害命」的劊子手還真有些困難，因為在這樣一個生活節奏飛快的社會裡，沒有人會給你「謀財害命」的機會，你若抓不到時間的尾巴，就一定會被社會淘汰。

三十七歲的林霞掌控著一家具有相當規模的資訊公司。公司的業績很好，每年她都有幾百萬的收入進帳。在女性企業家中，她可以說是非常成功的一個。

當有人問起她成功的祕訣是什麼時，她總會十分自豪地說：「準時。」據她自己講，從她有記憶開始，她的父母就開始刻意培養她守時、準時的習慣。每天起床要準時，吃飯要準時，上學要準時，洗澡要準時，睡覺要準時，完成作業要準時，向父親報告成績也要準時，有時甚至去洗手間的時間也要準時。由於小時候養成的習慣，大學畢業進入社會後，她也總是事事準時，這一點使她服務過的每一個老闆都對她非常滿意，所以她總是能先於別人得到提升的機會。

後來，林霞自己建立了這家公司，她準時的習慣再次發揮了自己都意想不到的作用。也許是工作領域的特殊性，她總是能先別人一步得到顧客急需的資訊，這為她贏得了很多忠實而長期的客戶。

所以在林霞的想法中，她總是把「準時」看做是個人涵養的綜合展現，更是贏得客戶和金錢的最簡單有效的手段。

從林霞的例子我們可以看出，準時的習慣對於一個人的一生十分重要，不僅可以讓你獲得更多的機遇，還能讓成功垂青於你。

不做男人的紅顏知己

男女之間有純粹的友誼嗎？紅顏知己也許只是男人的自私奢求，
或為不足為外人道的念頭找的藉口罷了。

紅顏知己，曾經是一個讓人產生無限遐想的名詞，美麗出眾可稱之紅顏，善解人意才算得上知己。這四個字不知蘊涵了多少美麗的愛情故事，才子佳人的紅袖添香，英雄美女的生死相隨，痴心兒女的兩情相悅……即使不

能長相廝守，也是魂牽夢縈；即使愛到心碎，也是無怨無悔；即使無名無分，也是心甘情願。

一個紅顏知己，比花解語，比玉生香，是古往今來男性給予所鍾愛女子的最高稱謂。而對於女人而言，她們心底一直都珍藏著一份不食人間煙火的浪漫情愫，能成為心愛男人的紅顏知己，曾經是她們的渴望，她們的榮耀。

新的時代裡，紅顏知己被賦予了新的內涵，成為一種新式男女友誼的代名詞，比友誼多一些，比愛情少一些，在妻子、情人、朋友之外的所謂「第四種感情」。

男人和女人之間有沒有純潔的友誼，這個問題曾引起過很大的爭論，各執一詞，誰也不能說服誰。沒有純潔的友誼，也許就有著不純潔的友誼，於是便派生了「紅顏」、「藍顏」之說，友誼被抹上了幾分曖昧的緋色，紅顏知己也從一個深情款款的戀人變成了一個不食情愛煙火的聖女。

現代有人如此界定紅顏知己：「做紅顏知己最重要的是恪守界限。給他適可而止的關照，但不給他深情，不給他感到妳會愛上他的威脅，也不讓他產生愛上妳的衝動與熱情，這是做紅顏知己的技巧……紅顏知己全是些絕頂智慧的女孩，她們心底裡最明白：一個女人要想在男人的生命裡永恆，要麼做他的母親，要麼做他永遠也得不到的紅顏知己，懂他，但就是不屬於他……」

真正絕頂聰慧的女孩子恐怕永遠不會去做這樣的紅顏知己。

聰明的女人生命中不乏各種異性，在親情、愛情之外，她也懂得培養與異性之間的友情，可以約在一起聊聊天，互訴生活中的煩惱事，卻拒絕做別人的紅顏知己。她明白，知己是個很危險的關係，就像是懸崖邊的舞蹈，稍微向前一步，就會玩火自焚、粉身碎骨。

不管人們如何為紅顏知己辯護，她的身分始終有些尷尬：她與妻子不同，妻子能夠理直氣壯地擁有整個男人，相依相伴一生；她也與情人不同，男人與情人彼此需要，合則聚不合則分。而紅顏知己，扮演的始終是個編制外、

替補的角色，她恪守自己的本分，不能相守也不可相伴，在男人需要傾訴而又不好向妻子、情人傾訴的時候，她帶著盈盈的微笑，耐心聆聽，做他煩惱的垃圾桶。她的蕙質蘭心，她的溫言軟語，只是他煩惱時的救命稻草，而所有的快樂與幸福，都會與妻子、情人分享，紅顏知己是最了解他的旁觀者，永遠也不能介入他的生活。相對妻子得到的永恆溫馨、情人得到的瞬間燦爛，紅顏知己獲得的只是一份虛無的榮耀。

所以說，所謂的紅顏知己，只不過是男人最美麗的謊言，也是女人對自己最美麗的謊言。

聰明的女人，會勇敢地質問男人：憑什麼在有了一個當你臥病在床與痛苦激戰的時候，拉著你的手慌張無措，淚流滿面，怕你痛、怕你死，恨不得替你痛，替你死的老婆後，還要有一個理解你，願為你默默分擔，讓你靈魂不再孤寂，令你欣慰的紅顏知己？情感付出雖然永遠是個不等式，但是不等也是有個限度的，女人如果足夠聰明，就不會讓自己的付出沒有任何回報。

想想看，病痛時，他可以當著很多人的面，與自己的老婆上演一齣患難夫妻相濡以沫的悲情好戲，淚裡帶笑，無所顧忌秀恩愛。而紅顏知己，只能站在一個陰暗的角落，在心底默默地為他祝福，卻不能有自己任何的表示。即使一個關懷的眼神，一句可心的話語，也要顧忌來自四面八方投射過來的現實和殘酷。

付出了所有的柔情，女人得到的是什麼？既不能像情人一樣在風雨過後在他懷裡撒嬌，也不能像老婆一樣夜裡十點過後理直氣壯地催著他回家。

完全的、無限期的付出，不能求任何回報的奉獻，聰明的女人絕不會如此為難自己，把生命裡的一部分交付給一個不相干的男人。明知是個無底洞，還一廂情願地往裡面跳，這樣的女人是笨女人，這樣的紅顏知己，不做也罷。

有如此的情懷，還不如一心一意地用來經營自己的家庭，收獲實實在在的幸福。

女人，要的是被愛和細心的呵護，切莫為了「紅顏知己」的虛名而貽誤終生。

吵架有時會讓感情更上一層樓

> 不管是情侶還是夫妻，生活中總會出現摩擦。這個時候千萬不要
> 把不滿和委屈埋在心裡，久而久之，壓抑一旦爆發，對感情的傷
> 害反而更大。所以有小摩擦，不妨小吵一架，換種方式交流一
> 下感情。

豔豔和阿宇結婚剛剛兩年，吵架就已經成了家常便飯，三天一小吵，五天一大吵，兩個人都是無法控制情緒的類型，而每次的爭吵都是因為雞毛蒜皮的小事。

豔豔不明白為什麼結婚兩年就能讓一個體貼細心的男人變得如此不可理喻，還好每一次爭吵到最後阿宇都會表現出歉意，並主動做她喜歡吃的東西，但她真的擔心這種爭吵的日子會讓愛情遠離。

一天吃完晚飯後，豔豔對阿宇說：「既然吵架是不可避免的，並且都無法控制自己的情緒，這樣下去勢必會影響感情，我們應該為吵架這件事找一個解決的辦法。我們可以規定一個吵架日，一個月有三天，其餘時候要控制自己的情緒，並且，吵架時不許侮辱對方，要就事論事，吵完以後要分析解決問題，主動道歉的一方可以免洗兩天碗，怎麼樣？」阿宇覺得這個主意不錯，他們一起制定了一些吵架的規矩細則，隆重地貼在了臥室醒目的地方。

就這樣安靜地過了幾天，他們終於莊嚴地迎來了第一個吵架日。

「喂，豔豔，快起床，該吵架了！」阿宇的一句半開玩笑的話就算為吵架日剪綵了。

「吵什麼，好不容易等到週日，還讓不讓人睡覺了？」

「週一的時候該妳洗碗，妳沒洗；週三的時候妳收到稿費不上交，還私藏在自己的小金庫；週四那天，妳玩遊戲玩到半夜，不來陪我睡覺……」

「哼，週一是該我洗碗，可是我負責的早、中、晚三餐的碗，消夜不算；週三，我費腦費神地寫了篇稿子給你看，你卻說是老太婆的裹腳布又臭又長，嚴重打擊了我的自尊，所以不上交稿費，我要維護我的合法權益；週四，我要看電視劇，你非要看球賽，我只好去打遊戲了，後來打上癮了，所以……」

這一架吵得暢快淋漓，發洩完心裡的鬱悶，兩個人一起動手做飯，一邊吃飯一邊分析吵架原因、解決辦法，兩個人反而因為吵架而增進了感情。

有些情侶或者夫妻相處的時間長了就不再吵架了，因為感情不在了，自然也就冷漠了。有些情侶或夫妻則害怕吵架，有了不滿、委屈都放在心裡，怕傷害感情。要知道，矛盾不是迴避就能解決的，只會越積越深。其實，架吵得好，也許可以成為兩人感情的催化劑，使你們的感情在經歷衝突之後，比以前更加穩固和堅實。

別讓初戀成為心底的傷

初戀的失敗，往往對人們傷得更深。有些人不能忘掉過去，對往事無法釋懷，以至於接續幾年都過得渾渾噩噩。其實，你要明白，愛你的人，是希望你永遠快樂的。

她和他分開已經很久很久了，那時候她很愛他，現在也是。她對他的感情簡單純潔，卻又刻骨銘心，她曾經在心底認定他就是她今後的丈夫。可是造化弄人，他們還是因為一些外在的因素分開了，分手之後他們就沒再見過面了，哪怕是偶遇都沒有。沒有辦法和他在一起成為她人生中的一個缺憾，她也曾對自己發誓要忘了他，可是卻做不到。在深夜或是獨處時，他們在一

起的日子就會不自覺地在她腦海浮現：他們曾一起牽著手走在大街上，憧憬著未來；他們曾去家具行看家具，設計他們未來的家；他們坐在湖邊談天說地；他曾經答應她一定帶她去看一次冬天的海……有時候，她真想患上失憶症，忘了曾經所有的一切。她現在有一個很體貼，也很細心的男朋友，可是，她愛男友遠不及愛他，她總是覺得在感情上虧欠了男友，想對男友好卻又力不從心。

你呢？會不會偶爾想起令你心痛的初戀？初戀是每個人心中最深也是最痛的記憶，不能忘也不想忘。只是，錯過的已然錯過，失去的已然失去，放棄不代表就一定要忘記，經歷過就是經歷過，向前看才是更重要的，何必讓初戀成為你心底的傷，阻礙你即將擁有或是已經擁有的幸福呢？

智慧是永不褪色的美麗衣衫

智慧是修養、教育、經歷的展現，是生命裡最原始本質的光華。
有智慧的人是優秀的，優秀的人是成功的。

有智慧的人猶如太空，他們寬容而博大；有智慧的人好比陽光，燦爛的笑容中滲透著親和力；有智慧的人宛若月亮，沒有火樣的熱情，卻有一股清涼的餘輝，讓你產生纏綿的幻想。有智慧的人是優雅、美麗、善解人意的，有時是一朵並不炫耀的花，在你身邊寂靜地綻放，有時與你產生距離感，讓你感到神祕和迷離。

智慧是一件永遠穿不破的美麗衣裳，智慧使人們永遠時尚、美麗、溫馨、浪漫。

智慧讓美麗長存

如果一個人有十分美麗，但卻沒有智慧，就會失去七分內涵。人們因智慧的存在而更美麗。有智慧的人從容自信，渾身散透著超然優雅的氣質，而

氣質又由心生，靠心智滋養，以心靈滋潤，使人雖青春已逝，卻美麗長存；有智慧的人有水般的溫柔，又具水般的柔韌，面對激烈緊張的場面，可以以柔克剛。

智慧其實是美麗不可或缺的養分，所以有「秀外慧中」這樣的成語，所以美麗需要長年累月的培植。相由心生，我們的容顏和氣質最終是靠內心滋養的。俗話說，三十歲前的相貌是天生的，三十歲後的相貌靠後天培養。你所經歷的一切，將一點點地寫在你的臉上，每天美麗一點點，你為自己做的便是不斷地滋潤，而不是消耗和透支。青春已逝，但美麗可以永存。

智慧是營養品

有智慧的人能善待別人、寬容別人，從而贏得真摯的友情和關愛；有智慧的人也能善待自己、寬容自己，絕不因為挫折而放棄自我；有智慧的人知道要靠自己去走完人生的旅程，愛惜自己就是愛惜每一天的生活，愛惜自己的生命。

有智慧的人擁有自尊自重的情感，勇於接受來自各方面的挑戰，更善於從大自然與人類社會這兩部神筆鉅作中採擷智慧。智慧固然在很大程度上取決於一個人的 IQ 值，但學識、閱歷和善於吸取經驗教訓的影響也很重要。智慧就是這樣一點點地從內心雕琢一個人、塑造一個人。有智慧的人能真正地掌控自己，並從中獲得從容與自信，讓自己渾身散透出超然的動人的氣質，最後從人群中脫穎而出。

有智慧的人是一道風景

有智慧的人是聰穎的，然而，僅有聰穎而失於風度，是智慧的浪費；僅有風度而失於聰穎，則是風度的失利。有智慧的人是一道風景，如冬天的梅花，嚴寒裡滲透著傲骨，風雪裡滲透著清香。

有智慧的人是一片溫情，如春天的陽光溫暖大地，灑遍環宇，灑滿人間，奉獻的是光和熱、情與愛；有智慧的人是一顆心，如夏日的繁星閃爍奪

目,如荷花出汙泥而不染,給予他人智慧和勇氣、溫馨和甜蜜;有智慧的人是一幅畫,如秋天的紅葉,享受著豐收的碩果,欣賞著成功的喜悅,驕傲於兒女的成才,也為伴侶的成功事業而自豪。

聰明的人和有智慧的人

聰明的人懂得經由別人去改變自己的生活,有智慧的人懂得改變生活要靠自己。

聰明的人懂得討好另一半,有智慧的人懂得駕馭另一半。

聰明的人看時尚雜誌學穿搭技巧,有智慧的人豐富心靈。

聰明的人轉彎抹角地撒嬌,有智慧的人凌厲而直接。

聰明的人漂亮,有智慧的人有韻味。

聰明的人想「我一定要怎樣」,有智慧的人想「我應該要怎樣」

聰明的人了解另一半,有智慧的人了解自己。

聰明的人目標是做個有智慧的人,有智慧的人目標是做自己。

聰明的人喜歡把自己的聰明展示出來,有智慧的人則證明出來。

聰明的人用眼睛看世界,有智慧的人用心看世界。

聰明的人認為生活是現實,有智慧的人認為生活是藝術。

讀書讓我們有智慧

書的世界浩瀚深沉,如果我們既能領略書中的精神天地,又能以積極的姿態為世界添一份精彩,那麼人生定是精彩的。

女人必讀的四本書

要讀就讀一本好書,一本讓妳一生回味無窮的書,一本對妳的人生有所幫助的書。真心地讀一本書,並不代表一天到晚把書捧在手裡死讀書,更不

是草草地讀完就把書扔到一邊，而是不同的書有不同的時間安排，有不同的讀法，不同的速度。

與其他許多休閒娛樂活動相比較，很多人都不喜歡讀書。可無論有多少個理由，無論妳的身分地位學歷有什麼不同，作為一個女人，有四本書一定要看，而且要仔細地看。因為它們會教妳如何看一個男人，如何做一個女人。

1. 《圍城》錢鍾書

此書的精妙之處在於描繪了男人的劣根性，而集劣根性之大成者首推方鴻漸，女人若真正讀懂了他，就會打破對男人種種不切實際的幻想，就不會對男人看走眼。

那個集眾多女性愛慕於一身的方鴻漸天性善良，但是他最大的缺點是優柔寡斷、毫無原則，而在現代社會這是一個男人的致命傷。因此，每一位讀過此書的女性最好把自己代入其中，看看自己的男友是否是方鴻漸第二。若不是，妳當暗自慶幸；若是，就要有幫他逐漸改正的決心和打算，否則最終受害的將是自己。

其他各色人物在現實生活中都會找到真實對照組，只要妳細心地揣摩和觀察就會發現身邊不乏諸如趙辛楣、李海亭、高校長之流，對付他們最好的策略是敬而遠之。至於書中的其他女性人物，或堅強或細膩或心思詭祕，都是可圈可點的人，從她們身上也可以學到很多的東西。

2. 《紅樓夢》曹雪芹

沒讀過《紅樓夢》是女人一生的遺憾，因為《紅樓夢》會告訴妳女人如何哀婉動人，如何儀態萬方，如何冰雪聰明……曹雪芹這個清朝小說家能把妳打造成女人中的女人。聰慧的薛寶釵，哀婉的林黛玉，精明的王熙鳳，豪爽的史湘雲……《紅樓夢》所展示的都是女人中的精品，每一個人物身上都有可學習的地方，讓人真正領略什麼才是「水做的骨肉」，也讓人領悟到女人必須掌控自己的命運，做個獨立的、有膽識的、豁達的、堅強的女人。

3.《神雕俠侶》金庸

在金庸的諸多傳世經典作品裡，每個女人的刻劃都是栩栩如生的，每一本書也都精彩紛呈。女人之所以一定要讀《神雕俠侶》，是因為裡面有一個以眾多鮮花為陪襯的楊過。

林燕妮有句評價楊過的話是「一見楊過誤終生」，確實不假。楊過是性情中人，是吸引所有女人目光並為之傾倒的類型。小龍女與他生死相許，程英、陸無雙為他芳閨寂寞，公孫綠萼更是情深一片，甚至連小郭襄也眷戀於他，可見楊過身上的無窮魅力。但是單純的女人輕易不要愛上他，否則受傷的一定是妳。因為像楊過這樣的男人，只有清麗絕倫的小龍女才能與之相配，他們能夠一往情深、永世不變，是因為他們都是人中的極品。

4.《飄（Gone with the Wind）》瑪格麗特 · 米契爾（Margaret Mitchell）

儘管《飄》已成為世界愛情電影的經典版本，但是看電影和看原版名著的感覺是截然不同的，因為瑪格麗特 · 米契爾會教妳怎麼做一個成功的女人。堅強、獨立、積極是現代女人的必備特質，郝思嘉能做到的妳也能做到。雖然妳沒有郝思嘉的美麗動人，但是妳也有追求美好人生的權利；雖然妳沒有郝思嘉的妖嬈嫵媚，但是妳可以讓自己變得風情萬種；雖然妳不能遇到白瑞德那樣真正值得傾心相愛的男人，但是妳可以不迷失自己。

現代女性要具有永不絕望、永遠與殘酷現實抗爭的勇氣和鬥志，好好讀一讀《飄》，就會讓自己在男人主宰的世界裡做一個佳人。

女人一生的讀書計畫

對於書，不同的女人會有不同的品味，不同的品味會有不同的選擇，不同的選擇得到不同的效果，於是演繹出一道女人與書的風景線。

人的一生，總會有那麼一兩本書對女人的成長有著不可忽視的作用。妳的人生準則是什麼？妳的信仰理想又是什麼？沒有人能夠幫妳決定，妳要

自己去尋找，所以，熱愛讀書吧，它會幫妳找到人生的方向。如何抓住他的心、美容手冊、瘦身手冊、食譜等等的書，必然是每一個女人都會去閱讀的，在這裡只列出那些能增添女人由內而外的美的必讀書目。

1. 張愛玲：《傾城之戀》
2. 瑪格麗特 · 莒哈絲：《情人》
3. 考琳 · 麥卡洛：《刺鳥》
4. 村上春樹：《挪威的森林》
5. 渡邊淳一：《失樂園》、《男人這東西》
6. 錢鍾書：《圍城》
7. 勞倫斯：《虹》、《愛戀中的女人》、《查泰萊夫人的情人》
8. 泰戈爾：《漂鳥集》
9. 沙林傑：《麥田捕手》
10. 米蘭 · 昆德拉：《生命中不能承受之輕》、《緩慢》
11. 西蒙 · 波娃：《第二性》
12. 雪兒 · 海蒂：《海蒂性學報告》
13. 安托萬 · 德 · 聖—修伯里：《小王子》

愛是一盞讓另一半前行的明燈

　　愛是一盞明燈，它不但可以照亮另一半回家的路，而且可以照亮
　　另一半的前程與命運。

　　「執子之手，與子偕老。」許多人都憧憬著幸福的婚姻。我們應該仔細地審視自己，再以充滿信任和欣賞的眼光看自己的愛人。婚姻停泊在看似風平浪靜的水面上，實際上是脆弱的，除非它承載著滿腔的深情與愛戀。

　　很久以前，兩個城市的居民產生了衝突，多年的爭鬥中，他們互有勝

負。忽然有一天，住在高地的城市首領想出一個殘忍的辦法 —— 把高地水庫打開，處在窪地的城市就會被大水圍困，肯定會滅亡。

水庫打開，呼叫之聲不絕於耳。看到如此慘狀，高地城市的人擺出人道關懷的姿態，派船去營救落水人。但是，派遣的船隻不多，只能容納很少的人。他們的首領喜歡女人，所以只讓女人上船，並允許女人帶一樣自己最喜歡的東西。

窪地的女人立刻整理自己的行裝，有的帶上了自己的首飾、有的帶上了自己的銅鏡……她們想這樣既保住了財產，還保住了自己的性命。唯有一位婦女肩扛著自己的丈夫，奮力上船。

一個士兵阻攔道：「船只允許婦女上，不允許男人。」

那位婦女說：「這就是我最喜歡的東西。」

士兵無言以對，只好乖乖地讓她上船。在那次災難中，唯一倖存的男人就是那位婦女的丈夫。

是什麼讓女人有了這樣的力量？毋庸置疑，這就是愛。擁有了這種愛，愛便成了相互依偎，一種抵禦侵略、創造生機的力量。

一個女人結婚時家徒四壁，除了一處棲身之所外，連床都是借來的，更不用說其他的家具了。然而她卻傾盡所有買了一盞漂亮的燈掛在屋子正中。他問她為什麼要花這麼多錢去買一盞奢侈的燈，她笑著說：「明亮的燈可以照出明亮的前程。」他不以為然，笑她輕信一些無稽之談。

漸漸地，日子好過了。兩人搬到了新居，她卻捨不得扔掉那一盞燈，小心地用紙包好，收藏起來。

不久，他辭職創業，在商場中搏殺一番後贏得千萬財富。像所有有錢的男人一樣，他先是僱用了一個漂亮的女祕書，很快女祕書就成了他的情人。他開始以各種藉口外出，後來乾脆無需解釋就夜不歸宿了。她勸他，以各種方式挽留他，均無濟於事。

這一天是他的生日，妻子告訴他無論如何也要回家過生日。他答應著，

卻想起漂亮情人的要求，猶豫之後他決定去情人處過生日後再回家過一次。

　　情人的生日禮物是一條精緻的領帶。他隨手放到一邊，這東西他早已擁有太多。半夜時分他才想起妻子的叮囑，急匆匆趕回家中。

　　遠遠看見寂靜黑暗的樓房裡有一處明亮如白晝，他看出來正是自己的家，一種遙遠而親切的感覺在心中升起。當初她就是這樣夜夜亮著燈等他歸來的。

　　推開門，她正淚流滿面地坐在豐盛的餐桌旁，沒有絲毫倦意。見他歸來，她不喜不怒，只說：「菜涼了，我再熱一下。」

　　他沒有制止她，因為他知道她的一片苦心。當一切準備就緒之後，她拿出一個紙盒送給他，是生日禮物。他打開，是一盞精緻的燈。她流著淚說：「那時候家裡窮，我買一盞好燈是為了照亮你回家的路；現在我送你一盞燈是想告訴妳，我希望你仍然是我心中的明燈，可以一直照亮到我生命的結束。」

　　他終於動容，一個女人選擇送一盞燈給自己的男人，應該包含著多少寄託與期盼！而他，愧對這一盞燈的亮度。

　　他最終回到了她的身邊，選擇了妻子，放棄了情人。因為他已明白愛是一盞燈，不管它是否能照亮他的前程，但它一定能照亮自己回家的路。因為這燈光是一個女人從心靈深處用一生的愛點燃的。

　　如果一個人無法使另一半朝好的方向發展，就可能使對方朝壞的方向墮落。簡而言之，一個好丈夫、好妻子完全可能成就一個偉大的人，而一個壞丈夫、壞妻子也完全可能毀掉一個原本十分優秀出眾的人。

第七章

第八章

站在對方的角度想問題

《孫子兵法》裡講：「知己知彼，百戰不殆。」想要戰勝對手，就必須對對方有所了解，然後站在對方的角度想問題。愛情更需要如此，只有站在對方的角度想問題，才能贏得愛情長跑的勝利。

某個犯人被單獨監禁。獄警拿走了他的鞋帶和腰帶，他們不想讓他傷害自己，他們要留著他，以後有用。這個不幸的人用左手提著褲子，在單人牢房裡無精打采地走來走去。他提著褲子，不僅是因為他失去了腰帶，而且因為他失去了七公斤的體重。從鐵門下面塞進來的食物是些殘羹剩飯，他拒絕吃。但是現在，當他用手摸著自己的肋骨的時候，他嗅到了萬寶路香菸的香味。他喜歡這個牌子的菸。

從門上一個很小的視窗，他看到走廊裡那個獄警深深地吸了一口菸，然後愉悅地吐出來。這個囚犯很想要一支香菸，所以，他用他的右手指關節客氣地敲了敲門。

獄警慢慢地走過來，傲慢地哼道：「想幹什麼？」

囚犯回答說：「對不起，請給我一支菸……就是你抽的那種：萬寶路。」

這個獄警認為囚犯是沒有權利的，所以，他嘲弄地哼了一聲，就轉身走開了。

這個囚犯卻不這麼看待自己的處境。他認為自己有選擇權，他願意冒險實驗一下他的判斷，所以他又用右手指關節敲了敲門。這一次，他的態度是威嚴的。

那個獄警吐出一口菸霧，惱怒地扭過頭，問道：「你又想要什麼？」

囚犯回答道：「對不起，請你在三十秒之內把你的菸給我一支。否則，我就用頭撞這水泥牆，直到弄得自己血肉模糊，失去知覺為止。如果你的上司把我從地板上弄起來，讓我醒過來，我就發誓說這是你做的。當然，他們絕不會相信我。但是，想一想你必須出席每一次聽證會，你必須向每一位聽眾

證明你自己是無辜的；想一想你必須填寫一式三份的報告；想一想你將捲入的事件吧。所有事情的發生都只是因為你拒絕給我一支劣質的萬寶路！就一支菸，我保證不再給你添麻煩了。」

獄警會從小窗裡塞給他一支菸嗎？當然給了。他替囚犯點上菸了嗎？當然點上了。為什麼呢？因為這個獄警馬上明白了事情的得失利弊。

這個囚犯看穿了獄警的立場和禁忌，或者叫弱點，因此滿足了自己的要求，獲得一支香菸。

松下幸之助也經常這樣問自己：如果我站在對方的立場看問題，不就可以知道他們在想什麼、想得到什麼、不想失去什麼了嗎？

僅僅是轉變了一下觀念，學會站在對方的立場看問題，松下先生立刻獲得了一種快樂，發現一項真理的快樂。後來，他把這條經驗教給松下公司（Panasonic）的每一個員工。

當然，有太多的人不懂得如何運用這條規則，這是導致他們人生失敗的一大原因。可是，也許他們到死都不知道，由於不懂得站在對方的立場考慮問題，他們喪失了許多可以成功的機會。

多一個朋友，少一個敵人

減少一個敵人，只要主動伸出和解之手，便可化解彼此心中的難解之結，而且瞬間把你的敵人感化成為朋友。

冤冤相報永無寧日，仇恨不僅會造成雙方的敵對，還會加重生活的不安與憂慮，既不利人也不利已。

人與人之間沒有什麼事不能化解，人與人之間也沒有什麼事不能說開，人生不短也不長，何必把時間浪費在無謂的爭執之中？

在一個遍遠的山村，張姓與李姓兩家是三代世仇，兩戶人家一碰面，經

常上演全武行。有一天傍晚，老張與老李從市場裡出來，碰巧在回村的路上遇見了。兩個仇人一碰面，倒沒有開打，不過，也各自保持距離，互相不答理對方。兩人一前一後走在小路上，相距約有幾公尺之遠。

天色已經相當暗了，是個烏雲蔽月的夜晚，走著走著突然老張聽見前面的老李「啊呀」一聲驚叫，原來是他掉進小溪裡了。老張看見後，連忙趕了過去，心想：「無論如何總是條人命，怎麼能見死不救呢？」

老張看見老李在小溪裡浮浮沉沉，雙手在水面上不斷掙扎著。

這時，急中生智的老張連忙折下一段樹枝，迅速將枝梢遞到老李的手中。

老李被救上岸後，感激地說了一聲「謝謝」，然而猛一抬頭後才發現，原來救自己的人居然是仇家老張。

老李懷疑地問：「你為什麼要救我？」

老張說：「為了報恩。」

老李一聽，更為疑惑：「報恩？恩從何來？」

老張說：「因為你救了我啊！」

老李不解地問：「咦？我什麼時候救過你啦？」

老張笑著說：「剛剛啊！因為今夜在這條路上，只有我們兩個人一前一後行走。剛才你遇險時，倘不是你那一聲『啊呀』，第二個墜入溪溝裡的人肯定是我了。所以，我哪有知恩不報的道理呢？因此，真要說感謝的話，那理當先由我說啊！」

此刻，月亮從烏雲裡露出臉來，在月光的照射下，地面上映著老張與老李的影子，當年曾互相打鬥過的雙手，如今卻是緊握在一塊兒。

與人交往，退一步絕對能海闊天空，就像老李與老張。在我們最需要幫助時，身邊出現的人可能只有我們的敵人。

因此，減少一個敵人，就會多一個朋友。只要我們主動伸出和解之手，化解彼此心中的芥蒂，我們可能就會減少一個敵人，而增加一個肝膽相照的

好朋友。

好人緣，帶來好機緣

良好的社交能幫助我們提高內涵和生活品質，而糟糕的人際關係
則會成為我們成功路上的絆腳石。

兩個女人在同一天進入公司工作。公司總裁求賢若渴，對這兩位獵頭公
司找來的「高手」非常器重，剛剛上班就讓她們分別負責一個專案。總裁的目
的很明顯，首先是檢驗她們的真實才能，另一個目的就是選用其中一個來負
責公司的整體工作。

兩個人不愧是業務高手，只用了幾天時間，都有了各自成熟的方案。
只是，兩個人在處理問題的方式上有很大的差別。第一個女人為人頗為傲
氣。不過說起來，她也有資格傲氣。青春年少，知識、財富、事業全都如日
中天，能夠被數一數二的公司聘用，已經足以證明她的能力，她在開始做這
個專案的時候，已經胸有成竹了。再接著查閱資料，找以前的老朋友進行論
證。她相信，她的方案絕對可以足夠她贏得代理總經理的職位。

第二個女人則為人隨和，幾天下來，她已經和各個部門的主管很熟絡
了。雖然她的專案是一種全新的業務，但她還是主動去請各部門的人去查閱
相關資料，並幾次盛情邀請各部門主管為她提出建議。她知道，以她掌握的
資料和資料已經足以完成她的工作，但她認為，自己畢竟是新來到一個公
司，對這裡的業務流程、運作方式都不熟悉，找相關的人士諮詢絕對是個捷
徑。另外，跟各部門培養好關係，也會為方案的實施帶來便利。

果不其然，在兩個人的方案都通過公司董事會論證後，方案的實施出現
了兩種不同的後果。

第一個女人因為事先沒和各部門商議，所以實施階段出現了很大麻煩。

一個方案要先講解，再落實。其中的瑣事因為事前沒有任何準備，搞得下屬部門手忙腳亂，抱怨和罷工的情緒也到處蔓延，實施到最後，本來可以做得更好的部分也因為沒有得到完全地落實而大打折扣。

而第二個女人則因為做了事先的溝通，得到了比預計中更好的結果。

在能力上，兩個女人的差別幾乎是微乎其微的。但第一個女人輸在自己不善與人交往的小事上，實為可惜。而第二個女人僅僅因為架設起了順暢的人際關係，便獲得了總經理的位置。

戴爾‧卡內基（Dale Carnegie）有這樣一個觀點：一個人的成功，百分之十五取決於專業本領，百分之八十五取決於人際關係與處事技巧。無數成功的例子已經證明了這一點：你的專業本領往往為你帶來一個機會，而人際關係卻可以帶給你千百個機會。

小桃是一個文學愛好者，大學畢業後分在一家企業的小報社做編輯。有次，小陶與她的一個好友去外面吃飯，無意中結識了好友的朋友李某。得知李某是一家大報的記者後，小桃憑藉著自身特有的聰慧和李某熟絡起來。左一聲右一聲李大哥，叫得那位李記者招架不住。最後，李某為在漂亮的小桃面前展示自己，答應幫她尋覓一家更好的工作單位。

之後，小桃在節日、假日總是得體地給李記者發一段祝福的話語。果然，她經由李記者，又結識了更多的新聞媒體人，她同樣讓李記者的朋友又變成了自己的朋友。最後小桃如願以償找到了一份好工作。

若要打開人生的眼界，除了具備一定的生存能力外，還需要掌握一定的人際關係和交際手腕，借此把自己「推銷」出去。否則，是塊金子，也沒地方讓你發光。

一個人的社交活動越頻繁，他在社會上成功的機率越大。一個左右逢源的人，走到哪裡都能撐出自己的一片天空。

真誠是打開心靈之門的鑰匙

> 真誠是一把萬能的鑰匙，它可以暖化任何冷漠，能夠開啟通向他
> 人心靈世界的大門。無論是朋友也好，敵人也罷，只要真誠地對
> 待別人，必將有意想不到的收獲。

華人首富李嘉誠在年輕時開始創業。有一次他與外商商議轉讓股份時，狡詐的外商百般刁難，最後也沒有達成協議。

李嘉誠很難過，因為這次合作會直接影響到公司的效益。但他並沒有因此而遷怒於外商，而是微笑著，禮貌地握著外商的手，說：「儘管我們不能合作，但我誠心地希望與你交個朋友，以後還有合作的機會，謝謝！」

外商驚訝地看著這位彬彬有禮的男人，回心轉意答應了他。

從他的成功裡可以看見，正是真誠的品格和誠信的做人方式，成就了李嘉誠，成就了他的事業。

真誠待人這一點很重要，它能在很大程度上調動對方的積極性，使對方的自尊得以滿足。即使面對的是你的敵人，他也會減少或消除將來對你的敵對怨恨。

真誠就像是一扇窗，為堅毅的人們打開通向成功之路，更讓黑暗中的人們感受燦爛的陽光！

有一個賣家具的女孩，由於不能夠巧舌如簧，銷售量總上不去，老闆對她當然很不滿意，決定炒她魷魚。

她知道這個消息後，明顯有些失落，自己也覺得不太適合這個工作。現在真的要離開了，她反倒不害羞，心想反正也做不長了，一定不能欺騙顧客。

於是她在工作的最後一天，對一個買家具的顧客指出了這件家具哪裡有毛病。老闆在一旁看到後，非常生氣，恨不得立即讓她收拾走人。

可奇蹟出現了，顧客一邊聽那些不足，一邊頻頻點頭，最後買下了家具，並對她說：「非常感謝妳，妳讓我知道了瑕疵在哪裡。其實任何東西都不

是完美的，都存在著瑕疵，妳是真誠的，所以我相信妳，這件家具我買了。」

這一天，她對前來買家具的顧客都是這樣介紹，結果又賣出了幾件。老闆在困惑之後悟出了道理：人們喜歡店員的真誠。最後不但沒有辭退她，還給她加了薪。

在現實生活中，到處都存在著真誠與虛假的較量，我們應該知道，虛假的謊言和虛偽的做人方式，絕不能走得太遠。只有用真誠的態度、真誠的心，才能在競爭中獲勝。

給別人的自尊留點空間，是人與人交往的底線

> 行走於人生的旅途，失意彷徨的時候，最需要的是有一個獨自撫平創傷、恢復自尊的時間和空間。給他人留點空間，給缺憾留點空間，實際上也是給自己留有空間。

一個女人看到一個衣衫襤褸的推銷員在寒風中蹲在路邊賣鉛筆，頓生憐憫之情，就順手丟給他幾塊錢。走了幾步，女人感覺不妥，又返回來，從地攤上拿起一支筆說：「哦，我也是個商人，剛才忘記拿筆了，現在取回，你不會介意吧？」

幾個月後，在一個展覽銷售會上，一位穿戴整齊的推銷商迎上女人說：「妳可能早已忘記我了，可我永遠不會忘記妳，是妳重新給了我自尊。一直以來我認為自己是個推銷鉛筆的乞丐，直到那天妳告訴我，我是一個商人為止。」

女人沒想到，自己的一句話，竟使一個處境窘迫的人重新樹立了自信心，並以自己的努力取得了可喜的成績。當時她只是給了這個路邊可憐人最起碼的尊重而已。

有一天，富蘭克林和年輕的助手一起外出辦事，走到辦公樓的出口處

時，看見前面正走著一位妙齡女郎。也許她走得匆忙了些，沒有留意腳下的階梯，突然身體失去了平衡，一下子摔倒在地，手裡的文件散落了一地。

富蘭克林一下就認出了她，她是公司一位職員，平時很注重自己的形象，總是把自己修飾得大方得體、光彩照人。他的助手看見她摔倒了，立刻加快了腳步，準備上前去扶她一把，卻被富蘭克林一把拉住，並示意暫時迴避。於是，兩人悄悄地折回到走廊的轉彎處，靜靜地關注著那個職員的情況。面對助手的滿臉困惑，富蘭克林只輕輕地告訴他：不是不幫她，可現在還不是時候，如果她的確需要我們的幫助，我們可以立刻就過去的。

一會兒，那個職員站起來，她看看四周，拍去身上的灰塵，很快撿起了地上的檔案，迅速恢復了常態，若無其事地繼續前行。

等那個職員漸漸遠去，助手仍有些不明白，富蘭克林笑道：「年輕人，難道你就願意讓別人看到自己摔倒時那副狼狽的樣子嗎？」

助手恍然大悟。

富蘭克林又說：「要記住：彼此的自尊，是人際交往的底線。」

任何人都是有感情、有自尊的，在人際交往中，相互尊重，彼此平等相待十分重要。大家都應充分地了解這一點，因為它是良好社交的基本前提。

幫助他人是最有價值的儲蓄

> 種子散落在小路上，到了春天，就能看到一條鮮花小路。種子灑
> 落在人心裡，就會收獲意外的驚喜。聰明的人總願意幫助別人，
> 因為幫助別人的同時，也是在幫助自己。

在一個暴雨的午後，一位衣著普通的老婦人為了避雨走進華盛頓一家裝潢公司。

因為大雨，業務員們都焦急地在大廳裡等待雨停，沒有人搭理這位老太

太。這時一位年輕人走到她面前問她是否需要幫助，當老太太回答說只是在等雨停時，這位年輕人沒有跟她談業務，而是跑到小房間為她搬出了一張椅子，並給她端來一杯水。

大雨過後，老太太向這位年輕人說了聲謝謝，並向他要了一張名片，年輕人為她叫了一輛計程車，送她離開。

幾個月後，公司老闆收到了一封信，信中要求派這位年輕人到蘇格蘭簽訂裝潢一整座城堡的訂單！這封信就是這位老婦人寫的，她正是美國「鋼鐵大王」卡內基的母親。

當年輕人背起行囊準備去蘇格蘭時，他已成為這家裝潢公司的合夥人了。

愛心讓年輕人擁有了這家裝潢公司的一半股份，年輕人由此為基礎發展，最終成為美國房地產的巨頭，他就是有威廉‧杜柯遜。可以說，是愛心成就了威廉‧杜柯遜的基業。

俗話說「投之以桃，報之以李」，今天你幫助他人，他可能不會馬上報答，但他會記得你的好，也許會在你不如意時給你回報。退一萬步來說，你幫助他人，他即使不會報答你，但可以肯定的是，他日後至少不會做出對你不利的事情。如果大家都不做不利於你的事情，這不也是一種極大的幫助嗎？

對於任何人而言，真誠的幫助都是令人愉悅的。沒有一個人喜歡只願意接受幫助，而不幫助他人的人。願意幫助他人，也會喚起他人的愛意和幫助。

生活在紛繁複雜的社會中，每一個人都渴望著真情，渴望著關懷與被關懷，如果你總是對別人漠不關心，別人最終也會如此對你，你最終只能蜷縮在一塊很小的天地裡。因為人們拒絕冷漠，只有用真誠和關懷去幫助他人，才能贏得別人的認同。

適當地讚美，是送給他人最好的禮物

就像渴望得到別人的尊重一樣，得到讚美也是令人心情愉快的事情。所以，人與人交往時，一定不要吝嗇讚美他人。讚美是贏得對方好感的一種最直接的方法。

一個女人想要僱用一名保姆，便打電話給這個保姆的前雇主，詢問了一些情況，得到的評語卻是貶多於褒。但是，由於時間緊迫，女人又一時找不到合適的，而且看起來這個小女孩也還不錯，於是決定僱用她。

保姆到任的那一天，這位女人說：「我打電話請教了妳的前任雇主，她說妳為人老實可靠，而且做得一手好菜，唯一的缺點就是整理比較不在行，總是把屋子弄得亂糟糟的。我想她的話也不一定完全可信，我相信妳一定能把家整理得井井有條。」

事實上，小保姆剛出來工作不久，確實有些做得不好的地方，但是，有了新雇主的讚美，她果然改變了許多。她們也相處得很愉快，家裡也讓保姆打掃得乾乾淨淨，而且她工作非常勤奮。

任何人都希望得到別人的讚美，也願意接受他人的讚美。有時候，讚美可以成為一種動力，激勵別人發揮潛能實現他們的理想，也可以建立他們的信心，並使他們成長。

歌德（Johann Wolfgang von Goethe）有一句名言：「最真誠的慷慨就是讚賞。」馬克‧吐溫（Mark Twain）也曾誇張地說：「一句美好的讚揚，能使一個人不吃不喝活上兩個月。」

學會讚美別人，養成隨時發現他人優點並及時給予讚許的習慣，你就會發現，一句簡單的讚美之詞，往往能換回更多的回報。

清朝，在鎮壓太平天國時，曾國藩與幾位幕僚閒談，評論當今誰是英雄。

曾國藩說：「彭玉麟與李鴻章均為大才之人，我曾某有所不及，雖然我可

以誇獎自己，但我生平不喜歡這一套。」

一個幕僚說：「您們三位之間都各有所長：彭公威猛，人不敢欺；李公精明，人不能欺。」

說到這兒，他說不下去了。

曾國藩問：「為什麼不說了，你們認為我怎麼樣？」

這時眾人都沉默不語，突然一個負責抄寫的小官走出來說：「曾帥仁德，人不忍欺。」

眾人皆拍手稱快，曾國藩也十分得意。他問那小官何許人氏，小官一一告知。

曾國藩聽後稱讚道：「此乃大才，不可埋沒。」

不久，曾國藩升任為兩江總督，便派那小官去任鹽運使。

只是一句簡單卻得體的讚美，這位小官就被曾國藩扶上青雲。可見，就連這位平生不喜歡「這一套」的曾大人都拒絕不了讚美。

生活中總難免遇到挫折和失意，這時一句真誠的讚美和肯定一定會給對方帶來巨大的自信和振奮，給心靈帶來溫暖的慰藉。

相互欺騙和報復，只會使雙方都受損

> 欺騙是一劑毒藥，專門傷害人的心靈；報復是一杯毒酒，喝下去
> 暫時很舒暢，後果卻是肝腸寸斷、異常慘烈。

從前，北天竺有一個木匠，技藝高超，做了一個木頭女孩。這木女面容端正，舉世無雙，她的服飾也齊整如新，與世間女子毫無差別。她也能走來走去，斟酒待客，只是不會說話。

當時南天竺有一個畫師，很擅長作畫。木匠聽說後，便準備好酒食，請畫師前來做客。畫師到了後，木匠便讓木女來斟酒端食，從白天一直吃到

晚上，畫師始終不知道這是個木頭美人，以為是個真人，對她很是喜歡，掛念不已。

當天色已晚時，木匠進裡屋去休息，也請畫師在這裡住下，並留下這木女來服侍他，對他說：「專門留下這女子，可以和她一起休息。」

當主人進屋後，木女還站在燈下。畫師便叫她過來，但這女子沒有動。他以為是這女子害羞，所以才不過來。於是就上前去拉她的手，這時才知道原來是個木頭人。頓時感到很是羞愧，心裡想：「這主人欺騙我，我定要報復他。」

於是畫師便在牆上，畫了自己的畫像，畫中人所穿衣服也與自己相同。在畫上，這人用繩懸頸，好像已吊死的樣子，又畫了一隻鳥在啄屍體的樣子。畫完後，就關好門，自己爬到床下休息。

到天亮後，主人出來，見這門沒開，就向屋裡看，只看見牆上客人被吊死的模樣。木匠大驚失色，以為這畫師真死了，便破門而入，用刀砍繩。這時，畫師從床下爬出來，木匠見狀很羞愧。

畫師對他說：「你可以騙我，我也可以騙你。現在主客情誼已盡，互不相欠了。」

然後，兩人不禁嘆道：「世人如此相互欺騙和報復，還怎麼能彼此信任，和諧相處呢？」

在人與人交往的過程中，不應老想著算計對方、欺騙對方，甚至報復對方，而應該相互坦誠相待。只有這樣，人際關係才會融洽，這個世界才會變得更加美好、更加可愛。

重視他人的名字

名字是一個人的符號，代表著一個人的一切，榮與辱，成與敗，高貴與卑賤……名字在所有的語言中都是最突出的，重視並利用別人的姓名，是很

多名人成功的重要方法。記住對方的名字，用最動聽的聲音，清清楚楚地把它叫出來，等於給對方一個很巧妙的讚美。

卡內基雖然被稱為鋼鐵大王，但他自己對鋼鐵製造懂得很少。因為他有千百人替他工作，他們懂的鋼鐵知識要比他多得多。但他知道如何與這些人相處，那就是使他致富的原因。

在早年他已顯示出超越的整合能力和領導天分。當他十歲的時候，已發現了人們對自己的姓名非常的重視。有了這個發現後，他就加以利用。

在他童年時曾經獲得一隻母兔子。這只母兔很快地生下一窩小兔來。可是，找不到可以餵小兔吃的東西。但是他想出一個聰明的主意來。他跟鄰近的那些小孩子說，如果誰去採小兔吃的東西，這只小兔就用誰的名字。後來這些小兔有了足夠吃的東西。

多年以後，卡內基在商業上應用同樣的方法，並因此獲得了巨額利潤。例如，他要將鋼鐵軌道出售給賓夕凡尼亞鐵路。湯姆生當時是賓夕凡尼亞鐵路局的局長。所以，卡內基在匹茲堡建造了一所大鋼鐵廠，命名「湯姆生鋼鐵廠」。

有一次，當卡內基和布林姆競爭小型汽車、小客車業務的權利時，又想起了養兔子的經歷。

卡內基負責的中央運輸公司與布林姆所經營的公司都要爭取太平洋鐵路的小型汽車、小客車業務，互相排擠，接連削價，幾乎已侵蝕到他們可以獲得的利益。卡內基和布林姆都去紐約見太平洋鐵路局的董事會。那天晚上，卡內基在聖尼古拉旅館遇到了布林姆，他說：「晚安，普爾門先生，我們兩個不是在作弄自己嗎！」

「你是什麼意思？」布林姆問道。

於是卡內基講出了他心中的想法。他用鮮明的詞句，敘述互相合作而非競爭的彼此利益。布林姆雖然注意聽著，並沒有完全同意，而最後他問：「這家新公司，你準備叫做什麼？」卡內基馬上就回答：「那當然用布林姆皇宮汽

車公司了。」

布林姆那張繃得緊緊的臉，頓時鬆了下來，他說：「卡內基先生，到我房裡來，讓我們詳細談談！」就是那一次的談話，寫下企業界一頁新的歷史。

卡內基善於用他人姓名做文章，是他成為商界領袖的一大祕訣。他還能叫出很多人的名字，這是他引以自豪的事。他常得意地說，他親自處理公司業務的時候，他的公司從沒有發生過罷工的情形。

吃虧是福心中留

「吃虧是福」不是阿Q精神的聊以自慰，而是一種「難得糊塗」的處世智慧的展現。

「吃虧是福」至今被廣泛認同與傳揚。不少文章把「吃虧」描述成無私的奉獻、犧牲精神，豁達心態，成全他人的品德，瀟灑的生活態度，恬淡處世的行為等崇高的境界。

王立敏為公司勤奮地工作了六年，馬上就要升遷加薪了，卻一不留神吃了大虧：她到外縣市出差期間，公司分配了需要帶的新人。等她趕回廣州，好一點的新人都被別人「認領」了，只剩下一個典型的「歪瓜裂棗」，一個隻在私立大專裡讀了兩年就跑出來混的小男生。

人事經理對她說：「立敏，這個人是臨時招進來的，妳隨便帶一下，不出錯就好了。」

王立敏點了點頭，但她心裡明白：即使自己把他教成優秀的員工，也並不一定能夠讓上司滿意，要是真的隨便，做上司的還會滿意你嗎？再說，升遷的位置只有一個，同部門的小李也是虎視眈眈，如果這時候輸給了他，說不定就輸得一敗塗地。

可要想贏過小李簡直是太難了。人家小李指導的新人是國立大學畢業

生，還在多家知名企業裡實習過。看來，這個虧王立敏是吃定了。

　　同事們都很同情王立敏。大家都看得出來，她帶的那個小男生真的很不適應公司的節奏，一封催貨的英文電子郵件，別人花十五分鐘可以搞定，他卻要用「一陽指」僵硬地在電腦鍵盤上慢慢敲半個鐘頭，每天都要加班兩個小時以上才能完成當天應該做完的工作。

　　王立敏為此頭痛得要命，不但自掏腰包買了專業的打字軟體送給他，而且每天下班後都要留在辦公室裡陪他加班。好多次上司從外面談完生意回到公司開小會，都能看到辦公室裡燈火通明，王立敏還在指導新來的員工。

　　儘管王立敏如此盡心盡力，三個月後新員工試用期考察結束，小李指導的那位新員工的表現還是遠遠超出她指導的新員工。

　　出乎大家意料的是，王立敏指導的新員工在各方面的表現雖然遠遠不如小李的，但她卻贏得了部門裡唯一的升遷機會。公司上層都知道這個新員工的能力比較差，也多次目睹王立敏指導新員工的場面，他們覺得，王立敏肯吃虧，有容人之量，更具有領導者的能力。

　　面對不可避免的「眼前虧」，不要抱怨，甚至要比往常還加倍努力，往往會因禍得福。我們要明白這一點，所謂「吃虧是福」，並不是阿 Q 精神的自我安慰，而是「難得糊塗」的處世哲學的智慧展現。

贈人玫瑰，手有餘香

　　做人不要吝嗇對別人的關心。也許你不經意間，已經播下了美麗
　　的種子，而在某天不知不覺地開出了燦爛的花。

　　喬治是華盛頓一家保險公司的行銷員，有一次他為女友買花，認識了一家花店的老闆 —— 班。也只是認識，他總共只在班的花店裡買過兩回花。

　　後來，他因為為客戶理賠一筆保險費，莫名其妙的被控詐騙罪而入獄，

他要坐十年的牢。聞此消息，女友離開了他。

十年太長，喬治過慣了熱烈、激情的生活，不知自己該如何打發漫長、沒有愛也看不到光明的日子，他對自己一點信心也沒有。

喬治在監獄裡過了鬱悶的第一個月，他幾乎要瘋了。這時，有一人來看他。在華盛頓他沒有一個親人，他想不出有誰還記著他。

在會見室裡，他不由怔住了，原來是花店的老闆班。班給他帶來一束花。

雖然只是一束花，卻給喬治的牢獄生活帶來了生機，也使他看到了人生的希望。他在監獄裡開始大量地讀書，鑽研電子科學。

六年後，他提前獲釋，先在一家電腦公司做員工，不久自己開了一家軟體公司，兩年後，他身價過億。

成為富豪的喬治，去看望班，卻得知班已於兩年前破產了，一家人貧困潦倒，舉家搬遷到了鄉下。

喬治把班一家接回來，給他買了一間屋子，又在公司裡為班留了一個位置。喬治說：「是你當年的一束花，使我留戀人世的愛和溫暖，給予我戰勝厄運的勇氣，無論我為你做什麼，都不能回報當年你對我的幫助。我想以你的名義，捐一筆錢給慈善機構，讓天下所有不幸的人都感受到你博大的愛心。」

後來，喬治果然捐了一大筆錢出來，成立了「華盛頓‧班陌生人愛心基金會」。

奉獻愛心，去愛每一個人，每個人都很容易做得到。一句話、一個微笑、一束花就夠了，這對我們並不損失什麼，卻可能因此幫助別人走出困境，同時也美麗了自己的人生，何樂而不為呢？

壞情緒是不受歡迎的

人際關係無法在粗魯無禮和缺乏耐心上建立。你必須和善傳遞，並且不要隨意判斷。也許你本身是個善良熱情的人，但是，往往會因為一次不恰當的態度而得罪了他人。

有位住在紐約市名流聚集的中央公園南區的女士，幾乎擁有任何人會想要的每一樣東西——除了一個健康的小孩。她五歲的女兒罹患了一種會致命的罕見疾病。即使她不吝於花費重金來試著救她的小孩，全紐約最高明的醫生都束手無策，什麼忙也幫不上。然而，就在所有的希望似乎全都落空的時候，這個母親讀到《紐約時報》的一篇報導，提到瑞士一位醫術卓越的醫生要到紐約來，在紐約大學醫學部發表演說。

這位母親本能地相信這個醫生可以救活她的小孩，因此也開始不停地尋找他的蹤跡，打電話、寫信懇求他的幫助，但沒有任何回應。然而，在一個下雨的午後，當她正沉浸於自己的不幸中，一個矮胖的、溼透了的、留著鬍子的男人，敲了她的門。「你有什麼事嗎？」她問。「對不起，」他說，「我好像迷路了，我想借用妳的電話打給我司機，如果您不介意的話。」「哦，我很抱歉，」她以冷酷無情的聲音回答，「我的小孩正在生病，我不希望被打擾。」然後她關上了門。隔天早上，她讀報紙，一篇文章講述一個人被歹徒殺害了，旁邊還附了照片。她發現正是那個雨天要借打她電話的人，更另她驚奇的是，這個人竟然是那個她正急著尋找的醫生。她簡直無法想像，如果她那時和善地回答並借他電話，也許她的孩子已經得救了。

當負面壞情緒來臨時，忍耐一下，給人一個好態度，最終可能讓自己受惠。

把每個人都當成寶貝

真正珍惜緣分的人，就會把身邊的每個人都當做寶貝。如果你把
每個人都當寶貝，別人也都把你當做寶貝！

一個女孩，無論她走到哪裡總是會有很多的朋友，以前的老朋友會經
常掛念她，給她打很多電話，而身邊的新朋友也總是源源不斷地增加，即使
是在路邊偶遇的陌生人也對她有好感。和她朝夕相處的好朋友意識到了這一
點，好奇地問她為什麼。

「我長得並不漂亮，所以別人喜歡我不是因為我的外在，如果說我的內在
足夠吸引人，我想那就是我格外珍惜和身邊人的緣分！」

女孩繼續說下去：「唸書的時候，我想，和這些本來陌生的人能在一起
上學多麼不容易啊。有了這樣的想法，就不可能和他們產生矛盾，也不可能
不關心他們。當我踏入社會，我又覺得和同事、老闆在一起工作也是一種緣
分。說不定兩年、三年之後大家又分開了，這樣想著，我就覺得每個人都像
寶貝。」

人與人之間的情感是微妙和美好的，而且是互動的。你對別人友好，別
人也會對你友好。

傾聽是對他人最好的鼓勵

懂得傾聽的人，更能獲得別人的信賴，更容易得到真正的友誼。
傾聽是生活必修的一門藝術。

有這樣一個善於傾聽的女孩，她也因此擁有許多好朋友，每一個都將她
視為畢生知己，有什麼開心的事都會與她共同分享，遇到困難也會向她傾訴。

一天，一位朋友來到她家，一坐下便長籲短嘆，接著還流下了眼淚。她

默默地遞上一杯熱茶，坐在朋友對面，耐心地聆聽對方的傾訴……

原來這位朋友在工作單位被人陷害，工作上出了很大的錯誤，差點被老闆開除，雪上加霜的是，她的男友在這時提出分手。朋友覺得生活毫無希望，完全失去了前進的目標。

朋友不停地講著，把心裡的苦悶全部傾瀉出來，而女孩只是靜靜地聽著，用一種理解、同情的目光凝視著對方的臉，不時地點點頭表示贊同……

漸漸地，朋友痛苦的表情放鬆了，眼淚也消失了。女孩微笑了一下，拍拍朋友的肩，她說：「怎麼樣？覺得好點了嗎？」

朋友擦擦眼淚，同樣回以一個微笑：「是啊。很奇怪，我在來妳家的路上都覺得快活不下去了，可現在卻覺得也沒什麼大不了的。」

女孩握住朋友的手，溫和地說：「不管發生什麼，妳還有朋友。」

然後，她們一起討論怎麼挽回工作上的失誤，向老闆說明一切，讓那些小人得到應有的懲罰；至於感情的事，就順其自然，如果無法補救，就讓它平靜地結束，也許並不是多麼嚴重的問題……

許多年後，朋友已經有了一個幸福美滿的家庭，在事業上也有了一番作為，但她永不會忘記那個曾經令她痛不欲生的日子。是那一份真誠的理解和同情，讓她堵塞的心田湧入了一陣清爽的風……。

是的，傾聽，是心與心的交流，是情感與情感的互動。

傾聽是對他人最好的鼓勵，學會傾聽，可以將自己打造成為人生的智者，深邃的思想在無聲中彰顯力量。

第九章

把脾氣和眼淚寄存在辦公室之外

> 職場忌諱情緒化，這也被認為是不成熟的表現，不能委以重任。
> 感性的人很容易被情緒左右，並在辦公室裡發作，以至於影響事業的發展。聰明的人應該控制好自己的脾氣和眼淚。

在爭論男人與女人間的不同之處時，人們最普遍的觀點是：女人是感性的，男人是理性的。

這句話雖然並非絕對，但也不無道理。因為無論是在職場上，還是在情場中，大多數的女人在處理事情時，似乎總是感性多於理性。

有時，就是因為女人本身的感性，所以她們獲得了與男人不一樣的靈感和收穫；然而，當女人不合時宜地表現出過分的感性時，就變成了一種情緒化的反應，不僅會讓周圍的人無所適從，亦會對其自身造成不可避免的損失。

其實生存於現實中，壓力可謂無處不在。即便沒有壓力，壞情緒也會不分時間、地點的忽然而來。所以，無論男女都會有發脾氣、掉眼淚的時候，這本無可厚非。

但是，在大多數情況下，相對於男人而言，女人似乎更容易鬧脾氣。

據調查，有七成女性認為自己「是一個情緒化的人」。而在被問及「鬧情緒是因何而起」時，有四分之一的人回答是由「職場壓力」帶來。

臺灣有一項調查也顯示，女人每天都會生氣的對象是同事。

在無形之中，職場似乎成了女人的情緒發洩地，而情緒化的女人在職場之中也往往被貼上了「不夠成熟」的標籤。

許多男人對於職場女性的看法是：她們不懂得控制自己的眼淚和脾氣，總是過於直接地表達自己的情感。這使得一些男人感到不舒服，並因此看不起女人，認為女人無法自我管理，控制不好自己的情緒，因而所做的決定是不值得信任的。

當然，這種看法太過主觀，大部分女性並不會因為自己過於激烈的情緒

反應而影響到自己的工作，她們往往會在發洩完情緒之後，以更加昂揚的姿態投入到工作當中。

但無論如何，過於強烈或者稍顯頻繁的脾氣和哭泣的確會給周遭的人帶來很大的壓力，更會因此被歸結為心理承受力差和性格軟弱，認為其經不起大風大浪的侵襲，難以擔當重責大任，最終對其事業生涯造成極大的影響。

曉顏是一家大型企業的高級職員，她的能力和才華在公司裡是有目共睹的，無論是工作能力，還是文字程度，均是堪稱一流的人才，這一點連她的上司也是給予充分肯定的。

而在平時的待人接物中，曉顏熱情大方、率真自然的性格，也頗受同事們的歡迎，深得上司的喜愛。但是，曉顏的率直和不加掩飾，在某些時候竟然也成了她事業發展中的致命傷。

最近一段時間，上司對一位無論是資歷、能力還是業績都不如曉顏的女同事特別照顧，也沒見她做出什麼出色的業績，整日不慌不忙的，卻總是好事不斷，什麼升遷、加薪等好機會都有她，一年之內竟然被提拔了三次，好事幾乎都讓她承包了。

眼看著處處不如自己的同事越升越高，曉顏心裡很難受，她怎麼也想不通，自己工作做了一大堆，上司安排的工作也都盡善盡美地完成了，更創造了十分亮眼的業績，為什麼上司卻好像視而不見，只是一個勁兒地讓她好好工作，而好機會卻總沒她的事呢？

對於這樣的工作狀態，曉顏百思不得其解，她氣急敗壞地跑到上司的辦公室去問原因，並義正詞嚴地與上司理論起來。雖然上司那兒早已準備了一些冠冕堂皇的理由，但上司還是被曉顏搞得非常狼狽，臉色十分難看。

之後，上司對曉顏的態度有了明顯的改變，雖然不至於對她耍一些小手段，但以前的笑容已被嚴肅代替，講話時也以命令的語氣居多，曉顏的工作情緒因此一度受到影響，陷入低落狀態。

這時，一個平常和曉顏關係不錯的同事，見到曉顏這副沮喪的樣子，便

告訴了曉顏她的看法，她認為曉顏之所以會出現目前的狀況，雖然原因是多方面的，但最主要的一條，就是曉顏犯了職場中的大忌 —— 太情緒化了！

日常工作中，曉顏辦事乾淨俐落、雷厲風行，算得上迅速有效，但讓人遺憾的是，她在碰到任何事情和問題時，總是很少多想為什麼，只憑著感覺和情緒辦事，只想盡快做好工作，用業績說話。

長時間下來，直爽過了頭，任何情緒都直接呈現在臉上的曉顏，也就在不知不覺中得罪了不少人，而她在為人處世上所欠缺的技巧，更是常常弄得她費力不討好。

聽了同事的勸告，曉顏有些恍然。

其實，曉顏也想讓自己變得老練和成熟，然而，一碰到讓人惱火的事情，她就是控制不住自己的脾氣，儘管事後覺得不值，但當時就是不能冷靜下來。

久而久之，曉顏在公司裡備受冷落，同事們也不敢輕易跟她說話了，曉顏的事業陷入了困境。

類似曉顏這種情緒化的反應，可以說是職場女性最容易出現的一大弱點。據調查，有八成的人認為，性別已經不再是制約女性晉升和發展的瓶頸，而她們職業發展的最大障礙，則是性別給她們自身帶來的種種性格上的弱點，情緒化無疑正是其中很重要的一點。

事實上，只要是人，就難免有情緒，特別是被稱為「情感動物」的女人，在表達自己的感情時，往往比男性更為直接，這對她們的健康來說顯然是好的。

但值得注意的是，如果妳總是把妳所習慣的發洩方式 —— 發脾氣或掉眼淚，和工作攪和在一起，那麼，長期下來，不僅妳的上司或老闆會反感，恐怕妳的同事也會看不起妳。

妳必須清楚地知道，在一個以男性為中心的角逐場上，女人要建立個人的工作風格，既不要太冷酷、倔強、果斷，也不要太柔弱、情緒化、被動、

猶豫不決，這並非一件容易的事。實際上，在事業上獲得真正成功的女性大都不會整天緊繃著一張臉，也不會焦躁地走來走去，更不會遇事只會以發脾氣或掉眼淚來應付，因為這樣不但於事無補，還會給別人留下批評或嘲笑的把柄。

一位男性主管曾害怕地說：「我很怕女同事哭，她們一哭，我就束手無策，好像我做錯了什麼事，但這也讓我覺得，愛哭的女性好像不能擔當重任。」

也正因此，美國職場顧問蘿琳在《女強人手冊》一書中不斷提醒女性，哭沒有什麼不妥，但如果想在職場上表現得體，一定要學習控制自己的眼淚。

這也就說，如果妳想大聲哭，如果妳想大發雷霆，那麼，妳當然有權利這麼做。然而，假如妳有心要成就一番事業，就千萬不要被別人看穿自己的底牌，要學會控制妳激動的情緒，不要亂發脾氣，不要輕易掉眼淚，要勇敢地去面對失敗和壓力。

只有這樣，妳才能贏得同事和上司的認可，妳才能令一切工作盡在掌握，妳才能為自己贏得那片深邃湛藍的事業天空！

現在，已有愈來愈多的職場女性開始懂得如何偽裝自己的心情、掩飾自己的表情。所以，不管妳有多努力、多累，或多生氣，「保持笑臉、放輕鬆」都是妳必須要學習的功課。

隨和要有度

> 隨和是一種美德，但過於隨和是一種錯誤。想博得每個人的歡心或贊同，是在為難自己。

在人際交往中，隨和似乎就像謙虛和寬容一樣，作為一種高境界的處事美德，一直被大眾推崇備至 ——

　　隨和，是人與人之間交往最有利的工具，是交際方式中的寵兒和嬌子，會使你工作順手、心情愉快；

　　隨和，是給人以陽光而不求回報，是退一步海闊天空，是連接心靈的橋梁，是最活躍的交際音符；

　　隨和，是一個人擁有高度修養與內涵的表現和昇華，是高瞻遠矚，是寬宏大度，更是豁達瀟灑的外化……。

　　看起來這麼美麗和實用的隨和，似乎理所應當成為人人趨之若鶩的美德。於是，自懂事起，隨和就成為了我們人生中一門必修的處世功課，以至於當我們走入社會、走入職場時，隨和依然被我們奉若瑰寶。

　　而很多人由於其與生俱來的特點，在「隨和」這一點上，往往展現得更為明顯。但是過於隨和的人，也往往招致人的誤會。

　　小薇就遭到了同事的猜疑：「小薇竟然報復我，連這種小動作都使！」

　　有個同事贊同地點點頭：「是呀，小薇雖然看上去很好說話，跟誰關係都挺好，可卻總讓人感覺心裡不踏實，她似乎跟誰都隔著一層，讓人無法信任。」

　　另一個同事則公正地評價道：「小薇可能也沒那麼壞心眼，不過，她確實讓人感覺不到她有什麼自我，她對什麼事似乎都不會有不同的意見，也不會有不同的見解。讓人琢磨不透啊！」

　　劉莉和同事背地裡說的這番話，恰巧被小薇路過時聽到，她這才恍然大悟：原來正是由於自己過度隨和，才使人感覺不到她與人交往時的真誠，從而給人以虛偽的感覺，讓人不可相信；更是由於她過度隨和，讓她雖然沒有得罪任何人，但卻失去了自我。

　　顯然，小薇這種過度隨和的為人處世態度非但不聰明，反而使其陷入了一種尷尬的處境。因為隨和有的時候不僅僅意味著好說話，它更意味著遷就別人，沒主見，沒有追求，或者城府很深，讓人無法知其心裡到底在想些什麼。

　　如果你對工作、對同事和上司過度隨和，那只會給別人一種隨便怎樣都好的感覺，甚至讓人感覺虛偽做作，像帶了一層假面具。這樣一來，又有誰願意和你交心，又有誰敢和你交心呢？那麼，身在職場的你雖然沒有強大的敵人，恐怕也沒有真正的朋友了！

　　在職場打拚的各位，請銘記：過度隨和並不是一種好習慣。你大可不必為了博得所有人的歡心而為難自己，只要在不違背原則的前提下坦誠共事，就不失為明智之舉。相反，你若執意把自己引入一個人際網的死結之中，那麼，你能否贏得真正的成功便成為了一個問號！

用法律維護自己的權益

　　　法律面前人人平等。在法治社會，我們要知法、懂法，更要勇敢
　　　拿起法律的武器維護自己的合法權益。

　　生活在群體中，權益難免會受到侵犯，但可悲的是很多人法律意識非常薄弱，不懂得拿起法律武器為自己討回公道。據調查顯示，近五成的人出於種種原因，表示在合法權益被侵犯時不會優先使用法律。這是一個相當重的比例，如果不注重它，必將是一大悲哀。

　　王女士的丈夫脾氣暴躁，常常抽菸酗酒，酒後對王女士拳打腳踢，多年來她都在家人和鄰居的勸導下，忍氣吞聲，在家裡更是沒有地位可言。後來，王女士終於忍無可忍，向法院提出離婚。像王女士這樣的家暴案例不在少數，但是真正拿起法律武器的卻很少。

　　離婚兩年後，新的問題又來了。當時他們十四歲的女兒被判隨王女士生活，兩年後，女兒考上私立高中，前夫原來每月支付的撫育費已不夠支付學雜費。王女士多次要求前夫多支付一些費用，對方以自己生活也不寬裕為由而拒絕。女兒將親生父親推上被告席，法院最後判決王女士的前夫負擔女兒

一半的學費。

法院的法官認為，對於男方不支付撫育費，除了由於個人經濟狀況拮据或因再婚另有子女造成經濟比較困難外，還有一種是男女雙方因離婚造成的彼此怨恨導致的。一方以拖延撫養費來發洩怨恨心理，而不是理性地為孩子的成長著想，他們之間的爭鬥對孩子的傷害最大。離婚改變了兩個成年人的生活方式，而對子女的撫養義務卻不能改變。

大家都應該提高自己的法律意識，遇到類似情況時，要勇敢拿起法律武器來維護自己的合法權益。

此外，諸如性騷擾、性侵犯、職場性別歧視、家庭暴力及家庭合法權益侵犯等等，也經常發生在我們身邊，對受害者造成了惡劣的影響和嚴重的後果。

女性由於性別和社會角色的原因，更應該比男性關注法律知識習以及提升法律意識。在古代，女性一直是法律歧視的對象，因此對法律採取憎惡或漠視的態度。而今天的社會，是一個追求法治的社會，它要求全體社會成員了解法律、尊重法律，自覺地遵守法律。女性作為「半邊天」，無論從哪個角度來說，加強法律知識、提高法律意識都有其重要的意義。

別等待，主動尋找伯樂

許多人習慣了被動等待，當他們走入社會進入職場後，仍然保持被動的個性，乖乖待在原地等待伯樂的出現，唯獨忘了主動去尋找自己生命當中的伯樂。

主動，是一種特別的行動氣質，它會把你裝點得光彩奪目、鮮亮照人！

「我已經在公司待了三年，老闆卻還不曉得我的才華在哪裡？在他眼裡我好像只是一個花瓶，真令人沮喪！」

「我拚了老命在替公司賺錢，主管卻天天看我不順眼，不是搶走我的功勞，就是把我的功勞平分給大家，真令人洩氣！」

「當初談好了的工作內容明明是企劃，可現在卻老拿我當打雜用，不是叫我訂便當，就是讓我到郵局辦事，反正就是讓我做一些打雜的事情，弄得我上班時間根本沒空好好想想企劃案，只好帶回家去做。」

「同樣一份工作，怎麼我跟他們的待遇差這麼多？好的機會都落在了他們頭上，那些無關緊要、亂七八糟的事卻總是有我的份，真不知道是老闆對我有偏見，還是我根本就跟這家公司犯沖！」

你是不是覺得以上這些話語很熟悉？

不限工作種類，只要是身處職場中的我們，只要是在為事業打拚的我們，這樣的事情彷彿每天都在上演，而且永遠都得不到正確的解答。

或許是從小所受的教育使然，或許是傳統文化的影響，或許是天生的個性使然，許多人在孩提時被教育要順從聽話、不吵不鬧，當他們走入社會、進入職場後，仍然保持被動的個性，很少主動爭取表現的機會，更不懂得抬頭面對主管的重要性，只會低頭默默工作，以為老闆一定會知道自己為公司鞠躬盡瘁 ——「皇天不負苦心人」嘛！

但真正的事實卻是：繁忙的老闆是不會注意這些的，除非你主動出擊！

因為 ——

這個社會是一個講求個性的社會！

這個社會是一個追求表現的社會！

這個社會是一個積極主動的社會！

這個社會歡迎的是能夠主動尋找「伯樂」的領導者！

如果你一味地孤芳自賞，覺得自己的付出一定會有回報，只要努力就會有結果，不懂得主動向老闆或主管推銷自己，積極表現出自己的才能，那麼，你最終所獲得的不但不會盡如你意，甚至還會對你的事業發展造成極大的障礙 —— 你真的能接受這樣的結果嗎？

第九章

　　小雨是從事商標設計的，她從自己的設計中總能夠獲得足夠的滿足與自我肯定，所以，她在工作期間十分努力，常常為了一個商標的設計幾天幾夜地泡在工作臺上，直至最後定稿。

　　不過，小雨是一個偏於內向的人，非常不善於表現自己，只會默默地做許多工作，甚至是一些對她來說引不起任何興趣與熱情的工作。在老闆面前，她也不願意主動顯露自己的特長與才華，更不會努力去爭取自己所感興趣的東西。

　　她總認為刻意地表現自己是一種太做作的行為，她實在做不來，所以，她只希望老闆能夠有朝一日看到她勤奮工作的樣子，進而發現她、提拔她，而在這之前，她所做的只是默默地努力、再努力，苦苦地等待、再等待。

　　也許正是因為這個原因，對於公司每次的成功，老闆總會認為，這是整個企業設計部努力的結果，卻絲毫沒有注意到小雨在總體設計中所發揮的作用。

　　就這樣，小雨拿著與其他人相同的薪水，卻做著超出旁人幾倍壓力與辛勞的工作。她感到了一種失落與不公，畢竟她也要生活，也要休閒。

　　在這樣憤懣的情緒之下，小雨向老闆提出了辭職。在老闆詢問她原因的時候，她心中積壓了好久的不平終於傾洩而出，她把自己的能力、才華和自己對公司所做出的貢獻向老闆和盤托出。

　　在講述的過程中，小雨的情緒雖然有些激動，不過，由於她一向內向的性格使然，所以她的語言並不是特別激烈，且條理分明，恰到好處地讓老闆了解到了她的立場。

　　所以，老闆在小雨的言談舉止間及時地意識到了問題的所在，他不但以高薪挽留住了小雨，還在兩個月後正式晉升了小雨的職位，讓小雨終於能夠心甘情願地留在公司了。

　　從小雨的經歷中，我們不難看出，一味被動地等待他人的發現是多麼愚蠢的想法！特別是對於你的主管乃至老闆而言 —— 他們的頭腦中不知有多

少事要考慮、多少關係要處理，你勤懇的工作態度他們固然不會完全視而不見，但若指望他能夠切實明白你的真正需要、肯定你的敬業精神，那可能就是天方夜譚了。

所以，別太天真了，聰明的做法是除了在工作上努力做出優秀的業績之外，你更應該注意，讓你的主管知道自己的優異。當然這並不是讓你不論大事小事都要匯報，而是要學會適時地表現出自己的能力和才華，從而獲得你應有的回報，並成為讓主管記住你的實力。

這樣一來，他就會覺得你是一個真正了解自己並且充滿自信的人，對你委以重任不說，還會讓你得到自己真正喜歡的工作。最關鍵的是，你的事業之路也會因為這個你主動尋找的「伯樂」，而走得更為平坦且順利！

阿玲是公司的新進職員，自進入公司的那天開始，她就一直默默地做著分內的和分外的工作。

早上，別人還沒到，阿玲就已經開始打掃起辦公室，然後，在同事們的辦公桌上，各放上一杯她沏好的茶或咖啡。而辦公室裡的那幾個人竟然也漸漸理所當然地消受起了這樣的服務，很多需要跑腿的活兒都扔給了阿玲。

晚上，當其他人飛快地奔向電梯回家的時候，阿玲卻不言不語地開始收拾一天下來凌亂的辦公室，然後再坐下來加一個班，完成當天的工作或為明天的任務作準備。

這樣的工作是辛苦而忙碌的，但阿玲並沒有因此跟人到處抱怨，或向主管告狀。她知道，自己作為新人，有些悶虧是必須吃的。不過，這並不代表阿玲甘願就此沉默下去，她一直都在尋找能夠適時表現自己的機會。

這一天，公司召開一個業務會議，老闆在會上提到了一個關鍵資料，但現場所有人都一頭霧水，沒有人知道這個確切的資料。

就在這時，阿玲不慌不忙地發言了，不僅將資料闡述得準確清晰，更加進了自己的一些獨到看法，結果，阿玲贏得了所有人的佩服，更贏得了老闆讚許的目光。

事實上，這是阿玲辛苦了一個晚上的成果。早在昨天開會的時候，她就聽到老闆提到了相關的問題，她因而知道這個資料對公司相當重要，而很多人又並不清楚，所以，她知道自己找到了一個絕佳的表現機會，且憑藉的是自己的實力和努力。

阿玲就此成為了老闆眼中的紅人，成為老闆心目中踏做事的棟梁之才。沒過多久，老闆提拔阿玲做了這個公司裡極為重要的設計部主任。

不可否認，敬業、勤奮的員工是任何一個老闆都欣賞的，努力工作更是升遷的必要條件，但請你記住，這絕對不是充分條件，事業的成功是多方因素綜合作用的結果，你只有看清方向、找準伯樂、勇於自薦，才能便捷地創造真正成功的事業。

所以，請你試著借鑑阿玲的想法和做法吧 —— 保持你的優勢，繼續苦幹，但千萬不可埋頭！

身處現代社會的各位，當你們在職場中跌宕起伏、在事業上衝刺拚殺時，其實早已不再需要恪守古老的規矩了，你應該盡情地發揮自己內心的潛能，學會並善於去當一個主動的人 —— 主動表現、主動要求，更要主動尋找你事業上的伯樂！

堅持到底，才能品嘗到成功的盛宴

愛因斯坦說：有一個明確的目標，不停地工作，即便慢，也一定會獲得成功。

「行百里者半九十」，最後的那一段堅持，往往是一道最高的門檻，因為在歷盡艱辛、心力交瘁的時候，即使一個小小的變故或者障礙都有可能把堅持擊倒。所以，很多時候，成功者和失敗者之間，並不是能力的區別，而是毅力的區別。事實上，人們最後的努力奮鬥，往往是勝利的一擊。

有這樣兩個故事：

一個女人在挖井，但她的運氣似乎不怎麼好，一個上午過去了，地上已經有五個深坑了，遺憾的是，水並沒有出來。她最後放棄了挖井，她對鄰居抱怨說：「今天真倒楣，似乎地下的水也跟我過不去。」

鄰居聽了她的話，拿起鐵鍬，在五個深坑中選了一個，只幾鍬下去，就有水上來了。鄰居對挖井人說：「其實妳只需要再堅持一點點。」

一個當年去淘金的人，花了好幾年的時間在一塊地上挖掘，他相信那裡有黃金。一天又一天，他不斷地揮動鋤頭，每天辛苦地工作。最後，失望的病毒侵襲他，於是他以極度無奈和絕望的姿勢把鋤頭往地上一摔，收拾好自己的裝備，然後離開了那個地方。

幾年以後，鋤頭生銹了，把柄也腐爛了，但在距這兩件東西六尺遠的地方，竟發現了一個大金礦！

這兩個故事告訴我們同一個道理：無論做任何事，堅持都是發揮決定性作用的。許多人常常沒有毅力，做事半途而廢。其實，只要再多花一點力氣，再堅持一點點時間，那些已經下大功夫爭取的東西就會得到。英國詩人威廉・古柏（William Cowper）曾說：「即使是黑暗的子夜，能挨到天明，也會重見曙光。」

能力永遠無法取代毅力，這個世界上最常見到的莫過於有能力的失敗者；天才也無法取代毅力，失敗的天才更是司空見慣；教育也無法取代毅力，這個世界充滿具有高深學識的被淘汰者。

擁有毅力再加上決心，才能讓人無往不勝。

每一個成功人物背後，都滿載著辛苦奮鬥的歷史。一次貝多芬結束了精妙絕倫的演奏後，身旁圍繞著崇拜音樂奇才的人群。

女樂迷衝上前呼喊：「哦！先生，如果上帝賜我如您一般的天賦，那該有多好！」

貝多芬答道：「不是天賦，女士，也不是奇蹟。只要妳每天練習八小時鋼

琴，連續四十年，妳也可以做得一樣好。」這就是堅持的作用。

要成就一項事業，需要有足夠持久的恆心。巴爾札克（Honoré de Balzac）說：「持續不斷的行動是人生的鐵律，也是藝術的鐵律。」

要牢記「堅持」這個好習慣，有意識地培養自己的毅力，不輕言放棄，這是成功的鐵律。

機遇來臨，迅速行動

> 賽場上第一步的領先，很可能意味著終點的領先，關鍵是你是否能抓住機遇，也在於你是否及時邁出雙腳，迅速行動。很多人因為膽小怕事或者畏首畏尾等各種原因，錯失良機，這又能怪誰呢？

有一天，一所偏僻的鄉下中學裡來了一輛汽車。一個穿黑夾克的男子對一群孩子說：「誰願意當演員？」孩子們都默不作聲，除了一個並不漂亮的女孩子。她怯怯地站出來說：「我願意。」男子說：「那妳會什麼呢？」女孩說：「我會唱歌。」女孩在眾人面前唱了一首歌，斷斷續續的，幾乎不成調子。女孩唱完，中年男子對女孩說：「我要選的演員就是妳了。」那個女孩成了名演員，而那個中年男子正是享譽國際的名導演。其實女孩未必是那群孩子中最優秀的，她能夠脫穎而出僅僅是因為她抓住了機遇。

當然，機遇更垂青於那些有準備的人。

一個美國大學生畢業求職時，問加州報館的經理：「你們需要一個好編輯嗎？」，「不需要。」，「記者呢？」，「也不要。」，「那麼排版、校對員呢？」「不，我們現在什麼空缺也沒有。」，「那麼你們一定需要它了。」大學生從包裡掏出一塊精緻的牌子，上面寫著：「額滿，暫不僱用」。結果，這位年輕人被留下來做報館的宣傳工作。那個年輕人作好了準備，得到了機遇的垂青。

然而，人不能被機遇所左右。

王充在《論衡》中記述：周朝有一位老人，一生追求做官，可是一生都沒有做成。他埋怨沒有機遇，命運對他不公。他在路上向行人哭訴：「我年輕時，攻禮樂教化，剛剛具備做官的資格，君王卻喜歡任用年長的人；好不容易等到，這位「好用老」的君王死了，新君王又喜歡有武術的人，於是我轉而學武術，武術剛學成，喜歡武術的君王又死了，新君王卻喜歡用年紀輕的人。可是，我這時已經老了。」人不能坐等時機的垂愛，也不能讓時機左右。人應該有自己的目標並為之奮鬥，當機遇來時才可以大顯身手。那位周朝老人的哀嘆是不足憐憫的。

人的漫漫一生是充滿偶然的，而最能改變你人生軌跡的可能就是那說不清、道不明的機遇。沒有惜才如命、月下追韓信的蕭何，韓信也許會在歷史長河中隱沒；沒有那蘋果帶來的靈感，牛頓可能就不是一代物理巨匠。

幾乎很少有人能否認機遇之於人生的重要。然而，幸運兒畢竟寥寥無幾，這個世界還是普遍的大眾居多。其實偉人和庸人的區別也在於這點，偉人善於掌控自己的命運，看到機遇果斷出手抓住，於是成功了；而庸人恰恰相反，於是乎，便感嘆滿腹，氣憤懊惱。

只要用心，一切皆有可能

有心才能上心，上心才能成功。想成功的人，只有心中時時裝著
自己的目標，才能實現目標，不要懷疑自己的能力，成敗與否在
於你敢不敢想，去不去做。

一個隱士計劃在大河上建造一座橋，方便人們通行，他請所有的動物來幫忙。

大象用牠有力的鼻子把巨石推進河裡，犀牛把沙土頂到河中，猩猩把木

頭拉到河裡去，所有的動物都樂意為建橋奉獻自己的力量。

小松鼠在一旁看著大工程的進行，覺得自己實在是太小，沒有辦法和牠們一起工作。後來牠想出一個好辦法，牠在塵土中翻滾，讓全身沾滿泥土，然後快速跑向河邊，把身上的泥土抖進水中，松鼠一次又一次的重複這樣做。

這一切隱士都看見了，就誇獎牠說：「只要有心，即使一隻小小的松鼠也能有所成就！」

在非洲中部地區乾旱的大草原上，有一種體形肥胖臃腫的巨蜂；巨蜂的翅膀非常小，脖子也很粗短。但是這種蜂在非洲大草原上能夠連續飛行兩百五十公里，飛行高度也是一般蜂類所不能及的。牠們非常聰明，平時藏在岩石縫隙或者草叢裡，一旦有了食物立即振翅飛起；尤其是當牠們發現這一地區即將面臨極度乾旱的時候，牠們就會成群結隊地迅速逃離，向著水草豐美的地方飛行。

這種強健的蜂被科學家稱為「非洲蜂」，但科學家們對這種蜂卻充滿了好奇。因為根據生物學的理論，這種蜂體形肥胖臃腫而翅膀卻非常短小，在能夠飛行的物種當中，牠們的飛行條件是最差的，從飛行的先天條件來說，牠們甚至連雞、鴨都不如；從流體力學來分析，牠們的身體和翅膀的比例根本是不能夠起飛的，即使人們用力把牠們扔到天空去，牠們的翅膀也不可能產生承載肥胖身體的浮力，會立刻掉下來摔死。

但事實卻是，非洲蜂不僅能飛，而且是飛行隊伍裡最為強健最有耐力飛得最遠的物種之一。

哲學家們卻對此給出了合理的解釋：非洲蜂天資低劣，但牠們必須生存，而且只有學會長途飛行的本領，才能夠在氣候惡劣的非洲大草原活下去。簡單地說，若是非洲蜂不能飛行，就只有死路一條。

什麼叫「置之死地而後生」？非洲蜂給出了很好的回答。非洲蜂更讓我們相信，在一個執著頑強的生命裡，沒有什麼叫做「不可能」。

動物都如此，人更應該克服困難，創造奇蹟。樹立一個目標，用心堅定地走下去，一定可以成功。

忙裡也要偷個閒

人畢竟不是機器，不要把自己看做是一臺工作機器，悠閒的心情
是一個人健康的保證。

不論工作與學習有多麼緊張，我們都不要把自己看做是一臺一天二十四小時不停地運轉的機器。不管時間有多麼緊迫，任務有多重，工作強度多大，都要適當地停下來，忙裡偷個閒，放鬆一下，免得給自己造成身心壓力，影響健康。

有規律的生活，是人們健康的一個方面，但不是絕對。二戰時，邱吉爾與蒙哥馬利閒談，蒙哥馬利說：「我不喝酒，不抽菸，到晚上十點鐘準時睡覺，所以我現在是百分之百的健康。」邱吉爾卻持相反的意見，他說：「我既抽菸，又喝酒，而且從不準時睡覺，但我現在卻有百分之二百的健康。」很多人都引為怪事，像邱吉爾這樣一位身負兩次大戰重任，工作最為緊張的政治家，生活這樣沒有規律，為什麼會有百分之二百的健康呢？

生活中邱吉爾，在戰事最緊張的週末依然能去游泳。

在選舉戰白熱化的時候依然能去垂釣，剛一下臺依然能去畫畫，還有以示悠閒心境，斜插在微皺嘴角的那支雪茄。其實，工作不管有多緊張，有多累，生活有無規律，健康的關鍵是學會放鬆，悠閒的心情是一個人健康的最重要根本。

緊張的工作帶給人們「泰山壓頂」之感，久而久之必使身體受損。科學研究證明，人們的各種疾病無不與緊張有關，緊張已日益成為威脅人類健康的殺手。

第九章

　　一位卓越的企業家每天承擔巨大的工作量，沒有一個人可以分擔他的一點業務。他每天都得提一個沉重的手提包回家，包裡裝的是必須處理的急件。

　　緊張勞累的工作，使得這位實業家身心疲憊不堪，他不得不去醫院進行診療。醫生給他開了一個處方：每天散步兩小時，每星期空出半天的時間到墓地一趟。

　　這位實業家對此迷惑不解：「為什麼要在墓地待上半天呢？」

　　「因為，」醫生不慌不忙地問答，「我是希望你四處走一走，看一看那些與世長辭的人的墓碑。仔細思考一下，他們生前也與你一樣，認為全世界的事都得扛在肩，如今他們全都長眠於黃土之中，也許將來有一天你也會加入他們的行列，然而整個地球的活動還是永恆不斷地進行著，而其他世人則仍是如你一樣繼續工作。」實業家領悟了其中的道理，生命的意義不在於緊張、忙碌，適當放鬆、緩解，有了放鬆的身心，生活才過得更有意義，更加美好。

　　百忙之中的你，也一定不要忘了忙裡偷閒，給自己的心境放個假，讓它充分享受放鬆帶來的愉悅。

　　人生如果失去了閒暇，只是工作，為活下去而拚命工作，還有什麼情趣可言？給自己留點時間輕鬆一下，生活才會多姿多彩。

不僅要愛一行做一行，還要做一行愛一行

　　「來到這個世界上，做任何事都要全力以赴。」我們如果熱愛自己
　　所從事的職業，就能從中找到自己的快樂和滿足。

　　有個女孩從頂尖大學中文系畢業後，到一個出版社工作，她一心想成就一番大事業。可是一開始，上司只讓她校對文稿，這也是有意鍛鍊她的耐心與毅力。

　　可女孩並不這麼認為，她覺得這真是大材小用。所以對工作也終日提不

起興趣來，工作毫不認真，經她手校對的文稿錯誤百出。上司認為，連文稿都校對不好，她還能做好什麼重要的工作呢？

與女孩恰恰相反，她的一個大學同學分配到一個理論研究中心，一開始上司讓她到內部刊物處去做排版、校對工作，她每天就是在做打雜，認識她的人都覺得是浪費人才，可這個女孩卻抱著滿腔的熱情去工作。

她認為做好排版是需要很大學問的，就是校對也不是容易的事。

有時她還主動分擔一些理論研究工作，她寫出的文章流暢而有深度，她的才能和品行很快得到了上司的賞識和重視。工作不到兩年，她就成了工作單位的核心。

有些人往往生活在理想中，每每以理想中的標準來比較現實，現實一旦與理想不符，他們就開始垂頭喪氣、怨天尤人。在生活中，很多事情都會不如所願。一般人都不可能一上班就有很好的工作，這時，我們不能讓工作來適應自己，唯一正確的做法就是承認現實，接受工作。將眼下的這份工作當成未來成功的墊腳石，才能把工作做好。

有位科學研究人員，有著極強的個人欲望，總希望盡快取得驚人的突破，寫出劃時代的論文或著作，使自己躋身科學家之林。

她認為只要上司把她安排到位，充分信任和理解自己，自己要取得重大成果只是時間問題。也許正是她過高評價了自己的能力，結果上司為了配合她的工作，已經替她換了三次職位，可她總是到一處煩一處，走一處鬧一處。

在她看來，讓她拿燒瓶、做數據測量無異於用牛刀殺雞，純屬大材小用。從這樣的基礎開始，何日才能實現遠大理想？簡直就是暗無天日；讓她做管理層，她又覺得事情太過瑣碎，簡直就是扼殺她的靈感。她一次次找上司提意見、打報告，希望重新安排，得到支持。

可是，她並不知道，她的研究單位有很多工作人員已經這樣默默地重複著這項「無聊」的工作多少年了。她不知道科學研究工作並不是單純一個人的成功，還有很多人做著基礎工作。於是她又調到一家她認為或許能使自己一

展才華的部門去了。

　　就這樣，幾十年過去了，她在哪個部門待的時間都不長，最終也沒有研究出任何成果。而當初與她一起工作的人，那些每天拿著燒瓶的工作人員，卻都不同程度的有了成就。

　　這樣不安於工作的人，最後的結果只能有一個，那就是失敗。沒有人扼殺她的靈感和能力，正是她自己扼殺了本來可能成就的事業。

　　每個人的能力有大有小，但關鍵在於我們得放穩心態，踏踏實實去從小事做起。如果總是認為自己才高八斗，在工作中挑三揀四，不能從小事做起，就無法用實際成績來向別人證明自己的能力。還沒開始工作就想取得別人的認可，是很不現實的。

　　在還沒有工作的時候，我們可能認為自己根據興趣來選擇職業，與自己投緣的人來往。可是，一旦進入社會，就必須做許多自己不喜歡的事情，因為挑剔也沒用，甚至還會因為挑剔而使情況變得更糟糕。只有適應這個社會，強迫自己去做一些小事、瑣事，並且做好，只有這樣，我們才有挑選的資本。資本累積得越多，挑選的空間也就越大。

　　愛一行做一行，是幸運；而做一行愛一行，才是真正的智慧。在沒有能力做出選擇的時候，安心工作、做好工作就是最好的選擇。只有這樣，才能累積足夠的資本去做自己愛做的事。

事業成功是漫長的過程，它需要執著的追求

　　　　成功的路從來都不平坦，在挫折中重新振作，在風雨中勇敢前
　　　　行。只要心不死，只要有顆執著的心，就能走到成功的彼岸。

　　有一個女孩對足球十分痴迷，一個偶然的機會，她被父親送到了體育學校學踢足球。

在體育學校，女孩並不是一個很出色的球員，因為在這之前她沒有受過專業的訓練，踢球的動作、感覺都比不上先入學的隊友。女孩上場訓練踢球時常常受到隊友們的奚落，說她是「野雞」球員，女孩為此情緒一度很低落。

每個隊員踢足球的目標就是進職業隊成為上場主力。這時，職業隊也經常去體育學校挑選後備選手，每次選人，女孩都賣力地踢球，然而終場哨響，女孩總是沒有被選中，而她的隊友已經有不少陸續進了職業隊，沒選中的也有人悄悄離隊。於是，這個平時訓練最刻苦認真的女孩便去找一直對她讚賞有加的教練，教練總是很委婉地說：「名額不夠，下一次就是妳。」天真的女孩似乎看到了希望，樹立了信心，又努力地接著練了下去。

一年之後，女孩仍沒有被選上，她實在沒有信心再練下去，她認為自己雖然上場感覺不錯，但身材矮小，又是半路進來的，再加上每次選人時，她都迫切希望被選中，上場後就顯得緊張，導致平時訓練的水準發揮不出來。她為自己在足球道路上黯淡的前程感到迷茫，就有了離開體育學校放棄踢球生涯的打算。

這天，她沒有參加訓練，而是告訴教練說：「看來我不適合踢足球了，我想讀書，想考大學。」教練見女孩去意已決，默默地看著她，什麼也沒說。然而，第二天女孩卻收到了職業隊的錄取通知書。她激動不已地衝去報到。其實，她骨子裡還是喜歡足球。女孩這次很高興地跑去找教練了，她發現教練的眼中與她一樣閃爍著喜悅的光芒。教練這次開口說話了：「孩子，以前我總說下一次就是妳，其實那句話不是真的。我是不想打擊妳而告訴妳說妳的球藝還不精，我是希望妳一直努力下去啊！」女孩一下子什麼都明白了。

在職業隊受到良好系統的實戰訓練後，女孩充滿信心，她很快便脫穎而出。最終獲得二十世紀世界最佳女子足球運動員的頭銜。

後來，女孩講述這段往事時，感慨地說：「一個人在人生低谷中徘徊，感覺自己堅持不下去的時候，其實就是黎明的前夜。只要有顆執著的心，前面等你的就會是一道亮麗的彩虹。」

　　無獨有偶，還有一個與之類似的故事：

　　國際影星席維斯史特龍（Sylvester Stallone），在沒有成名前窮困潦倒。當時他身上的現金只有一百美元，唯一的財產就是一部很破舊的車，而他就睡在車裡。

　　史特龍的理想是當演員，於是他自信地跑到紐約的電影公司去應徵，卻因外貌不出眾以及說話咬字不清晰而遭到拒絕。紐約五百多家電影公司沒有一家願意錄取他，但是，他並沒有灰心。他又重新把這五百家公司走了一遍，可是仍然沒有人接納他。

　　史特龍堅持著自己的信念，將一千多次的拒絕當做經驗，鼓舞自己重新開始，同時還向對方推薦自己寫的劇本。

　　在他總共經歷了一千八百八十五次殘酷的拒絕，無數的冷嘲熱諷後，終於有一家電影公司願意採用他的劇本，並聘請他擔任劇中的男主角。

　　這部影片叫《洛基》，從此之後，他的每一部電影都很出色，他也終於成了片酬超過千萬美元的國際影星。

　　成功者的經驗沒有別的，就是選擇了目標之後的勇往直前，就是一生矢志不渝執著追求。所有失敗的人，都是淺嘗輒止、半途而廢的人。如果堅持到底，失敗只會是你成功道路上的一小段插曲而已。許多成功人士在回顧過去時都承認，如果在「放棄」的誘惑面前低頭認輸了，就會徹底失去成功的機會。

成功需要能幹，更要會表現

　　成功的路很多，但是僅有腳踏實地還是遠遠不夠的。成功不僅需要能幹、會做事，更重要的是還要會表現。

　　一個女人從一所知名大學畢業後，她放當公務員的機會，進入了一家知

名的私人企業去工作。她認為公司的辦事效率比公務員高，沒有那麼多的框架規矩，更容易施展自己的才華。

幾年過去了，她一直很努力地工作，但是她並沒有多好的發展，於是有些心灰意冷，準備離開。走之前，她去向一直對她還不錯的副總裁告別。

她對副總裁提出了一些工作建議，和一些必須要改善的機制、改革等等。這位副總裁聽了她的意見之後大驚：「這些正是公司的問題，既然妳早就發現了，為什麼妳一直都沒有說呢？妳看到了公司的各種漏洞，為何不上報並拿出具體的改革措施？妳現在走等於承認自己沒有發展的本事，並不能證明妳確實有才華，是公司沒有發現妳。如果妳真心想走，就把妳的改革方案拿出來，看看總裁會不會執行，如果他不肯採納妳的建議，妳再走不遲。」

這個女人接受了副總裁的挽留，她想反正幾年都待了，也不差這麼幾天，就決定再做一個月。於是她在這一個月內寫出了六十多頁的資料，不但分析了公司的行政管理、銷售管理，就連公司的組織結構也分析得很透徹，並且拿出了改革的具體實施方案。她在報告裡用了一些尖銳的語言，一針見血地分析了公司出現的種種問題。

以後的一週裡，她一直過得很平靜，因為她終於按自己的設想規劃了公司的發展。又是一週過去了，她以為自己真的沒必要再留下去了。就在這時，總裁親自打來電話，約她面談。

總裁非常感激她能提出一套改革方案，並設身處地為公司著想，也很後悔這幾年就沒發現她這個大人才，於是任命她為公司執行副總，讓她就按照她的報告來實施改革方案。最後還沒忘記告誡她：「妳更需要表現勇氣！」

這個女人確實雷厲風行，經過半年的大調整，公司呈現出一派欣欣向榮的景象。隨著公司的日益壯大，她的薪水也在不斷提高，更重要的是，她明白了該怎麼做工作，這讓她很有成就感。

機會是要去爭取的，若想脫穎而出，除了努力工作外，還必須懂得展示自己的能力，才能夠主動給自己創造機會。

第九章

　　還有一個女人在一家外商公司工作已經將近三年了，但一直沒有很好的機會，所以至今仍是財務科的一名普通科員。

　　她不甘心一直這樣平庸下去。她仔細分析了一下公司的情況，她想到科長不是本地人，來這個城市工作三年了，也沒把家屬接過來，那他肯定會找機會調走。她這麼想著想著，就開始興奮起來，如果科長不知哪天忽然一走，那這不就是一個絕好的機會嗎？

　　於是，她決定從現在就開始努力，這次一定要抓住這個機會。她主動請纓，把一筆多年的帳攬了下來，那可是一筆很大的數目。因為對方這麼多年效益不好，他們公司先後多次去催帳總沒效果，慢慢也就放了下來。

　　她發揮了女性的優勢，直接住到了要帳的那個城市，每天去「死纏爛打」。當她在那個城市住到第三個月時，那個公司的總裁終於被她纏累了，就大筆一揮，把三千萬還了。這一下她成了公司的名人，討論她的業績幾乎成了同事聊天的主題。當然，半年後，不出她的所料，科長升遷調走，她順理成章地成了接班人。

敢做比會做更重要

　　與其不戰而敗，不如嘗試了再失敗，不戰而降是一種極端怯懦的行為。想要在事業上有所成就，就必須具備堅強的毅力，以及「拚著失敗也要試試看」的勇氣和膽略。

　　一旦有了開創事業的想法，最重要的是還要有為之行動的勇氣。只有付諸行動，為目標的實現去努力奮鬥，不畏困難和挫折，具有不成功絕不罷休的勇氣，才能靠近目標，實現目標。

　　生活中很多人不是沒有能力，而是沒有豁出去的勇氣。在做一件事前，總是瞻前顧後，猶豫不決，怕挫折，怕失敗。不逼到萬不得已、沒路可走

時，絕不會向前邁一步。他們不相信自己的能力，在他們的心目中，成功好像只是別人的事，與自己無關。他們有過人的才華，但就是膽怯猶豫，優柔寡斷，雖滿腹經綸，卻怯於表現，只有坐在家中怨天尤人，慨嘆沒有人生機遇，抱怨命運的不公。這樣的人，永遠不會取得事業的成功。

一個女人以前在一家服裝工廠工作，後來因為兒子上大學家裡經濟拮据，就想出來自己當老闆。當她辭掉工作，籌備好資金時，卻發現自己沒有再向前邁進的勇氣了。因為她想萬一自己經營不善，那自己這幾年辛辛苦苦賺來的錢不就全掉進水裡了？兒子還怎麼讀大學？自己還要租房、繳稅、批貨銷售等等，她越想越覺得自己勝任不了，開始後悔自己太莽撞了，怎麼就先辭掉了工作呢？

她的一個朋友聽了她的顧慮後說：「嗨呀，這點小事妳都害怕，那是因為妳沒有做過，妳這麼聰明能幹，如果三個月下來，妳還害怕才怪。恐怕到時妳早忙著數錢呢。」一席話，又讓女人鼓起了勇氣。說得也是，自己並不比別人差，就把店鋪租下來，開始大展身手。一年以後，她已開了三家自己的連鎖店。

後來，她在談起初創業的勇氣時說：「成功的開始是一種選擇，選擇是需要勇氣的，要有放棄的勇氣，你得放棄已有東西，包括習慣和顧慮。後來我開連鎖店的時候，一點顧慮也沒有了，因為我知道，想了而不做等於沒想，敢做有時候比會做更重要。」

是啊，一個人只有具備了打拚的勇氣，才能在前進的道路上勇於冒險，勇於打拚。如果我們一開始連戰勝、實現目標路上困難的勇氣都沒有，就沒辦法談成功，談失敗。害怕失敗就永遠不能成功。所以不要懼怕成功路上的失敗，成功總是喜歡膽大心細的人，總是青睞耐心持久的人。只要你去勇敢地做了，你堅持了，生活就會給你回報。

第九章

給自己一片懸崖

> 面臨後無退路的境地，人才會集中精力奮勇向前，從生活中爭得
> 屬於自己的位置。如果覺得自己太安於現狀了，又想有點成就，
> 那麼不如把自己逼到絕路。也許，你的人生會有很大的轉機。

一位留學生剛到澳洲的時候，為了尋找一份能夠糊口的工作，他騎著一輛腳踏車沿著環澳公路走了數日，替人放羊、割草、收莊稼、洗碗……只要給一口飯吃，他就會暫且停下疲憊的腳步。一天，在唐人街一家中餐廳打工的他，看見報紙上刊出了澳洲電訊公司的徵人啟事。留學生擔心自己英文不標準，專業能力不足，他就選擇了線路監控員的職位去應徵。過五關斬六將，眼看他就要得到那年薪十八萬的職位了，卻不想面試主管卻出人意料地問他：「你有車嗎？你會開車嗎？我們這份工作要時常外出，沒有車寸步難行。」澳洲人普遍擁有轎車，無車者寥若晨星，可這位留學生初來乍到，暫時屬於無車族。為了爭取這個極具誘惑力的工作，他不假思索地回答：「有！會！」

「四天後，開著你的車來上班。」主管說。

四天之內要買車、學車談何容易，但為了生存，留學生豁出去了。他從朋友那裡借了五百澳元，從舊車市場買了一輛外表醜陋的「金龜車」。第一天，他跟朋友學簡單的駕駛技巧；第二天，在朋友屋後的那塊大草坪上摸索練習；第三天，歪歪斜斜地開車上了公路；第四天，他居然駕車去公司報到。時至今日，他已是「澳洲電訊」的業務主管了。

這位留學生的專業知識水準如何我無從知道，但我確實佩服他的膽識。如果他當初畏首畏尾地不敢向自己挑戰，絕不會有今天的輝煌。那一刻，他毅然地斬斷了自己的退路，讓自己置身於命運的懸崖絕壁之上。

成功需要你再努力一點點

> 每個人都嘗過失敗的苦澀滋味，但並不是每一個人都能等到成功
> 的那一天。因為你心靈的底層總是害怕失敗。你連嘗試一次的勇
> 氣都沒有，成功怎麼會青睞你呢？所以，當你失敗了九十九次，
> 請你做到第兩百次嘗試；而假如你已經失敗一百次，那就請開始
> 第兩百零一次的努力。

有位男子愛上了一位美麗的女孩。他壯著膽子寫了一封求愛信給女孩。沒幾天她回了一封奇怪的信給他。這封信的封面上署有女孩的名字，可信封內卻空無一物。男子感到奇怪：如果是接受，那就明確說出；如果不接受，也可以明確說出，幹嘛回這種信？

男子鼓足勇氣，日復一日地寫信給女孩，而女孩照樣寄來一封又一封的無字信。一年之後，男子寄出了整整九十九封信，也收到了九十九封回信。男子拆開前九十八封回信，全是空信封。到第九十九封回信時，男子沒有拆開它，他不再抱任何希望，心灰意冷地把那封回信放在一個精緻的木匣中，從此不再寫信給女孩。

兩年後，男子和另外一位女孩結婚了。新婚不久，妻子在一次打掃家裡時，偶然翻出了木匣中的那封信，好奇地拆開一看，裡面的信紙上寫著：已做好了嫁衣，在你的第一百封信來的時候，我就做你的新娘。

當夜，已為人夫的男子爬上摩天大廈的樓頂，手捧著九十九封回信，望著萬家燈火的美麗城市，不禁潸然淚下。

有時候，成功並沒有看起來那麼遙遠，你只需要再堅持一下，就到岸了。

第九章

第十章

愛是奉獻

> 愛是人類最美的感情，愛能夠創造奇蹟。只有肯奉獻愛的人，才能得到真正的愛。

很久以前，在衣索比亞鄉村，有一位婦女為她丈夫煩惱，因為她的丈夫不再喜歡她了，而她又很愛自己的丈夫，又不知道丈夫不喜歡她的原因。

於是，這個女人跑到當地一個女巫那裡講述了她的苦惱，著急地問這個女巫：「妳能否給我一些魅力，讓我丈夫重新覺得我可愛呢？」

女巫想了一會兒回答道：「我能幫助妳，但在我告訴妳祕訣前，妳必須從活獅子身上拔下三根毛給我。」

女巫要獅子毛做什麼呢？女人雖然不明白其中的緣故，但為了自己婚姻的幸福，還是感謝了女巫，並準備付諸行動。

她走到離家不遠的地方時，在一塊石頭上坐了下來。「我怎麼能拔下獅子身上的毛呢？」她想起確實有一頭獅子常常來村裡，可牠那麼凶猛，吼叫聲那麼嚇人。她想了半天，終於想出了一個辦法。

第二天，她一大早就起床了，牽了隻小羊去那頭獅子經常來溜達的地方。她焦急地等啊等啊，獅子終於出現了。

她把小羊放在獅子經過的小道上，便回家了。以後每天早晨，她都要牽一隻小羊給獅子。不久，這頭獅子便認識了她，因為她總在同一時間，同一地點放一隻溫馴的羊在牠經過的道上，以討牠的喜歡。她確實是一個溫柔、殷勤的女人。

不久，獅子一見到她便開始向她輕聲吼叫，大概是打招呼吧，還走近她，讓她敲敲牠的頭，摸摸牠的背。每天，這個女人都會靜靜地站在那兒，輕輕地撫摸牠，獅子也樂意與她接觸。女人知道獅子已完全信任她了，於是，有一天，她細心地從獅子的身上拔了三根毛，並興奮地把它們拿到女巫的住處。

女巫驚奇地問她：「妳用什麼絕招弄到的？」

女人便講了她如何耐心地得到這三根獅毛的經過。

女巫笑了，說：「現在我可以告訴妳讓妳的丈夫重新覺得妳可愛的祕訣了，那就是：以妳馴服獅子的辦法去對待妳的丈夫！」

女巫的話真管用！後來，那女人的丈夫真的又和從前一樣喜歡這個曾經拔過獅子毛的女人了。

沒有完美的愛情，也沒有完美的愛人

生命中可能會遇到很多遺憾，其實不用傷心難過，或者千方百計去彌補。缺憾有時候是另一種圓滿。愛情如此，婚姻亦如此。

《尚書大傳・卷二・大誓》：「愛人者，兼其屋上之烏。」意思是說，因為愛一個人而連帶愛他屋上的烏鴉，比喻愛一個人而連帶地關心到與他有關的人或物。愛一個人，就要愛他的全部，因為你們要朝夕相處，如果連彼此的一點缺點都不能容忍，那麼愛情或者婚姻，都是不會幸福的。

一個女人，丈夫是一個名流政要的祕書，有名的作家，郎才女貌。後來，丈夫升官了，她也當母親了。一個大學同學偶爾在街上遇見她，濃淡適宜的妝容，氣質優雅極了，直覺她真是一個幸福的女人。同學向她打趣，有愛情的滋潤，女人的美麗就是不一樣，她只是淡淡一笑，平靜之中似乎有些憂傷。她說：「婚姻如鞋，合不合腳只有自己知道。」「妳那雙優質的婚姻鞋難道不合腳嗎？」同學反問。

她的話匣子打開了，也許是平時她少有傾心訴說的機會，此時，她歷數丈夫的種種陋習：喝酒、抽菸、應酬多、早出晚歸……讓她慢慢地受不了，她是個很敏感的女人，很在乎自己的感受，天長日久，灰色情緒漸漸堆積，離婚的心情都有了。

沉默了半晌，同學問她：「妳愛妳的丈夫嗎？」這是廢話，從她的表情就應該看得出來，她正是因為太愛、太在乎，所以才會有失望。

「妳丈夫愛妳嗎？」這也是廢話，她不可能與一個不愛自己的人在一起生活。

同學笑著對她說：「其實妳的鞋子還是很合腳的，只不過鞋子裡有幾粒沙子而已。」

她是個聰明的女人，她明白了對方說的意思。她笑著說：「那沙子挺磨腳的，要想辦法把它們拿出來才好。」

這世上有很多人說鞋子不合腳，其實未必就是鞋子有問題，可能是鞋中之沙造成了一種不合腳的錯覺，因為幾顆沙粒而放棄整雙鞋子，那可是太愚蠢了。

完美是一種理想狀態，因為世上的任何事物都不可能沒有瑕疵的存在，記住，絕對的完美是不存在的。但從另一個角度說，完美的東西是存在的，它存在於人的心裡，只有寬容、樂觀、知足的人，才會得到完美的收穫。

包容是互相的

> 永恆的愛需要彼此的包容與付出。生活中的爭吵和責怪，是謀殺
> 愛情的刺客。

如果一面臨矛盾就彼此埋怨，這種缺乏寬容的愛是不會長久的。寬容是一種品性修養，是良好心理的外在表現。至於外界的流言蜚語，會在雙方的誠信中將其化為烏有。只有寬容的愛，才是持久的愛。

那時，她和他是熱戀的情侶。

他大她三歲，他並不是每天都會來找她，但電話每晚臨睡前都會響起，說一些天冷了，記得加衣服，晚上別在被窩裡看書的話。

所有的人都知道她有一個甘願為她付出的男友。

她嘴裡不說，心裡卻是得意的。他長相俊朗，才氣逼人，是不少女孩暗戀的對象，這樣的一個人，卻獨獨對她用情至深。

每次他們吵架，他生氣走開，但最後回頭的總是他。他說：「丫頭，我們和好吧。」後來他們在一起生活了，她是玲瓏剔透的女孩，生活的瑣碎讓她不勝其煩，他主動承擔了大部分的家事，照顧她，一如既往地寵著她。

但她卻覺得，他開始干預她的生活了。某次她下班和同事喝酒，深夜才回去，他大為震怒，當夜睡到了另一個房間。

他們的爭吵不斷，但每次都是他轉身說對不起。雖然她覺得等待他轉身的時間越來越長。後來有一次，他們為一件小事爭吵後，他走出了她的房間。

一天，兩天，三天，她等著他轉身。

一個星期後，她耐不住這種等待的痛苦，決定到外地待幾天。她想，當她回來的時候，一切都會煙消雲散了。

當她回來時，她驚訝地發現，房間裡已經沒有了他的痕跡。他已辭職，去了外地。

她沒有想到他會採取這種決絕的方式。她知道自己是深愛著他的，那麼多的爭吵都是因為自己任性，不懂得珍惜。而他，不是一直包容著她，扮演著感情的天使嗎？

很久以後，她把這件痛心的往事講給朋友聽。朋友聽了，突然說：「為什麼妳不轉身呢？」

那一剎那，她淚流滿面，多麼簡單的一句話，可是當初為什麼她沒有轉身呢？

又有兩個人決定離婚。他們之間沒有什麼大矛盾，但他們經常是一點小事都要吵幾天。男人賭氣搬進了公司宿舍，只留女人守著空蕩蕩的家。

晚上，女人打開電腦，忽然收到一封丈夫發來的郵件。沒有多餘的話，只是敘述他剛剛看到的一段生活場景。

「公司所在的那條街上有一對夫妻。丈夫是個孤兒，從小靠撿破爛為生；妻子是個精神病患，平時還好，發作起來就想往外面跑。這天，我看到那個丈夫在街上往回拉自己的妻子。妻子往外用力，丈夫往裡用力。他倆沒有任何爭吵，妻子的臉上可見精神病人常有的瘋癲表情，而丈夫的臉上沒有任何無奈與煩躁，神情坦然。」

先生繼續在郵件中寫道：「我看到他們在街上來回拉著，兩個人都在用力，路邊的人一如既往地大笑著，可是我的淚落了下來。親愛的，連一件像樣的衣服都沒有，連吃一頓像樣的飯都成問題的夫妻之間，尚有一個清醒的人懂得守住夫妻之道，不離不棄地走過來，而我們生活無憂、神志健全的人為什麼反而做不到呢？」

先生最後寫道：「寶貝，我愛妳。」

來不及關上電腦，太太披上衣服，流著淚往外跑。她只想用最快的速度，實實在在地擁住她最愛的人。

學會包容你愛的人，包容你們的婚姻。如果你真的愛他，無論何時，好好地對他說一句「我愛你」。

婚姻的第一則箴言：互相寬容。無論多相愛的夫妻也總有不和的時候，唯有互相寬容，才能將這些不和抹平，把婚姻的未來變得甜甜蜜蜜。

夫妻之間最重要的基礎是寬容、尊重、信任和真誠。即使對方做錯了什麼，只要心是真誠的，就應該重過程、動機而輕結果，這樣才能有家庭的和睦，夫妻的恩愛。寬容是善待婚姻的最好的方式，充分理解對方的行事做法，不苛求不責怨，如此，必然給對方以愛的源泉，婚姻一定如童話般妙趣橫生，和美幸福。愛是一門藝術，寬容是愛的精髓。

早一點放棄，多一點幸福

放棄不屬於自己的感情，就不會陷入自責的泥淖，而收獲一

份寧靜。

雯菲和他相愛的時候，並不知道他還有一個二十二歲的小鳥依人的未婚妻，她只知道當她說要和他結婚時，他猶豫了一下，但還是答應了。

他喜歡雯菲的成熟穩重，以及精明能幹，在他為工作憂心時，她總能適時地給他幫助和鼓勵。而那個年輕的小未婚妻柳兒，除了要他不斷的照顧和關心外，什麼都不能給他，連一句問候都不會。其實，他最初是很愛柳兒的，她的活潑，她的俏皮，她的可愛，但很多時候他感覺不到柳兒的愛，他甚至懷疑一個連最簡單的關心都不會表達的女子懂得什麼是愛嗎？於是，他向柳兒提出了分手，他沒想到，柔弱的柳兒死也不願意分手。

柳兒找到雯菲的時候，滿臉的蒼白和憔悴，她哭著說：「求求妳，放手吧，我已經有了他的孩子，我需要他啊，求求妳離開他吧。」雯菲看著柳兒，很想答應她，可是已經到手的幸福，有哪個女人肯拱手相讓呢？而且他也選擇了自己啊！雯菲殘忍地拒絕了柳兒。

雯菲更加焦急地催促著他，怕他的心意突然轉變。他也答應她會盡快。

那天接到他電話的時候已是深夜，「妳為什麼沒告訴我柳兒去找過妳，沒告訴我她懷了我的孩子？她由於傷心過度，暈倒了，現在在醫院搶救，醫生說孩子肯定保不住了……」

他的語氣悲傷，還有隱隱的責備，雯菲一陣一陣的心痛，趕到醫院的時候，看到柳兒蒼白著臉躺在病床上，他紅著眼睛握著柳兒的手，滿臉的內疚和自責。她很想幫他理一下額前的頭髮，抬起手卻無力伸過去，深深地看著他，說「好好對她」，接著轉身離開。

雯菲離開了這座城市，沒有再去愛誰，她想如果當初自己早點放手，就不會讓他和柳兒痛苦，不會傷害一個無辜的生命，也不會讓自己自責了。

感情沒有對錯，只是，早在雯菲知道他有未婚妻的時候，她就應該明白這份感情原本就不屬於她，可她卻貪心地不肯放手，最終釀成了三個人的

悲劇。如果她早一點放手，也不會讓深愛的男人痛苦，不會讓另一個女人傷心，不會讓他們失去孩子，更不會讓自己至今無法從自責中解脫。雖然失去了自己最愛的人，但至少，會快樂一點，也會有幸福。

遺憾也是種美麗

> 掌控自己所擁有的，坦然地放棄該放棄的。感情的事情每個人都
> 渴望完美，但遺憾的傷感也未必不是一種幸福。

小天和甜甜是大學同學，小天靦腆內向，但那時候甜甜卻暗戀著小天，出於女孩的羞澀，並沒有對他表白。畢業後，小天雄心勃勃地闖蕩世界去了。甜甜則留在了那個城市，後來經人介紹，和現在的他成為情侶，慢慢地，兩個人已經準備結婚了。

有一天，甜甜突然接到了小天的電話，說他春節準備回家，希望能夠見到她。甜甜內心有著一絲傷感和雀躍。

春節期間，小天真的回來了，邀請甜甜去喝咖啡。在外闖蕩了兩年多的小天，比過去活躍多了，話也說得好聽。整個晚上，甜甜的話很少，幾乎都在聽小天講。甜甜突然有些害怕小天的熱情。

當小天知道甜甜準備春節後結婚時，情緒一下子低落下去，良久才抬眼看甜甜：「這麼說，我是沒有機會了？」

甜甜一下子慌亂了，她不知道該如何回答他。

小天嘆了一口氣：「也許妳不會相信，幾年前，還是在大學時我就喜歡妳。儘管我們很少交談，甚至沒相互看過一眼，但我喜歡妳的清純與活潑，喜歡妳一頭美麗飄逸的長髮，也喜歡妳與眾不同的性格。」

小天的話讓甜甜很感動。她也始終暗戀著他，卻沒機會向他袒露。然而，生命中注定他們必會錯過，現在甜甜已即將為人妻子。甜甜不想傷害那

雖不懂得浪漫但對自己溫柔體貼的男友。

小天不再說話，只是低頭沉思著。那晚他們默默地分手了。小天走後，有種說不出的失落與空虛纏繞著甜甜，讓她莫名其妙地想哭。

一個星期後，小天告訴甜甜他要走，想再見見她。甜甜毫不猶豫地答應了，她甚至懷疑自己心裡仍然喜歡著小天。她認真地選了一套衣服，簡單地紮了個馬尾，她清楚自己這樣做只是為了給小天看，因為小天說過喜歡她這樣。

讓甜甜更意外的是，小天穿的竟是大學裡常愛穿的寬鬆的夾克衫。整整一天，甜甜都沉浸在一種幸福裡，神思恍惚。他們像戀愛很久的情人一樣，即使相擁相偎也那麼自然諧調。甜甜甚至為自己後悔 —— 當初沒有向小天表白，才錯過了今生的緣分。

火車還有十分鐘就開了，小天擁著甜甜，最後一次求甜甜能夠和他一起走。甜甜並沒有答應，她費了最大的努力與掙扎後才說：「小天，放棄我吧，我們做個永遠的朋友，為今天的重逢與離別！」說完這句，甜甜的眼淚再也止不住流了出來。

小天低低地說：「謝謝妳，我已經知道妳曾經愛過我，做個朋友也好。」說完他轉身上了火車，隨著漸漸遠去的車輪聲，甜甜有過的感情也被碾成碎片，但她不後悔，她相信她的幸福就在未婚夫的手裡。

相信甜甜在以後的歲月裡會想起她和小天的這段相遇，想起那天的笑容和淚水，會遺憾，也會幸福。生命給了我們無盡的快樂，也給了我們無盡的悲哀。淡然放棄，固守自己的擁有，遺憾也是美麗，傷感也是幸福。

別錯過真愛你的人

在愛情的世界裡，征服了多少異性從來不是勝利的標準。感情的贏家，是那些最終找到自己的真愛和真愛自己的人。

第十章

　　他是一個情場浪子，多金也多情，他愛說的話是：人來這個世界走一遭，就該多愛幾個人，不為誰停留。因為工作的要求，他一年中有大部分時間都在各個城市間漂泊，所以他也習慣在每個停留過的城市找些女子打發時間，非常符合他的戀愛邏輯。

　　那年，他在一座很小的城市，認識了一個外表普通性格溫柔的女子，在他即將離開的時候，他欺騙她，像欺騙他以前有過的女人一樣說：「妳是我最愛的人，但是我工作太忙，等我不忙的時候一定來娶妳。」他知道，女人都不是傻瓜，一般不會等他，最多就是大吵大鬧之後，拿些錢財來平息怨恨。

　　可是這個溫柔的女子卻默默地凝視著他，低聲而固執地說：「給我你襯衫上的第二顆鈕釦。」他驚訝她要求的卑微和奇怪，但是，他還是剪下第二顆鈕釦，並且將一條鉑金項鍊一起交到她的手心。

　　她接過鈕釦，卻輕輕推開了那條項鍊，說：「以後要自己保重身體。」他回頭，看到她滿臉淚水，她是知道的，他這一去便不會再回來。他因此更加不明白，為何她只要他的一顆普通鈕釦。

　　他依舊繼續著自己的生活，愛上各式各樣的女子，又離開她們，分手的時候每個女人都會提出各式各樣的要求：有的要房子，有的要車子，有的要舒適的工作，然後，在他離去之前就轉身。再也不曾有哪個女子要他襯衫上的第二顆鈕釦，也沒有哪個女子為他哭泣。於是，他總會在這個時候想起那個默默的凝視和滿是淚水的臉。

　　有一回，他讀中學的姪女來他家玩，見到了他丟棄在角落裡的那件缺了第二顆鈕釦的襯衫，像發現了祕密一般說：「叔叔，誰是你的心上人？」他詫異。姪女說：「第二顆鈕釦是送給情人的最好禮物，因為它占據胸口的位置。」

　　當天，他快馬加鞭來到了他以為自己永遠不會再來的小城市，叩響她的門，見到穿著睡衣的她脖子上掛著一根紅繩，墜子就是那顆鈕釦。

　　沒有人知道，已經三十多歲的他，原來也是渴望被人愛的，這個把他的鈕釦繫在脖子上貼在身體上的女子，讓他明白了什麼是真正的愛，他漂泊的

心終於找到了停泊的港灣。

在愛情裡，從來不是以你征服了多少的異性為勝利的標準，也不是以你經由愛情得到了哪些物質利益來詮釋幸福的。真正幸福的人們，是茫茫人海裡，有一個人，純粹地愛你，無怨無悔無要求地把你放在胸口的位置。只是，能懂得並且擁有這樣的幸福的人很少很少，所以，如果你遇到了，請記得一定要珍惜。

尋找真正的愛並為之付出

> 愛到底是什麼？愛，其實不是說你付出了多少，要得到多少。
> 愛不是計較來的，而是心裡時時刻刻裝著一個人，能讓你的心
> 充實、溫暖。真正的愛在自己心間，珍惜自己的愛，為愛去做
> 一些事。

有一位王先生，娶了一位漂亮的妻子。見過他夫人的人，十有八九說他有豔福。王先生只是咧著嘴笑。

大家為什麼這樣說呢？見過王先生的人都知道，年齡四十多歲，身高不到一百五，禿頭塌鼻梁。他的愛人呢？一百六十五公分，窈窕白淨，一雙大眼睛會說話。如果不是他們手挽手在一起，並稱他們是一家人，誰也不會想到他們是一對。頂多猜個少婦嫁有錢人。可王先生的氣質又不像有錢人。

在一次聚會上，一位剛認識的朋友忍不住問起了他們的情況。王先生就坦誠地和他聊了一下自己的婚姻情況，他說：「很多人都說我有豔福，這是好聽的，在外面我聽到的盡是『鮮花插在牛糞上』，還有的說我太太某方面肯定有毛病，要不怎麼會嫁這樣的老公！像這樣不好聽的話，多著呢！遺憾的是，沒人想，我們之間還有沒有其他能在一起的原因。」

「單從外表上，的確我們倆人不相配。我太太也說，她要是找，肯定能

找一個不論長相、地位、金錢等等都強過我若干倍的男人。不過，結婚十幾年，她越來越覺得我就是她心目中的『白馬王子』。我曾問她為什麼這麼說，她解釋說，她和我在一起，我讓她感覺是世上最好的女人。」

朋友便問：「你是怎樣讓她有這種感覺的呢？能否透露一下？」

王先生接著說：「我當年找對象時，就一個信念，別看我長得不好看，但我要找一個漂亮的。不僅我看著漂亮，還得讓周圍人也覺得強我若干倍。碰上她後，我告誡自己，選擇了東，就意味著放棄了西。我不管她對我怎樣，我一定要對她好。比如，她愛逛服飾店，我只要有空，就陪她，有時她不提，我還主動提出陪她出去逛逛。她注重髮型，我就特別為她去看一些最新的設計，親自給她當參謀。有一次她隨便說了一句，工作證上的證件照很不好看，第二天我打聽好照相館特別陪她去，重新照張滿意的。她說，我只是隨便說說而已，沒想到你還真放在心上了。」

「總之，生活中，我時不時地給她一些意外的驚喜！有人說我『太累』、『軟骨頭』、『窩囊廢』，甚至有人說我『給男人丟臉』。我都不管，我覺得我的婚姻美滿。我覺得，說我的那些人，站著說話不腰疼。又想找美人，又想當大丈夫，婚姻不是墳墓是什麼？」

一位醫生講述了這個故事：

那是一個忙碌的早晨，大約八點半，醫院來了一位老人，看上去八十多歲，是來給拇指拆線的。他急切地對我說，九點鐘他有一個重要的約會，希望我能幫忙一下。

我先請老人坐下，看了看他的病例，心想，如果按照病例，老人應去找另外一位醫生拆線，但至少得等一個小時。出於對老人的尊重，正好我當時又有一點閒置時間，我就來為老人拆線。

我拆開紗布，檢查了一下老人手的傷勢，知道傷基本上已經痊癒，便小心翼翼地為老人拆下縫線，並為他敷上一些防止感染的藥。

在治療過程中，我和老人攀談了幾句。我問他是否已經和該為他拆線的

醫生約定了時間，老人說沒有，他知道那位醫生九點半以後才上班。我好奇地問：「那你還來這麼早幹什麼呢？」老人不好意思地笑道：「我要在九點鐘到康復室和我的妻子共進早餐。」

這一定是一對恩愛老夫妻，我心裡猜想，話題便轉到老人妻子的健康上。老人告訴我，妻子已在康復室待了相當長一段時間，她患了老年痴呆症。談話間，我已經為老人包紮完畢。我問道：「如果你去晚了，你妻子是否會生氣？」老人解釋說：「那倒不會，至少在五年前，她就已經不知道我是誰了。」

我感到非常驚訝：「五年前就已經不認識你了？你每天早上還堅持和她一起吃早飯，甚至還不願意遲到一分鐘？」

老人慈善地笑了笑說：「是啊，每天早上九點鐘與我的妻子共進早餐，是我每天最重要的一次約會，我怎麼能失約呢？」

「可是她什麼都不知道了啊！」我脫口而出。

老人再次笑了，笑得有點甜蜜，彷彿又回到了幾十年前兩人恩愛無比的甜蜜日子裡，老人一字一句地對我說：「她的確已經不知道我是誰了，但是，我卻清楚地知道她是誰啊！」

用細節打動你的愛人

生活是由無數瑣碎的事構成的，所以細節最能打動人心。婚姻如此，愛情亦如此。

一個女人結婚了，朋友們都非常驚訝，不是因為她唐突，而是因為她終於下決心與她熱戀了兩年多的男朋友結婚。

她以前受過傷害，大家都知道那個男孩子，當初與她也愛得**轟轟烈烈**，但已經到談婚論嫁時，男孩子卻突然離她而去，給她打擊不小。所以儘管她

與後來的男朋友關係非同一般，但卻不敢輕言「結婚」兩字。男朋友也一直默默地關愛著她，隻字不提那兩個字。

這次，男朋友外地去進貨，到了那裡才發現貨物價格上漲不少，帶去的錢不夠。男朋友打電話回來叫她匯錢過去。他的存摺就留在她這裡，但他卻沒有告訴她存摺的密碼。也許是忘了，也許是他以為她本來就知道，因為他好多次取錢存錢都是與她一起去的，她應該知道密碼。其實那密碼也無非是他們的生日組合：他是一九六九年五月六日，她是一九七二年二月八日。

與她一起去的朋友在銀行門口等她，她在櫃檯前填了單子，銀行小姐叫她輸密碼時她才想起來自己忘了問男朋友，但事已至此，她隱約記得密碼與生日有關，便輸了六九五六。那是男朋友的出生年月，電腦提示她輸錯了，她又輸了六九七二，又錯了。銀行小姐看了她一眼，她開始不自在，想了一下又輸了五六二八，結果還是錯了。銀行小姐用懷疑的眼光盯著她，她不敢再輸號碼了。在門口等她的朋友走了過來，問了幾句之後，輸了二八五六，結果密碼對了。

在銀行門口，她問朋友怎麼知道的，朋友認真地對她說：「他如此的愛妳，做什麼事情肯定都會先想到妳，然後才是他自己，設密碼也會如此，首先想到妳的生日……」

她匯了錢給他之後又打了電話，電話末了，她輕輕地對他說：「回來之後，我們結婚吧……」

愛一個人，最重要的也許不是山盟海誓和甜言蜜語，生活中的一些細節也許更能展現他對你的用情，那才是愛的密碼。

珍惜所愛，不要隨意丟棄

年輕時，往往不知道自己的愛在哪裡，有了愛，總覺得自己年輕，似乎還可以得到更好的愛，所以總是不懂得珍惜，把輕而易

舉得到的愛隨便丟棄，等到那份愛真的走了，卻又開始後悔。所以，珍惜你現在的愛，不要等到失去再後悔，因為愛不會重來。

日本作家村上春樹寫了一個故事：有一個少年和一個少女，少年十八歲，少女十六歲。少年並不怎麼英俊，少女也不怎麼漂亮，是任何地方都有的孤獨而平凡的少年和少女。不過他們都堅決地相信，在這世界上的某個地方，一定有一位百分百跟自己相配的少女和少年。有一天，兩個人在街角偶然遇見了。

「好奇怪呀！我一直都在找妳，也許妳不會相信，不過妳對我來說，正是百分百的女孩子呢。」少年對少女說。

少女對少年說：「你對我來說才正是百分百的男孩子呢，一切的一切都跟我想像的一模一樣，簡直像在做夢嘛！」

兩個人在公園的長椅上坐下，好像有永遠談不完的話，一直談下去，兩個人再也不孤獨了。追求百分百的對象，被百分百的對象追求，是一件多麼美妙的事呀！可是兩個人心裡，卻閃現一點點的疑慮，就那麼一點點，夢想就這麼簡單地實現，是不是一件好事呢？

談話中斷的時候，少年這麼說道：「讓我們再試一次看看。如果我們兩個真的是百分百的情侶的話，將來一定還會在某個地方再相遇，而且下次見面的時候，如果互相還覺得對方是百分百的話，那麼我們馬上就結婚，妳看怎麼樣？」

「好哇。」少女說。於是兩個人就分手了。

其實說真的，實在沒有任何需要考驗的地方。因為他們是名副其實的情侶。而且命運的波濤總是要捉弄有情人的。有一年冬天，兩個人都得了那年流行的惡性流行性感冒，好幾個星期都一直在生死邊緣掙扎，往日的記憶已經完全喪失。不過因為兩個人都是聰明有耐心的少年和少女，因此努力再努力的結果，總算又獲得了新的知識和感情，並且順利地重回社會，而且也經

歷了百分之七十五的戀愛，或百分之八十五的戀愛。就這樣少年長成三十二歲，少女也有三十歲了，時光以驚人的速度流逝而過。

在一個四月的晴朗早晨，少年為了喝一杯咖啡，而走在一條巷子裡，由東向西走去，兩個人在巷子正中央擦肩而過，失去的記憶的微弱之光，瞬間在兩人心中一閃。

她對我來說，正是百分百的女孩呀！

他對我而言，真是百分百的男孩呀！

可是他們的記憶之光實在太微弱了，他們的聲音也不再像十四年前那麼清澈了，兩個人一語不發地擦肩而過，就這樣消失到人群裡去了。你不覺得很悲哀嗎？

經常，有單身的人顧影自憐，恨沒有一個人能讀懂自己。然而看看他的周圍不乏追求者。他不是沒有人愛，只是眼光太高，只是習慣了將愛扔掉，等愛走遠了，後悔都來不及。婚姻中也是這樣，當愛人走遠，才發現自己真的愛他。愛要好好珍惜，要你真心對待，不能隨意扔掉。

不要為瞬間的激情迷了雙眼

找到愛人之後，難免會再碰到出色的異性讓你心動，千萬不要喪失理智，一失足會成千古恨，把他當作小小的浪花就行。因為他永遠無法代替那個與你耳鬢廝磨、同甘共苦一生的人。

深夜，寺裡一人一智者，智者坐，人站著。

人：聖明的智者，我是一個已婚之人，我現在狂熱地愛上了另一個女人，我真的不知道該怎麼辦。

智者：你能確定你現在愛上的這個女人就是你生命裡唯一的最後一個女人嗎？

人：是的。

智者：你離婚，然後娶她。

人：可是我現在的愛人溫柔、善良、賢慧，我這樣做是否有一點殘忍，有一點不道德？

智者：在婚姻中沒有愛才是殘忍和不道德的，你現在愛上了別人已不愛她了，你還猶豫什麼？

人：可是我愛人很愛我，真的很愛我。

智者：那她就是幸福的。

人：我要與她離婚後另娶他人，她應該是很痛苦的又怎麼會是幸福的呢？

智者：在婚姻裡她還擁有她對你的愛，而你在婚姻中已失去對她的愛，因為你愛上了別人。正謂擁有的就是幸福的，失去的才是痛苦的，所以痛苦的人是你。

人：可是我要和她離婚後另娶他人，應該是她失去了我，她才應該是痛苦的。

智者：你錯了，你只是她婚姻中真愛的一個實體，當你這個實體不存在的時候，她的真愛會延續到另一個實體，因為她在婚姻中的真愛從沒有失去過。所以她才是幸福的，而你才是痛苦的。

人：她說過今生只愛我一個，她不會愛上別人的。

智者：這樣的話你也說過嗎？

人：我，我，我……

智者：你現在看你面前香爐裡的三根蠟燭，哪根最亮？

人：我真的不知道，好像都是一樣的亮。

智者：這三根蠟燭就好比是三個女人，其中一根就是你現在所愛的那個女人。芸芸眾生，女人何止千百萬，你連這三根蠟燭哪根最亮都不知道，都不能把你現在愛的人找出來，你為什麼又能確定你現在愛的這個女人就是你生命裡唯一的最後一個女人呢？

217

第十章

人：我，我，我……

智者：你現在拿一根蠟燭放在你的眼前，用心看看哪根最亮？

人：當然是眼前的這根最亮。

智者：你現在把它放回原處，再看看哪根最亮？

人：我真的還是看不出哪根最亮。

智者：其實你剛拿的那根蠟燭就好比是你現在愛的那個最後的女人，所謂愛由心生，當你感覺你愛她時，你用心去看就覺得她最亮。當你把她放回原處，你卻找不到最亮的一點感覺，你這種所謂的最後的唯一的愛只是鏡花水月，到頭來終究是一場空。

人：哦，我懂了，你並不是要我與我的妻子離婚，你是在點化我。

智者：看破不說破，你去吧！

人：我現在真的知道我愛的是誰了，她就是我現在的妻子。

愛一直都在

有些人常為悲切的愛情故事流淚，愛情的路上也曾受傷，痛不欲生。到最後才發現，原來幸福一直靜靜地棲息在最簡單的生活、最樸素的感情裡。

那年，在一個家庭舞會上，一曲終了，他輕聲問她：「可不可以，做朋友？」她拒絕了，因為當時她生命中還有另一個男孩子。

大概半年後，他們相遇的那次舞會的主人又舉辦了一次聚會，她提前去幫忙。電話響，她隨手接過，是個男聲，要她轉告主人，說他不能來。

末了，問她：「妳貴姓？」她說了。那端突然說：「別掛別掛。妳是不是，是不是……」她也聽出了他的聲音。

隨意聊了幾句。言談中，她知道他換了工作，現在在一家石油公司的探

勘隊，他也知道她與男友分開了。兩人隔著長長的電話線忽然沉默，然後他期期艾艾地開了口：「可不可以，做個朋友？」

「可以。」她很快地答，自己都愣了一下。

他提出約會，說定了時間地點。她準時赴約。

沒想到他竟然失了約。

正是暮春，當地卻以高溫天氣著名。她在約會地點足足等了四十分鐘，汗流浹背，幾次想走，卻又擔心他會突然來到，像她一樣苦苦等待。

她後來還是走了，白白浪費了一個下午，卻並不太生他的氣。雖然只是一面之交，卻總覺得他不應該是這種人 —— 肯定是真有不能脫身的事。

只是，又一次地錯過……也許真的是無緣。

她在靜夜想起，微微地苦笑。

冬天來的時候，她拿到了年終獎金，決定為自己添幾件新衣物，就去了街上。

年底時的大街，是一年中最擁擠的時分，人在其間，連進退都不能隨意自主，而必須取決於周圍人群的流向。

她正在熙熙攘攘的人群裡擠來擠去，忽然聽到背後有人喊她的名字。

她茫然地看著那人，想不起是誰。

那人臉上浮現出窘窘的笑容，說了自己的名字。

她一怔：「啊，是你？那次你到底為什麼不去？」

他所在的探勘隊是機動性質很大的單位，就在約會當天的上午，他接到出差的緊急通知，想取消約會，卻不知道她的電話和位址。實在是太倉促了，怎麼都沒有辦法跟她聯繫上，在火車上還耿耿於懷，希望她不要等太久，希望她不要生他的氣。

在大西北的荒沙大漠裡，一待半年，直到前一個星期才回來。不是不想去找她，然而想起自己的失約和她應有的惱怒，便覺得無顏見她。今日到街上也沒什麼目的，不過是人閒下來想找個地方打發時間，不料一眼便認出她。

他們一年多沒見過面了。她已剪掉了長髮，纖巧的身段裹在臃腫的大衣裡，在冬日下午的陽光下，與舞會上截然不同。而他仍然在最擁擠的街頭，在千萬人裡，認出了她的背影。

此後，他們結合，生活得很幸福。

這樣的機緣，這樣的等待，似乎平常，卻很美好。

什麼是幸福？很多人答案卻不一樣，但這才是真正的幸福！

青春的橄欖

青春的枝蔓會生長得肆無忌憚，有時難免和別的枝蔓相交織。青春時期的感情純真，可是也由於年少，這樣的情感經不起太多考驗。也只有在未來的某一天，回憶起往昔歲月，心底默默地祝福他吧。

熟識青青那年是在高三。

那次全校的演講活動讓我和青青有緣成為前後座。

對青青，我無所了解。只是以前聽室友談論過她，說她是我們班最漂亮的一個，對此我卻從未注意過，只因我一心投入在唸書上。

偶爾抬起頭，也只能看到青青那頭烏黑的長髮，別的似乎就什麼也沒發現，我也無心去發現。在以後的交往中，我才發現青青的確很美，一雙溫柔似水的眼睛，笑時總有一對深深的酒窩。

然而，那時兩耳不聞窗外事的我無心去注意這些。青青總愛拿很多的問題向我請教，我也總是耐心地為她解答。之後，青青總是報以嫣然一笑。

室友們說青青對我有意思，對此我也總是報之以微笑，全當是他們的戲言，卻從未作過大膽的設想。青青是個內向的女孩，怎會對我垂青。

青青和我的接觸越來越頻繁，甚至時常扭轉頭和我聊些無緣無故的話

題，而說得更多的是她自己。有一天晚自習，我正埋頭寫試題，一張紙條穩穩地落在我的桌子上，然後是青青淡淡的一笑，我似乎預感到了什麼，拆開紙條，一行英文映入我的眼簾：「I Love you！課後找我好嗎？」署名是青青，我的臉一下紅了。雖然我曾經歷過一段不太成功的初戀，可如此的坦白，卻是我始料未及的。下課後，我急匆匆地趕回寢室。然而，那晚我卻失眠了，青青的笑容總浮現在我面前……

第二天，青青總盯著我，而我卻有意無意地躲避她，只顧埋頭看自己的書。那晚放學後，我收拾好東西正要走，青青叫住了我，滿臉的哀怨，後來竟開始輕輕地抽泣，臉龐靠在了我的肩上。我感到無力迴避，呆板地擁住青青，面對青青的坦白，我笨拙而激情地一遍遍地吻著她，初吻的感覺讓我意亂情迷。

以後的日子，青青更加親近我，總在適當的時候給我慰藉，讓我感動不已，我真的愛上她了。

那段日子，我無心唸書，滿腦子都是青青，彷彿看到她在回頭不斷衝我微笑，我什麼也做不下去。

那次考試，我的成績一落千丈。

面對少得可憐的分數，我的情緒壞到了極點。那時，我才意識到自己犯了一個多麼嚴重的錯誤。我悵然若失，我在尋找一千個理由來隱瞞那個不願承認的事實。然而我錯了，我不能辜負父母對我的期望，更無法面對家裡人的冷嘲熱諷。

雖然我渴望那刻骨銘心的愛情，那令人深信不疑的海誓山盟，可現實卻不能給我帶來幸運和收穫。我脆弱的心還負擔不起那愛情的重擔。現實容不得我頓足停留，我已浪費了太多的光陰，現在我已浪費不起了呀！

終於，我鼓起勇氣去坦白地面對青青。那晚的月光毫不保留地傾灑在我和青青的身上。「我們分手吧，」我說出了考慮已久的話，「我們不可以這樣浪費自己的青春，我們應該去追求各自的理想才對呀！」青青，驚愕地睜大她

那雙早已蓄滿淚水的眼睛，「給我一個承諾，讓我一生為你守候。」青青哽咽。我吝嗇地搖搖頭，我能給她承諾什麼呢？除了痛苦我還能給她帶來什麼，我沒有資格去承諾，扭轉頭，我卻滿臉的淚水，身後傳來青青悲涼的啜泣……

一連幾天，青青都沒來上課，我似乎預感到了什麼，假如因為我而改變了青青一生的方向，我將會一世愧疚。後來聽她的朋友說，那晚青青哭了許久，睡夢中還叫著我的名字……我無言以對，感情的堤壩再也無法阻攔淚水的澎湃，我趕快背轉身……是我的妄自菲薄、不盡人意讓青青如此傷心。

在以後的日子裡，我用拚命的唸書來解脫內心的愧疚，我淡薄所有的名利與勾心鬥角，甘於淡泊寧靜的日子，淡漠那份已淺擱的愛情。

漸漸地，我沉下了那顆內疚不安的心，成績也逐漸回升，最後來到這所遠離家鄉的學校。

如今，我卻仍時時想起青青，想起那雙溢滿淚水的雙眼，想起那份被塵封了許久的戀情，想起那不屑的表情。不知遠方的青青是否會一帆風順，真心地祝願她幸福。

一個人的初戀

有時候，遺忘是一種奢望，轉身則是一種祝福。

十八歲那年，她戀愛了，在大學校園裡勾著那個男孩的手，笑靨如花。同學們碰見，當面就表示羨慕：「妳男友真帥啊，真是天生一對！」男孩的臉微微紅了一下，靦腆地低了頭。

男孩的確眉清目秀，玉樹臨風，但是她更喜歡他的這份青澀，透著一股純純的愛。

三年後，她即將畢業，帶著男孩回到老家，面見父母。

誰知道，父母問明男孩情況，面色立刻變得陰冷。男孩臨走時，她的父

親說：「請把你提的東西也帶走，我們不需要。」

男孩面紅耳赤地說：「伯父，您儘管放心，我會好好照顧您女兒的！」父親冷笑著反問：「你只是個做甜點的，我女兒是大學生，你能給她幸福嗎？」

平生第一次，她居然大聲呵斥父親：「爸爸怎麼這麼說話！」還沒反應過來，她已經挨了重重一個耳光，臉上腫了一個包。父親瞪著她：「這是我第一次打妳，但如果妳不聽話……在他和我們之間，必須作一個選擇！」

母親則眼淚漣漣，苦苦相勸。

最後，女孩哭著送男孩回了旅館。

回到家後，她明確表示不願意放棄這段戀情，甚至絕食反抗。父母把房子鎖了，她就從窗戶裡爬到隔壁阿姨家，偷跑出來，去小旅館找他。他仔細看她，輕輕撫摸著她臉上紅腫的指印，忍不住落下淚來，半天說不出話。

當年，他們是在校園附近的烘焙坊認識的。她愛吃巧克力棒和草莓蛋糕，愛穿白裙子，愛笑，和店裡的人很快就熟了。他是店裡有名的甜點師傅，看見她就會臉紅。有一天，店裡人很少，他現場製作了蛋塔，在上面放上一顆葡萄乾，特意推薦給她，輕聲地說：「這是公主蛋塔，我覺得很適合妳。」她瞟一眼他，他臉紅得像水蜜桃，她吃了一口蛋塔，香甜可口，溫暖四溢，一直甜到心扉 —— 這就是初戀的滋味嗎？

鑲有葡萄乾的公主蛋塔一直是她三年的專屬，甜蜜了她整整三年。現在，痛苦也來得驚天動地。一向孝順的她實在不忍心看著父母以淚洗面，日漸憔悴，每每說起就抽噎個不停，卻仍握住他的手：「沒關係的，我們還是要在一起！」

當她第六次偷跑出來去旅館，服務員卻交給她一個小小的紙疊千紙鶴，說那個男生已經退房走了。

她心慌意亂，不知所措。那段日子，她幾乎天天失眠。當她終於拿到路費去烘焙坊找他，他已經辭職走了。她幾乎夜夜哭泣。

再後來，她終於消退了對他怯懦的痛恨與綿綿的思念，和公司裡收入豐

厚的部門經理談戀愛了；再後來，她嫁人生子，週末坐在自家的小車裡，一家人去郊遊賞花。

歲月明媚，生活圓滿。初戀，只剩一道淡淡的痕，唯有那隻紙鶴，她仍夾在自己的日記本裡。已過六年，她整理舊物，忽然看見那隻千紙鶴，有點悵惘，竟不自覺地拆開，猶如拆開自己一度無解的心事。

裡面卻是有字的，密密麻麻，寫得緩慢細緻：「希望一輩子讓妳做我幸福的蛋塔公主，但帶給妳的卻是痛苦。妳每次來都會更瘦更花白，我心疼死了。那三個月我私自找過妳的父母很多次，苦苦哀求，毫無結果。不忍讓妳如此掙扎矛盾，我只有先行退出，讓妳徹底忘了我，才有空白填補新的幸福……」

鋼筆字跡模糊的，有他的眼淚。

她想起父母當年說：他從不爭取，一走了之，算什麼男人？

現在說這些再沒有用，可是，她還是忍不住打了電話給母親：「他當初找過你們很多次嗎？到底誰在說謊？」母親沉默了很久，居然嘆了口氣，悠悠地說：「他還真是個痴情的孩子。」

他的確無數次地找過她的父母。最後一次的情形，她的母親記得一清二楚。

他當時黑著眼圈，襯衫皺皺的，有點魂不守舍地說：「我準備離開她了，再也不和她聯絡，讓她徹底忘了我，但是 —— 伯母，今後我會打電話給您，請您告訴我她的近況好不好？要不然，我擔心自己忍不住去找她……」

「頭一年，他一週打一次電話。他慢慢知道妳談戀愛了、結婚生子了，就半年打一次電話。他特意叮囑我，別讓妳知道，省得掛念。他的電話是從四面八方打來的，沒有固定的城市。前三個月，他最後一次打來電話，說他也想成家了，說他遺忘的速度遠遠沒有妳快，但是，心裡終於有一點空白了。」

她在這邊聽著，淚水流了滿臉。

愛情的偏方

看似平淡如水的生活，背後卻蘊藏著珍貴的真情。看似一個普通
的藥方，卻隱藏著一生的總結。

她和他生活了十年，一直沒有要孩子。一來因為她身體瘦弱，從小病懨
懨的；再者她覺得，女人只有對男人的愛滲透了心骨才會心甘情願為他懷胎
生子，可是她覺得自己對他，還沒有那份熱情。

他很忙，可是他更疼她。他們的生活，最常見的情景就是：他忙前忙後、
樂呵呵地為她洗藥、煎藥；而她，則拿了遙控器，搜尋每一個電視頻道的文
藝劇，在別人的故事裡流淚歡笑。日復一日，年復一年。

有時候，她看著他操勞的背影，就禁不住要問：難道，這就是愛情的樣
子？幸福的下落？

她很快就找到了答案。因為她再一次見到了星仔。

星仔是她高職時的鄰桌同學，當年朦朦朧朧、若即若離的感情給年輕的
歲月留下了美好的回憶。所以，當他把電話打到她的家，對她說我是星仔我
要見妳時，她端著藥的碗啪的一下就掉在了地上，藥漬一圈一圈地慢慢散開。

那段時間，是被她喻為鮮花一樣芬芳的歲月。她心情的暢快與愉悅映
在臉上，緋紅的，如桃花一般燦爛。那天他端來了藥，說妳最近的臉色好了
些，再堅持一段時日，就可以不喝藥了。她沒有喝，她終於知道愛其實才是
女人美麗人生的一劑良藥。她一陣風似的從他身邊飄過，美麗的裙擺在風中
揚起，遮住了他痛楚憐惜的眼神。

可是星仔說：「傻丫頭，妳該好好和他生活的，他能給妳最真實的
幸福。」

她回來了，卻沒想到他走了，只留了簡短的一封信：原來以為我的關心
能改變妳的蒼白，可是映在妳臉上的緋紅卻不是我的所能。如果我連一個桃
花一樣燦爛的臉色都不能給妳，我只能離開。

第十章

　　之後，她開始了一個人的生活，孤獨，清冷。有一天她整理舊物，在書櫃底層卻發現了厚厚一本日記，上面記載的都是這麼些年他為她總結的藥方子。

　　愛情偏方：真誠十分，關心十分，加寬容若干，文火煎服。

　　那一刻，她清晰地感覺到，一滴晶瑩的淚徐徐而下。

第十一章

幸福的祕訣

> 駕馭幸福猶如放風箏，講究張弛有度，同時又是需要技術的。握
> 著那條愛的繩索，在張弛之間掌控住幸福，這才是聰明人常用
> 的策略。

靜婭是幸福的。丈夫很愛她，並且很能幹。

丈夫原是名公務員，前幾創業做生意，在商海裡如魚得水，不出幾年就混得不錯。

作為富商的妻子，靜婭完全可以養尊處優，但她一直沒有放棄自己心愛的職業 —— 教師，並且還當著一個班的班導師，同時還要照顧八歲多的兒子，那個辛苦自不必說。

當老師一個月薪資不過幾萬塊錢。不少人都勸靜婭，乾脆辭職別做了，一心一意相夫教子，多花點心思拴住丈夫的心吧。雖說丈夫目前很忠誠，可是說不定以後會花心。

靜婭總是一笑置之。

她有自己的道理。女人放棄自己的事業，那還不等於放棄了自我！再說了，和丈夫從同學到夫妻，彼此都很了解，感情也經受了考驗，她相信他。當然更重要的，她對自己有信心，她有能力做好老師、母親和妻子。

有信心的人是從容的。靜婭每天按自己的節奏生活著，照顧好兒子，教導好學生。丈夫呢，因為要忙生意，天南地北地跑，今天在臺北，可能明天就去了菲律賓，有時，一個月也難得回來兩次。

靜婭總是不動聲色，極少埋怨丈夫的忙碌，相反，她十分體貼丈夫。男人經營事業太辛苦，她經常提醒他，要注意保重身體，一帆風順時勸丈夫保持清醒，遭遇挫折時給丈夫鼓勵。

丈夫在家裡，一家人說說話看看電視，丈夫出門在外，她和兒子就常給他打電話，或者給他發電子郵件。丈夫隨身帶著手機和筆記型電腦，隨時都

能知道家裡有妻子和兒子在牽掛著自己。

周圍的女人不是埋怨丈夫太窩囊，就是抱怨丈夫太花心，而靜婭這邊風景獨好，丈夫越來越能賺錢，但他依然一往情深，他總是盡可能地去多陪一陪老婆和兒子。

找了一個又有錢又有情的男人，靜婭的幸福讓人羨慕。有一次，我打趣著問她的相夫祕訣。她笑著說，哪有什麼祕訣，只不過把抓在手心。

她打了一個比喻，男人就如風箏，在天上飛來飛去，可風箏的那頭連著一個家。作為妻子，就是要懂得及時鬆手，讓風箏能高高飛翔；又要懂得及時收緊，讓風箏不至於失去控制。

學會與愛人分享一切

> 婚姻就是兩個人共同承擔風險，共同分享成果。分享讓男人和女人不覺得孤單，分享讓痛苦是原來的一半，快樂卻是兩倍。與你的愛人分享吧，因為他是與你共度一生的人。

雪花紛紛揚揚，像飄灑到人間的精靈。在一個寒冷的冬日，一對老夫婦互相攙扶著走進了麥當勞，像是從歲月的長長久久中走出來。在這個到處都是年輕人的地方，他們看起來有點格格不入。餐廳裡的客人羨慕地望著他們，甚至一些人在竊竊私語：「看，那對老人一定在一起生活了好多年，也許六十年，或者都已經過七十年了。」

瘦小的老頭徑直走到點餐檯點好餐。他點了一個漢堡、一包薯條，還有一份飲料，一切都是一份。老人拿著托盤走回他們的座位，他撕下漢堡包裝紙，然後很認真地把漢堡切成了大小相等的兩份，一份放在自己面前，一份放在妻子面前。之後他又把薯條分成了兩分，一份留給自己，一份給了妻子。最後老頭把吸管插進杯子裡，吸了一口飲料，然後看了老婦人一眼，老

婦人沒有吃桌上的東西，只是抿了一口飲料。

老頭拿起漢堡咬了一口，這時餐廳裡的人忍不住悄悄議論，猜想老夫妻一定很窮，只買得起一份套餐。

就當老頭拿起一根薯條要往嘴裡放的時候，一個年輕人站了起來，他徑直走到老夫婦的餐桌，很有禮貌地說，願意為他們再買一份套餐。老頭委婉地拒絕了，說他們這樣很好，他們已經習慣一起分享任何東西。

餐廳裡的人注意到，桌子上的東西老婦人一口都沒吃，她只是靜靜地坐在那裡看著丈夫吃，偶爾喝一口飲料。

那個年輕人忍不住又走了過去，說他願意幫他們買點其他什麼吃的東西。這次是老婦人拒絕的，她也說他們習慣了一起分享任何東西。

老頭吃完了，俐落地擦了擦嘴。那個年輕人簡直無法忍受了，他再次走到他們的餐桌前提出要幫他們買點吃的，結果又遭到了拒絕。最後他問老婦人：「為什麼您不吃東西呢？您不是說你們總是一起分享任何東西嗎？可為什麼他在吃，而您卻看著呢？您在等什麼呢？」

老婦人笑了一下說：「我在等假牙，我們共用一副。」

給愛人留面子

人都愛面子。不要以為你們已經是夫妻，就可以親密無間、為所欲為了，不需要再在乎面子。不管是不是在他人面前，都為自己的愛人留點面子，那樣，你也會得到更大的面子。

琳琳和老公結婚時，爸媽很反對這門婚事，因為她老公來自鄉下。雖然他們最終點頭了，條件是婚後得和他們住在一起，琳琳怕老公心裡不舒服就拒絕了，沒想到老公居然答應了。他說不想琳琳為難。

於是，琳琳和爸媽談判，住在一起可以，但他們還是會在附近買自己的

房子，等爸媽適應了兩人世界，他們就搬走。老公因為琳琳這番保全他男性尊嚴的說辭，發誓一輩子會對她好的。

結婚後的第一個新年，爸媽想讓琳琳他們在家裡過，老公希望琳琳能夠跟他回老家。琳琳知道婚後的第一個新年對於老公家的重要意義，因此她一面在爸媽面前堅持跟老公回家，一面暗示老公去給爸媽訂春節的旅遊團。當老公將飛機票遞給她爸媽的時候，這對只是怕寂寞的老夫妻樂呵呵地，將琳琳這個不孝順的女兒扔給孝順女婿回去過年。到他家，他自然對琳琳百般呵護，即使被家裡人笑話「怕老婆」，他也快樂。

這裡還有另外一對夫妻：

小李離婚了，他說：「結婚後不久，我好交朋友、愛花錢這些在婚前被前妻視作優點的行為，就成了缺點。有朋友來家裡玩，她的臉色就變得很難看；月底，發現我為她存進銀行的錢遠遠低於她的要求時，她就會發作⋯⋯她不再讓我帶朋友回家，還沒收了我的薪水⋯⋯每次我想和朋友聚會，就得求她給我自由和經費，我對她說，男人的面子就是男人的衣服。每次為了維護我所謂男人的面子，都會在夫妻之間引發一場兩敗俱傷的爭鬥，最後我們離婚了。」

心直口快傷他心

面子對於有些人來說，有時甚至比自己生命還重要，寧可承受很大的物質損失，也絕不能丟了面子。所以，不要過於心直口快，那樣不僅會傷及對方的面子，還會很傷他的心。

常言道：「人活一張臉，樹活一層皮。」人類愛面子的心理其實也是情理之中的，因為每個人都希望在人前能夠得到充分的尊重，任何人都不希望自尊心受損，都不喜歡被人看輕。當然，我們也不能否認，很多人所謂的

面子，其實不過是虛偽的自尊在作祟。如果明以是非，可能是根本站不住腳的，不過是「死要面子活受罪」罷了。但無論如何，面子問題仍然是婚姻生活中的禁區，倘若處理不當，往往會惹得另一半惱羞成怒，導致夫妻關係緊張，嚴重的還會鬧到離婚的地步。事實上，給不給對方留面子，是一個人成熟不成熟的標誌，也是維繫美好婚姻的一門必修課。

靈珊是一個心直口快的人，凡事都喜歡表達自己的意見，而且經常口無遮攔，有好幾次都在不經意間拆了老公的臺，弄得老公好沒面子。

一次，家裡來了許多客人，靈珊做菜時發現忘了買魚，便連忙打發老公去買，說好很急著用。可沒想到老公一去就是半個多小時，回來時卻還是兩手空空。

靈珊一見，十分生氣，當著一屋子客人的面大聲指責老公：「你可真沒用！連買條魚都不會！」老公望望周圍的客人，臉立刻沉了下來，火冒三丈地說：「妳有用，妳為什麼不去買？」結果，聚會最後不歡而散，夫妻倆吵得昏天黑地。

又一次，老公跟幾個好久沒見的朋友吃飯，都帶著家屬。酒到酣處，一哥們忽然說要打麻將，於是集體附和著要散席，摩拳擦掌準備開戰。

老公問：「你們打多大的？」

一朋友說：「算了，今天忘了帶信用卡，打小一點吧，五塊十塊怎麼樣？」

老公馬上接道：「哎呀，那邊還有一幫人等我玩二十五塊一百塊的呢，都說好了，我得趕過去，要不就三缺一了。」

一群朋友立即肅然起敬：「還是你混得好，發財可別忘了幫我們一把。」

正當老公一臉得意之際，坐在一旁的靈珊卻冷不丁地插了一句話：「你就別吹牛了，就你那一點點薪資也敢玩二十五塊一百塊的，上次玩小麻將你輸了幾百塊錢，一到家還一直懺悔自己打錯一張牌錯過一次碰呢！」

幾句話說得老公無地自容，面子沒賺上，反倒把裡子都暴露在眾目睽睽

之下了。回家後，夫妻倆自然又是一頓大吵。

夫妻倆越吵越凶，到最後，老公只撂下了一句話：「妳自己過吧！」然後就摔門而出。

事到如今，靈珊仍然弄不明白，老公怎麼如此不講理。

其實，只要是明眼人都看得出靈珊和老公的問題出在哪裡，靈珊的老公固然是有些太好面子，但靈珊這種完全不管場合，也不管什麼人在場，都直截了當地拆老公臺的做法，無疑是極大地刺傷了老公的自尊心。這樣不會給另一半留面子的人，又有誰能夠長期忍受呢？

你不妨回憶一下，你是否也曾經有過類似這樣的行為：當你在眾人面前「大義滅親」，大揭另一半的底細時，你有沒有顧及過對方的感受？當你不經意間對表現平平的另一半流露出不滿時，你有沒有注意過對方失落的眼神？再回想一下，你已經有多久不曾稱讚過自己的愛人了？而那些真正懂得拴緊另一半心的人，都是懂得在恰當的時間、恰當的地點為他賺足面子，極力維護對方的尊嚴，並使用各種「花言巧語」鼓勵他揚帆破浪。

家醜別外揚

> 人們常把家庭比作是溫馨的港灣，是夫妻休息的地方。可是，如果一個家庭連夫妻間的隱私安全都不能保證，那麼，這種婚姻生活還能溫馨嗎？對方又何來的膽量放鬆休息呢？而失去了另一半關愛的你又何談幸福呢？

現代生活中，有不少人，一旦家裡發生了什麼事，就免不了找人訴說一番，或倒倒委屈，或抒抒幸福，以博得別人的同情或羨慕，求得心裡的暢快或滿足。殊不知，這種訴說與抱怨，往往是在無意之中以出賣夫妻隱私為代價的——出賣的不僅僅是另一半，而且還出賣了自己，出賣了整個家庭！

第十一章

　　家庭是最私密的場所，婚姻是最私密的關係，家庭隱私是一個家庭獨有的祕密，是家庭中最不容外人了解的、獨特的東西，無論是醜的、有缺陷的，還是美的、圓滿的，也無論是夫妻隱私還是財產機密，都有一個共同的特徵：不宜告人，不宜公開。所謂「家醜不可外揚」，正是人們對待家庭隱私的一般心理：是花，開在自家園中；是刺，刺痛我自己。

　　可惜的是，偏偏有些人了解不到這一點，十分嗜好在朋友間談論自己家中的「祕聞」，乃至發生在夫妻之間的隱私事件，且進行互比互評，以獲得某種心理上的充實感。這種做法無疑是非常不可取的。

　　人們常說，家庭是溫馨的港灣，是夫妻的休息之地。可是，如果一個家庭連夫妻間的隱私安全都不能保證，那麼，這種婚姻生活還能溫馨嗎？對方又何來的膽量放鬆休息呢？而失去了另一半關愛的你又何談幸福呢？

　　阿光和妻子小星在同一家公司工作，住的也是公司宿舍，夫妻兩人的社交圈有一大半是相同的。本來這也沒什麼，但問題就出在小星是一個特別喜歡「不藏私」的人，常常搞得阿光十分狼狽。

　　小星有熱線的習慣，每天晚上總要與好友在電話裡聊天。蜜月裡的一天晚上，阿光剛從浴室裡出來，就聽見妻子笑嘻嘻地拿著手機說：「他呀，床上挺厲害的，每次我都恨不得要求饒了……」接著她又嘀咕著爆出一連串的笑聲。

　　一聽這話，站在門口的阿光驚訝地張大了嘴巴，直到妻子掛了電話，他才回過神來問：「小星，妳在電話裡和誰說什麼呀？」

　　小星嘻嘻一笑，說：「是你們辦公室的張小姐打給你的，你在洗澡，我就和她聊了幾句！」看著妻子一副開心的樣子，阿光也就沒有再追問下去。

　　度完蜜月，阿光回來上班，卻沒想到自己竟在一夜之間成了公司的風雲人物。他和妻子度蜜月時的經歷，甚至連他陪著妻子逛夜市、摟著她說的情話，都被公司裡的人津津樂道。

　　阿光是一個沉穩內斂的人，在所有人曖昧的眼光中，他的臉迅速漲紅。

他怎麼也沒想到，自己的妻子竟像個小喇叭，將他們夫妻間的一切都毫無保留地傳出去了。

當天回到家，阿光第一次衝著妻子發了火，可當他看到妻子滿眼淚水、委屈至極的模樣時，他的心又軟了。

不幸的是，沒過多久，更糟糕的事情又接踵而來。

一天，阿光剛進公司就被一群年輕同事圍住，其中一個人大聲調笑道：「阿光，聽說你鑽進被窩，就砰砰地直放屁，炸得人家小星都沒地方躲……」這話一說出口，在場的人都笑得直不起腰來，阿光尷尬得恨不能找個地洞鑽進去！

不久後的又一天，阿光辦公室對面的一個女同事突然遞給阿光一張報紙，指著一則廣告神祕地對他說：「聽說這藥不錯，你試試看！」

阿光遲疑地接過報紙一看，頓時尷尬萬分，原來是一則治香港腳的廣告！

女同事卻還在一旁說：「阿光，你可真有福氣，找了個好老婆，你一有病她就四處託人找藥給你！」

下午下班時，阿光突然想起自己有份要改的報告在一位同事那裡，便趕到了他家。進門時，阿光像往常一樣準備脫鞋，不料那位同事的老婆卻一步衝過來，連連擺手說：「不用換，不用換了！」那架勢就像在擋什麼瘟疫似的。

見到自己不受歡迎，阿光拿上報告就告辭了。他剛一轉身，就聽見那位同事的老婆邊關門邊大著嗓門說：「聽說阿光的病很容易傳染，你以後與他接觸時注意點……」阿光一下子愣住了，直感到血往腦門衝，十分難受。

一回到家，阿光就衝著妻子發了好大一頓脾氣，警告妻子別再將家裡的事情說出去，小星也立刻表示同意。可是，當她下次再見到她那些「閨中密友」時，她就又管不住自己的嘴巴了。

小星每每與阿光吵架時，都會找上幾個親密無間的好友訴苦，把自己和老公口角的情況和盤托出，以此說明自己如何如何受了委屈。這時，她每每

第十一章

都能得到一籮筐的安慰和同情，她的心情也因此輕鬆舒暢許多。但是，讓小星意想不到的是，她的這些好友並沒有替她和她的家庭著想，每次都要把他們夫妻的矛盾傳出去，並且添油加醋、繪聲繪影，不由聽者不信。當這些經過誇張處理了的東西傳入阿光耳裡時，已經與真相大相徑庭，有的是誇大其詞，有的則純粹是無中生有，使得他忍無可忍、怒不可遏。

於是，夫妻間的口角與爭執逐漸升級，阿光指責妻子歪曲事實，敗壞他的名聲，使他在人前難做人；小星則感到萬分委屈，說老公有意冤枉她、傷害她、嫌棄她。夫妻生活從此陷入了僵持狀態，已再難回到當初的溫馨和睦了。

恰逢這年夏天，小星到外地出差，與當地負責接待的一名男士很談得來，正處在情感空虛中的小星在衝動之下與其發生了出軌行為。事後，她十分後悔，經過激烈的天人交戰，她向老公坦白了此事，請求他寬恕，並保證今後絕不會再犯。

阿光經過痛苦的權衡之後，認為此事之所以發生也有自己的責任，這段時間夫妻關係一直很冷淡，自己也疏於對妻子的關心，所以不能把過錯都一味地推到妻子頭上。而且，妻子現在能夠主動坦白，恰恰說明她有悔悟之心，也十分珍惜這段婚姻。為了多年來的夫妻感情和孩子的將來，阿光原諒了妻子，並且答應不和她離婚，也不再提及此事，婚姻生活又恢復了原有的平靜和睦。

事情發展到這裡，應該說是一個很好的結果了。但就在這關鍵時刻，小星的「露私癖」偏偏又發作了——外遇的風波平息不久，小星竟然就在一次與好友的閒談之中，把整件事情說了出來，企圖以此證明老公對自己是多麼的好、有多麼愛自己。她在贏來好友的羨慕之後，一再叮囑好友不要洩漏此事。而滿口答應的好友卻轉過身就將此事告訴了自己的老公，並也叮囑老公切切不可洩漏。如此這般，這件「不可洩漏」的事情很快就洩漏出去了。

面對「圈中」男人的打趣、女人的玩笑，阿光感到很不開心，覺得自己

受到了奇恥大辱。他憤怒地對小星說：「做了錯事可以原諒，但一再地做錯事就不可原諒了！我們離婚吧！」這時的小星追悔莫及，但卻已無能為力了──是自己一手葬送了自己的幸福，又能怪誰呢？

在夫妻的二人世界裡，很多是是非非是說不清道不明的，「外援」的加入或如盲人摸象，不得要領；或似火上澆油，越勸越旺；或是隔靴搔癢；或是雪上加霜，其結果往往是越弄越糟。最可怕的是，這種「昭告天下」的方式，其實洩漏出去的可能是整個家庭的祕密，出賣的是你和另一半的感情、人格與尊嚴。到最後，不是留後患，就是成為別人的笑柄，無異於搬起石頭砸自己的腳。

記住，尋求婚姻品質的裁判，是不必以出賣家庭隱私相請的！

捨棄已變質的婚姻

> 變質的婚姻，就像變了質的菜一樣，應予丟棄。唯有如此，才有
> 更多的機會贏得美好和幸福。

認識他的時候，她在愛情上還是個青澀的女子，愛了就認定了。認識剛剛兩個月的時候，她就甜蜜地搬進了他的宿舍，將朋友的勸告都拋諸腦後。不久，她竟不小心懷了他的孩子，她卻萬分高興，開開心心地與他步入婚姻殿堂。

她滿以為等待自己的是幸福美滿的一生，婚後不久才發現，她所痛恨的所有缺點幾乎都被他包辦了。他好賭，輸的錢包空了再借錢賭，贏了就去夜店酒吧揮霍，沒錢了就跟她要，出去花天酒地回來，她問，他就撒謊。如今孩子已經一歲了，她手段使盡，他還是本性不改。朋友勸她離婚，她說想到孩子還這麼小就沒了父親，實在於心不忍，於是她只好一忍再忍。

忽一日，她看見了一片文章：一盤菜，哪怕原料再難配，成本再昂貴，

如果原料壞了，變質了，就一定要扔掉，一定不能捨不得，更不能自欺欺人，更不要試圖用重的調料來掩蓋，這樣做出來的菜，表面上雖然沒什麼問題，但是吃到肚子裡卻會影響健康。

她頓悟後，帶著決絕和輕鬆的心態離婚了。

菜變質了就要丟掉，婚姻變質了就應該放棄。去掉舊的枷鎖，才有更多的機會去贏得幸福和美滿。如此簡單的道理，何必要等到傷得體無完膚後才悟得呢。

忘記他的不足

> 每個人都有缺點。婚姻會讓彼此顯露出在戀愛時所看不到的缺
> 點。我們需要多一份理解，多一份包容，忘記對方的不足。

一個女人和她深愛的男人結婚了。

婚後不久，女人便感到了深深的失望。她覺得，好像是一夜之間，丈夫變成了她熟悉的陌生人。在柴米油鹽的日常生活中，她發現了丈夫很多讓她不滿意的地方。女人在苦惱中，決定和丈夫好好談一次，她覺得，只有這樣，才能擁有幸福的婚姻。

丈夫聽話地坐在她面前。她說：「今天我們心平氣和地指出對方的缺點，然後商量如何改變這些缺點。」

丈夫點頭，說：「那妳先說我吧。」

她說丈夫粗心，不像戀愛時那樣體貼了；她說丈夫大男人思想嚴重，不主動做家事；她說丈夫老是和朋友出去玩，冷落了她；丈夫廚藝不精，炒的菜很難吃，每次洗衣服都洗不乾淨……女人的話匣子一打開，怎麼也收不住，是啊，她心中積聚了太多的不滿意了。

本來她還有很多話要說，可是看到丈夫自責的神情，不由心一軟，說：

「現在輪到你說我了，說說看我有哪些地方讓你不滿意，然後我們一起商量如何解決這些問題。」

丈夫搖頭說：「沒有。」

女人不相信自己的耳朵，怎麼會沒有呢？

丈夫肯定地說：「真的，對於你，我從來沒有不滿意過。上天把你賜給我為妻，我總是心存感激，我覺得你什麼都好，你又可愛又美麗。」

「可是我很任性。」

「不，那是妳在撒嬌。」

「我還蠻不講理。」

「不，那是我錯了，妳在堅持自己的正確。」

女人被丈夫深藏的愛震撼了。她忽然覺得，自己所做的這一切，多可笑啊。在丈夫的懷中，她幸福地笑了。因為她從丈夫的愛中領悟到了婚姻幸福的祕訣。

忘記對方的不足，誇讚對方的優點。給你愛的人多一份包容，對愛你的人多一份理解，這才是婚姻幸福的祕訣！

愛孩子所愛的

因為父母反對，相愛的人最終勞燕分飛，或者子女與父母老死不相往來的事情不在少數，這兩種結局都令人遺憾和感嘆。既然都是愛，為什麼不能對孩子的選擇多些尊重和寬容呢？

他們都是高知識分子，兒子不負眾望地考上頂尖大學，對於他們，生活是那麼完美。轉眼兒子上大二了，在一次打電話時，男孩提及自己交了女朋友。兒子戀愛了？女孩是什麼樣的？和兒子相配嗎？這一連串的問號攪得他們寢食難安，於是趕到兒子讀大學的地方。

第十一章

　　他們見到了女孩，果然很普通、很一般，但很斯文。在自己的父母面前，男孩毫不掩飾對女孩的疼愛，父母迅速地結束了這次會面。

　　他們覺得，至少看起來女孩配不上自己的兒子。對於兒子，他們第一次感覺到了困擾。不接納女孩？可能兒子失去女孩的同時，他們也就失去了兒子，他們也就會從此遠離了幸福安寧。

　　最後，他們終於做出了決定：兒子愛的，他們也愛！要相信兒子的選擇。女孩看起來是很一般，但兒子愛她，就一定有值得愛的理由。

　　果然，男孩寫了信來，講了一件小事。女孩家在鄉下，家庭條件不好，但是女孩坦然地面對貧窮，樸素而刻苦。男孩女孩唸書都很用功努力，經常一大早到圖書館排隊占位子。細心的女孩會把兩人的午餐也準備好。兩個便當盒：紅的是女孩的，綠的是男孩的。飯菜簡單卻有足夠的營養，男孩從來都是粗心地只管享受這份體貼，從沒有發現什麼異樣。這一天早上，女孩忘了東西又回了寢室，男孩接過兩個便當盒，站在圖書館門前等她。很偶然地，他打開了兩個便當盒。便當盒裡是兩塊相同的麵包，不同的是綠盒的麵包中間夾著厚厚的一塊牛肉，紅盒裡的麵包中間卻什麼也沒有。對於家境貧寒的女孩來說，一塊牛肉是她能默默奉獻的全部愛情。就在那一瞬間，他認定了：這就是我要找的愛人。

　　兒子最後說：爸、媽，真正深邃綿長共度風雨的愛情，是超越了美貌、金錢和權勢的。讀完信，他們完全消除了對兒子愛情的迷惑，心情恢復了往日的寧靜。只是母親覺得應該做點什麼，讓兒子感覺到他們真心誠意的祝福，母親終於有了一個主意：她給女孩宿舍的四個人每人寄了一個包裹，裡面的東西一模一樣，她坦然告訴女孩們：這只是一個同學母親的心意，東西並不貴重，所以請她們不要介意。於是每個月，女孩和她的室友會一起收到包裹，有時是時令的水果，有時是女孩們喜歡的衣衫。每個月收到包裹的這一天，女孩的宿舍裡就洋溢著濃烈的母愛的氣息。

　　父親、母親，愛得無私，愛得智慧，便有了如此豐盛的收穫。

　　看過太多因為父母反對，相愛的人最終勞燕分飛或者兒女與父母老死不相往來的事情，無論哪種結果都是痛苦和遺憾的。都是為了愛，為什麼不寬容一點接受兒女的選擇呢？

鼓勵和安慰你的孩子

> 孩子的心是敏感和脆弱的，當然，責罵和巴掌也是愛，可是為什麼不換一種方式表達呢？鼓勵和安慰是每個慈愛的父母都該懂得的方式。

　　除夕夜，將近六點鐘，父親站在一張椅子上，掛上了爆竹。母親在外面廚房裡忙碌著，她把餐具和飲料端進了屋，說道：「餃子馬上就熟了！」父親爬下椅子，高興地說：「有醋嗎？」她沒有答話，回身取了裝醋的瓶子對房間裡的兒子說：「兒子，買醋去！餃子馬上就好了，要有醋吃起來才香。」

　　兒子正坐在燈下擺弄著一隻廉價的小照相機。父親輕輕地打了這個十五歲的男孩一巴掌，厲聲說道：「以後還有時間玩，你先去買醋！帶上鑰匙，回來你就不用敲門了。」

　　兒子拿起裝醋的瓶子，接過錢，拿了鑰匙就上街了。他信步走過無數家商店，朝裡面張望，什麼也沒有看到。他心中飄飄忽忽，把醋和餃子的事拋到了九霄雲外。他沉浸在幸福之中，以致裝醋的瓶子不知不覺地從他手裡滑落在地。當店鋪都熄了燈，他才發現自己在城裡已逛蕩了一個小時，他嚇得不敢回家。兩手空空，沒有買到醋，而且回去這麼晚！父親肯定會發脾氣的，偏偏要在今天挨耳光，他受不了！

　　父母吃著沒放醋的餃子，一肚子怒氣。八點鐘了，他們開始擔心，九點鐘他們跑出家門，去所有兒子的玩伴家裡找，春節那天，他們報了警。一連等了三天，音訊杳然！他們又等了三年，仍不知所終！久而久之，他們的希

望破滅了。最後，他們不再等了，從此陷入了絕望和憂傷之中⋯⋯。

從此，這孤寂的老兩口對除夕夜忌諱莫深。每年這天，他們總是默默地坐在桌前，端詳著那架廉價的小照相機和一張兒子的相片。老兩口每年吃餃子，但出於忌諱，都不放醋，他們再也吃不出香味了！老兩口太愛孩子了，以致父親有時信手就揍他幾下，可他並不是發火，不是嗎？

那是六年後的除夕夜。六點剛過，母親把餃子端了進來，這時父親說道：「你什麼也沒聽見嗎？剛才門外不是有動靜嗎？」他們屏息靜聽，有人進屋，他們不敢回頭看。一個顫抖的聲音說：「買來了！這是醋，爸爸！」接著，一隻手從身後伸了出來，一點不假，一個裝滿醋的瓶子放到了桌子上⋯⋯

父親站起身，雖然熱淚盈眶，卻微笑著回過身來，舉起手臂給了兒子一記響亮的耳光，說道：「去了這麼長時間！你這個調皮鬼，坐到那邊去！」

要是餃子涼了，世上再好的醋又有什麼用呢？

孩子的內心永遠是敏感的脆弱的，需要無盡的愛的。當然，你的責罵和巴掌也是愛，可是，為什麼不換一種方式表達呢，寬容你的孩子不小心犯的錯誤，給他鼓勵和安慰，千萬不要讓你家的餃子涼了。

母愛讓妳更動人

母愛，被無數人稱為最偉大的愛。母愛是潤澤兒女心靈的一眼清泉，它伴隨兒女的一飲一啜，絲絲縷縷，綿綿不絕。擁有母愛的女人，更顯得動人。

那天，她跟媽媽又吵架了，一氣之下，她轉身向外跑去。

她走了很長時間，看到前面有個麵攤，這才感覺到肚子餓了。可是，她摸遍了身上的口袋，連一個硬幣也沒有。

麵攤的主人是一個看上去很和藹的老婆婆，她看到她站在那裡，就問：

「孩子，妳是不是要吃麵？」

「可是，可是我忘了帶錢。」她有些不好意思地回答。

「沒關係，我請妳吃。」

老婆婆端來一碗餛飩和一碟小菜，她滿懷感激，剛吃了幾口，眼淚就掉了下來，紛紛落在碗裡。

「妳怎麼了？」老婆婆關切地問。

「我沒事，只是很感激！」她忙擦眼淚，對麵攤主人說：「我們不認識，而妳卻對我這麼好，願意煮餛飩給我吃。可是我媽媽，我跟她吵架，她竟然把我趕出來，還叫我不要回去！」

老婆婆聽完平靜地說道：「孩子，妳怎麼會這麼想呢？妳想想看，我只不過煮碗餛飩給妳吃，妳就這麼感激我，那妳媽媽煮了十多年飯給妳吃，妳不怎麼不感激她呢？還要跟她吵架？」

女孩愣住了。

女孩匆匆吃完了餛飩，開始往家走去。當她走到家附近時，一下就看到疲憊不堪的母親正在路口四處張望……母親看到她，立即露出了喜色：「趕快過來吧，飯早就做好了，妳再不回來吃，菜都要涼了。」

這時，女孩的眼淚又開始掉了下來。

生命是寶貴的，然而賦予我們生命的是母親，比生命更偉大的是母愛。

醫生所做的醫學實驗中的一項，就是要用成年小白鼠做某種藥物的毒性實驗。在一群小白鼠中，有一隻雌性小白鼠，腋根部長了一個綠豆大的硬塊，便被淘汰。醫生想了解一下硬塊的性質，就把牠放入一個塑膠盒子中，單獨飼養。

十幾天過去了，腫塊越長越大，小白鼠的腹部也逐漸大了起來，活動顯得很吃力。醫生斷定，這是腫瘤轉移產生腹水的結果。

有一天，醫生突然發現，小白鼠不吃不喝，焦躁不安，醫生想，小白鼠大概壽數已盡，就轉身拿起手術刀，準備解剖牠，取些新鮮腫塊組織進行培

養觀察。正當他打開手術工具包時，他被一幕景象震撼了。

小白鼠艱難地轉過頭，死死咬住已有拇指大的腫塊，猛地一扯，皮膚上出現一條傷口，鮮血汨汨而流，小白鼠疼得全身顫抖，令人不寒而慄。稍後，牠一口一口地吞食將要奪去牠生命的腫塊，每咬一下，都伴著身體的痙攣。

就這樣，一大半腫塊被咬下吞食了。醫生被小白鼠這種渴望生命的精神和乞求生存的方式深深地感動了，收起了手術刀。

第二天一早，醫生匆匆來到牠面前，看看牠是否還活著。讓他吃驚的是，小白鼠身下，居然臥著一堆粉紅色的小鼠仔，正拚命地吸吮著乳汁。

數了數，整整十隻。

看著十隻漸漸長大的鼠仔拚命地吸吮著身患絕症、骨瘦如柴的母鼠的乳汁，醫生知道了母鼠為什麼一直在努力延長自己的生命。

那一天終於來到了。在生下鼠仔二十一天後的早晨，小白鼠安然地臥在鼠盒中間，一動不動了，十隻鼠仔圍滿四周。

醫生突然想到，小白鼠的離乳期是二十一天。也就是說，從那天起，鼠仔不需要母鼠的乳汁，也可以獨立生活了。

溝通是化解矛盾的方法

婚姻生活是現實的，像一杯白水，需要兩個人用真愛與赤誠釀造出甜蜜！

夫妻之間，最重要的是要溝通和交流，否則將會形同陌路。這裡有這樣一個故事，也許對你會有所啟發。

我坐在起居室裡，伸展了一下書桌下的雙腿，伸手拿起一封信把它拆開。原來是蒙特婁百貨公司寄來的帳單。看見我們欠的一百七十五美元的

帳，我大吃一驚。

我認定這是弄錯了！因為我和妻子珍妮佛都沒用過這麼多錢，而且為了買下這幢房子，我們正在準備第一次付款，一直在節省每一分錢。我又看了看帳單，更加肯定他們是打算寫十七點五元，可多畫了個零，又點錯了小數點，變成了一百七十五元。

我用手擦了擦臉，已經不再感到吃驚了。我的目光越過起居室望到臥室，看見珍妮佛正蜷著身子，裹在被子裡看雜誌。

「珍妮佛，」我大聲對她說，「我想蒙特婁百貨公司是弄錯了，寄了張一百七十五美元的帳單給我們，我敢肯定是十七點五美元。明天妳能不能打個電話問一下，我好把支票寄給他們。」

「珍妮佛，」我又重複一遍，「妳聽見沒有？蒙特婁百貨公司把帳單給弄錯了！」

她慢慢地放下雜誌，把它擱在胸前，看得出來她是在盡力保持平靜。

當意識到她真的用了這麼多的錢時，我感到臉上一陣發燒。心想，她用這些錢時，為何問也不問我一聲？於是我走進臥室坐在床沿上，覺得最好還是把一切都挑明的好。

「妳怎麼不跟我商量就花了一百七十五美元？」

「那又怎麼樣？」珍妮佛勉強笑了笑說，「我也有工作，我來付好了。」

「為什麼？」這就是我想知道的，我沒看見屋裡添置了什麼新東西。

她有點尷尬地說：「我……我不想告訴你，勃尼。這不過是我自己想買的一些東西。」

我兩眼盯著她，幾乎不相信自己的耳朵。她用了這些錢，還不肯告訴我錢都花在哪兒。這太不公平了，破壞了我們的買房計畫，也違反了我們之間的協定。

最糟的是我無法再信任她了！她為什麼要這樣對待我呢？我的火氣更大了，決心問個水落石出。

第十一章

「聽著，」我怒氣沖沖地說，「別兜圈子了，我要知道這張帳單到底買了什麼，我有權知道！」

珍妮佛把手放在我的手臂上說：「別生氣，你最近幾個星期太勞累了，過於緊張和敏感了。」

她這是想轉移話題，這叫我更加生氣。我粗暴地甩開了她，心裡非常不高興。

「聽著，」我又說了一遍，「我提的問題妳想拒絕回答嗎？」

珍妮佛仰起頭來望著我，臉上顯出非常困惑的神情，彷彿是在拚命對付一個棘手的問題。

「嫁給你，並不意味著我不能有幾件自己的私事。」珍妮佛訥訥地說。

我在房間裡來回踱步，無法克制自己沸騰的怒火。忽然，我停住腳步站在那兒，我全都明白了。我恍然大悟，找到了答案——肯定花錢買了條見鬼的貂皮圍巾。

一個月前，蒙特婁百貨進貨時，她跟我說過要買那條圍巾。對她來說，穿戴最要緊。我甚至還能記得那個星期六下午我們去逛商店時，她打量貂皮圍巾的貪婪目光。難怪她今天不願告訴我買了什麼。真可惡！我上前幾步站到她身邊。

「妳這個撒謊的小人！」我盯著她，一字一頓狠狠地說，「我知道妳買的是什麼。妳只想著自己的穿戴，根本就不考慮我們的婚姻，竟視我們的共同利益為兒戲！」

她仍不作聲。「但願那件鬼玩意悶得妳透不過氣來！」我什麼也不在乎地繼續怒吼道，「我原以為妳是我理想的妻子，如今才知道妳和那些亂花錢的女人並沒有什麼兩樣！」

珍妮佛臉上顯出驚恐愕然的表情，可我卻獲得了一種快感，這就是我所希望看見的——讓她也難過難過。

珍妮佛從床上跳下來，站在我面前的地毯上，瞪著大眼問道：「你是這樣

看我的嗎？」

「X的，一點不錯！」珍妮佛的火氣使我更加惱怒，我勃然大怒地罵道，「我真後悔沒有能早知道這點。」

此刻她和我一樣憤怒，我們兩人互不相讓。

「你這可憐的笨蛋！」她說，「你連自己在說什麼也不知道，你連結婚意味著什麼也不懂。你有時間去好好想想。我要回家去和媽媽一起住，別來找我，我再也不想見到你了！」

我知道現在事情的確是很嚴重了，可我一點也不準備妥協。一切都怪珍妮佛，她知道我們有多少存款，她曉得自己偷偷摸摸地幹了件不光彩的事。她把我當什麼了？我難道是讓她任意擺弄的玩物嗎？

我轉過身去說：「假如妳連對我開誠布公都做不到的話，隨便妳去哪好了。」

她終於氣呼呼地走了。我心想：讓她去吧！她很快就會知道我是對的，會低三下四地跑回來。女人都是這樣！

第二天我在辦公室裡獨自埋頭工作，沒有人注意到我沉默寡言，與往常不同。

午飯後回到辦公室裡，我看見比爾‧漢默正在向同事們炫耀他剛買的一套高爾夫球具。

「是在市中心買的，」他笑著對我說，「啊，勃尼，你從前常打高爾夫球，是嗎？」我強作笑顏，伸手拿了根球棍。

「是這樣，一點也不錯。」我站在那兒，揮舞著球棍說。我忽然有了個主意——重操舊業，再打高爾夫球。這樣，或許能減少我的懊惱和煩悶。

當天下午我就買了球和球棍，一拿到手裡便覺得非常開心。回家後，我就在地板上玩起了高爾夫。有一顆球打重了一點，從起居室滾進了臥室，說來也巧，最後滾進了珍妮佛的壁櫥。壁櫥又大又暗，珍妮佛的許多衣服還掛在裡面。

我跪在地上，伸手在裡面摸找，忽然碰到了一個沉重的箱子。我拉出來打開一看，大吃一驚。這是我所見過的最漂亮的高爾夫球棍，比我剛才買的還要漂亮。還有一打高爾夫球和一副手套。箱子上是蒙特婁的標記。

我這時才記起來，下個星期二是我們的結婚週年紀念日。珍妮佛喜歡讓人出乎意料，她對我充滿了無限的愛。我真混蛋。珍妮佛說得一點不錯，我真是個可憐的笨蛋。我想著，現在只有一條路 —— 去找珍妮佛，求她回來。我是個男子漢，有勇氣這樣做。

還有，明天我一定要在珍妮佛的壁櫥裡，掛上一條貂皮圍巾。

不要隨意羞辱自己的孩子

> 孩子雖然幼小，也是有自尊的，他們的自尊甚至比一般人更強烈更脆弱。是否尊重他們，也許會影響他們的一生。如果你有一個孩子，請尊重他的感受。你可以告誡孩子，但是不能羞辱孩子。孩子的純潔與善良需要你的保護。

大街上，兩歲左右的兒子在父母身旁邊跑邊喊。

這對夫婦在路邊買了兩支冰棒，邊走邊吃，小男孩也想拿一支吃，母親說：「寶貝，你可以從我這兒咬一口，但不能吃整支，因為太冰了。」可是，小男孩伸出手來要整支，母親再次把手拿開，他失望地哭了，父親又重複母親的做法。小孩邊哭邊向前跑去，想分散自己的注意力，但很快又跑回來，嫉妒又難過地盯著兩個正吃得起勁的大人。一次又一次，他伸手去要整支冰棒，但大人緊握著冰棒的手卻一次次縮回去。

小男孩越是哭，他的父母越覺得有意思。他們不停地笑著，並跟他開玩笑：「你看你，這有什麼值得你這麼吵鬧？」於是小男孩坐在地上背對父母，朝母親方向扔小石子，但他又突然站起來，焦慮地四下張望，想知道爸媽

是否還在那裡。父親吃完自己的冰棒後，把小木棒遞給兒子，自己繼續向前走。小男孩期待地舔著小木棒，看了看，把它扔掉，又想撿起來，但最後還是沒有撿。他一臉失望，孤獨又傷心地哭起來，全身顫抖。然後順服地跟在父母身旁。

這是著名的精神分析家愛麗絲‧米勒親眼見到的景象，寫在《幸福童年的祕密》裡，她非常驚駭於父母可以如此羞辱小孩。

這個小孩成年後可能也會對弱者施加暴力。小男孩並非因為「貪吃的欲望」沒有得到滿足而傷心，而是他的情感不斷受到傷害和打擊。不但願望無人理解，更糟的是，他的需求還被開玩笑。

但是，很多大人沒有意識到自己的行為，他們正不自覺地犯著這些錯誤。

家庭公式

一百個不幸福的家庭有一百個理由不幸福，而每一個幸福的家庭都是因為家裡充滿寬容與愛。

我撞到一個路過的陌生人，趕快道一聲：「對不起！」他也說：「對不起，我無意撞到了妳。」我和這個陌生人都非常禮貌，互相道別後各自趕路。

但在家裡情況卻有所不同。一天傍晚，我正做晚飯，小兒子靜悄悄地站在一旁，我一轉身，幾乎把他撞倒，「別煩我！」我皺著眉頭說。

他走開了，小小的心幾乎碎了。

晚上我躺在床上，上帝的聲音飄進我的耳旁。當撞到陌生人，妳有起碼的禮貌，但在妳所愛的家裡，是不是太粗魯？到廚房去看看那裡的地板吧！妳會發現門旁有些花兒。那些都是孩子給妳的，他自己採的花，五彩繽紛。他靜悄悄地站著，以免破壞給妳的驚喜，而妳卻沒有看見，沒有看見他眼睛

裡充滿了淚水。

這時候，我萬分羞愧，止不住眼淚開始流淌。我悄悄地來到兒子床邊。

「這些花是你採的嗎？」他笑了：「嗯，我在樹邊發現了它們。我採了花兒，嗯，因為它們像妳一樣漂亮。我知道，嗯……妳特別喜歡藍色的。」

我說：「對不起，兒子。今天媽媽不該對你那麼凶。」

他說：「沒關係，不管怎樣我都愛妳，媽媽。」

我說：「寶貝，我也愛你。我真的喜歡花兒，特別是藍色的。」

那麼這個故事說明了些什麼呢？你知道家庭（FAMILY）這個詞的意思嗎？

FAMILY = Father And Mother I Love You

家庭＝父親和母親＋我愛你！

蘋果的吃法

> 不要勉強別人來認同自己的習慣，要寬容別人的習慣，彼此才能
> 和睦相處。摒棄個人利益將使人生變得不可思議；而摒棄自私則
> 會使人變得更加完美。

一對夫婦常為吃蘋果發生口角。

妻子怕皮沾了農藥，吃後中毒，一定要把皮削掉；而丈夫則認為果皮有營養，把皮削掉太可惜。常吃蘋果，也就常吵。最後，竟吵到他們的老師家去斷是非。

老師對妻子說：「妳先生這麼多年都吃不削皮的蘋果，還好好的，妳擔心什麼？」

老師又對丈夫說：「你太太不吃蘋果皮，你嫌她浪費，那你就把她削的皮拿去吃了，不就沒事了！」

老師還說：「由於家庭環境不同，成長過程不同，每個人的生活習慣也會有所不同。因此，不要勉強別人來認同自己的習慣，同時，也要寬容別人的習慣。」

小倆口茅塞頓開，以後的生活中，再出現由於習慣的原因發生爭執，他們就會想起老師的話，不再爭吵。他們的日子更幸福了。

第十一章

第十二章

人活百歲的另類詮釋

人生畢竟是分階段的，有美滿也有辛苦，有歡樂也有痛苦。這也說明了在人生中存在著曲折規律。從生命畫出的軌跡中，我們可以看得出，此曲線並非光滑的曲線，而是曲曲折折的。

傳說，上帝創造了亞當，對他說：「你將會統治人間的一切生命，過上幸福無比的生活。」

然而，這麼美好、幸福的享受僅僅是三十年。亞當覺得時光太短促了，祈求上帝再給他增加幾年。

上帝考慮了一下，答應給他找幾個動物，看看牠們能否把自己的壽命讓出一部分來，送給亞當。

第一個出現的是驢。上帝對牠說：「你命中注定要努力工作，身負重擔，只能吃點草維持生命。」

驢的壽命是四十年。牠說：「我為什麼要受那麼多年的苦呢？二十年足夠了。」

亞當非常高興地接受了驢的禮物，這下，他能活五十年了。

接下來，上帝又把狗叫來，對牠說：「你命中注定要成為主人的忠實奴僕，保護他和他的財產，而你只能吃到少量的食物，還要經常遭受拳打腳踢。」

狗的壽命也是四十年。牠悲哀地叫道：「我為什麼該吃那麼多苦呢？一半的時間足夠了。」

亞當歡呼雀躍地接受了狗的饋贈，這樣，他就能活到七十歲了。

最後來的是猴子，上帝對牠說：「你命中注定要用兩隻腳走路，供人玩樂取笑，至於吃的東西，只是人們的一點施捨罷了。」

猴子的壽命是六十年。牠厭倦地撇撇嘴：「為什麼活那麼長呢？三十年就已經不短了。」

猴子把自己三十年的壽命拱手送給了亞當，亞當欣喜若狂。從那時起，人就能活到一百歲了。

這一百年自然地分成四個階段：

第一個階段是從出生到三十歲，這期間人們盡情地享受生活。身強體壯，過著自由自在的生活。

第二個階段從三十歲到五十歲，男人娶妻生子，東奔西走，賺錢糊口。為了生存，他不得不像驢一樣辛苦勞作。這就是二十年驢的生活。

第三個階段從五十歲到七十歲，他成為子女的奴隸，像一條狗那樣，忠實地守護著兒女的財產，兒女們卻不許他上桌吃飯。這就是二十年狗的生活。

第四個階段是從七十歲到一百歲，此時的人牙齒脫落，皺紋縱橫，舉止和外形都很奇怪，孩子們就經常追逐取笑他們。這就是三十年猴子的生活。

讀完這則小故事，你感到心靈的震撼了嗎？

一個人從呱呱墜地到停止呼吸，有幾十年甚至百年的生命歷程，如果我們把人生看成行路，那麼人生歷程中每邁出一步，都會在生命的星河中留下閃亮的一點，這諸多亮點連綴，便是人的生命之光在歷史螢幕上畫出的軌跡。這軌跡不是直線而是曲線，在壯年時達到最高峰，此極值之前處於上升時期，是人的奮鬥階段，此極值之後便慢慢處於下降階段，這一時期更多的是回憶。這個以色列的故事所提煉的人生當然只是一個極盡誇張的傳說。但我們仍需肯定這樣的觀點：人生畢竟是分階段的，有美滿也有辛苦，有歡欣也有苦痛。這又正好有力地說明了在人生中存在著曲折規律。從生命畫出的軌跡中我們看得出，此曲線並非光滑的曲線，而是曲曲折折的。人生就是這樣，正是因為其曲折、屈伸才更多了幾多回味，才更顯得其豐富。直線縱然簡練，但卻無法與曲線之美相比。人生之曲線往往於其曲折之處更包含深邃、智慧和成熟。知道了這點，我們的重要任務就是如何在百年人生中揚屈伸之道，步曲折之途，繪一幅絢麗多姿的人生畫卷。路在腳下，開拓要靠自己。如果該伸之時不懂奮鬥，那麼下場也許真會如猴如狗的；如果人生行路，

只是隨波逐流，那得到的將只會是無盡的遺憾。羅曼・羅蘭說過一句話：「人生不是旅行，不出售來回票，一旦動身就很難返回。」

生命中的「大石塊」

> 人生選擇最關鍵的是先挑出生命中的「大石塊」：信仰、志向、學識……否則你會終生錯過，人生也將有巨大缺陷，而留下無盡的遺憾。

一天，時間管理專家為商學院的學生們講課。「我們來做個小實驗。」專家拿出一個玻璃瓶放在桌上。隨後，他取出一堆拳頭大小的石塊，把它們一塊塊地放進瓶子裡，直到石塊高出瓶口再也放不下了。

他問學生們：「瓶子滿了嗎？」

所有的學生應道：「滿了。」

「真的？」專家說道。說著他又取出一桶礫石，倒了一些進去，並敲擊玻璃壁使礫石填滿石塊間的間隙。「現在瓶子滿了嗎？」

這一次學生有些明白了，「可能還沒有。」一位學生應道。

「很好！」接著又拿出一桶沙子，把它慢慢倒進玻璃瓶。沙子填滿了石塊的所有間隙。他又一次問學生：「瓶子滿了嗎？」

「沒滿！」學生們大聲說。

然後專家拿過一壺水倒進玻璃瓶直到水面與瓶口齊平。之後，問學生們：「這個例子說明了什麼？」

一個學生舉手發言：「它告訴我們，無論你的時間表多麼緊湊，如果你再加把勁，還可以做更多的事！」

「說得很好。」專家說，「然而它的喻意還不僅僅於此。這個例子告訴我們一個道理：如果你不先把大石塊放進瓶子裡，那麼你就再也無法把它們放

進去了。那麼，什麼是你生命中的『大石塊』呢？你的信仰、志向、學識……切記我們應先處理這些『大石塊』，否則會終生錯過。」

命運在自己的手中

> 有些人之所以幸運，被生命青睞，並不是因為他們付出的比別人多，而是因為他們更懂得做人的道理；有些人雖然也很求上進，卻不得不平凡地度過一生，這並不是因為命運的不公，而是他們沒有掌握好做人的方法。

兩個要好的女人曾經是鄰居，那時候她們八歲。暴風雨過後一個清晨，她們在海邊玩，淺水窪裡，留下了許多前一天晚上被暴風雨捲上岸來的小魚。太陽烘烤著淺灘，用不了多久，這些小魚就會隨著水的蒸發而變成魚乾。

第一個女孩不動聲色，將小魚撿起來放在用自己衣服做成的布袋裡；第二個女孩則將魚撿起來，扔進大海，她的臉上寫滿了焦急，生怕動作慢了救不了更多的小魚。

十年後，第一個女人考入了很有名望的學校專攻經濟管理，她是個要強而冷漠的女人；第二個女人則考入了醫學院。

二十年後，第一個女人將生意做得如日中天；第二個女人在一家醫院任職，工作兢兢業業，待人和氣有加。

三十年後，第一個女人用金錢開路走上了政壇，當選當地最年輕的副市長；第二個女人仍在醫院工作，她在醫學上很有造詣，是當地非常有名望的醫生。

四十年後，她們的人生出現了大逆轉。

第一個女人被關進監獄，她的臉上寫著深刻的疲憊。三十年了，凡是對自己無利的事堅決不做，而對自己有利的事則無孔不入，年近五十的人了，

卻因行賄受賄失去了自由。她的眼前再次浮現出海灘上的一幕：一條條小魚瞪著絕望的眼睛，在布袋裡垂死掙扎。

第二個女人已經是當地有名的醫生。她也會經常想起海灘那幕，她常常對自己說：「我救不了所有的人，但我會盡我的能力救更多的人。」

我們一生的種種不幸和磨難，很大程度上是緣於自己的過錯。兩個女人不同的命運，並不取決於她們的能力，而是做人的方式。想要改善命運，就必須學會先做好自己，只有首先掌控了自己，才能有效地影響他人，以至於最終影響世界。

一些人之所以能夠品嘗成功的盛宴，成為幸運的寵兒，往往並不是因為他們比別人付出了更多的努力、經受了更多的辛苦，而是因為他們掌握了做人的道理；相反，有的人雖然付出很多，終其一生都很上進，但卻總是不走運，最終平庸了一輩子，這並不是命運捉弄了他們，而是很多時候，他們沒有掌握好做人的方法。

任何多餘的都是負擔

富有的人為什麼會過得不快樂？這是因為快樂與擁有多少沒有關係。

從前有座山，山上有個廟，廟裡有個老和尚和一個小和尚。小和尚建議師父：「如果買一匹馬，您就不用整天這麼勞累奔波了，可以輕鬆很多。」

老和尚如願以償買到了馬匹，中午正想舒服地睡個午覺。

突然，小和尚跑了進來，說道：「師父，我們忘了一件事，今晚馬兒睡哪兒呀？我們應該給馬兒建個馬棚。」

老和尚想道，徒兒的建議很有道理，很及時。

於是，老和尚決定，馬上就給馬兒建個馬棚。

馬棚終於建好了，老和尚累了一天，正想躺下好好休息一下。小和尚又跑到跟前，說道：「師父，馬棚雖然建好了，但是你整天忙於化緣，而我又要學禪，平時誰來養馬呀！我們還少一個養馬的。」

老和尚想，徒兒的建議有道理，很及時。

於是，老和尚決定，聘請了一個馬倌。

第二天，老和尚剛睡醒，小和尚跑了進來，說道：「師父，今天我又想起一件事，以前廟裡就我們倆，飽一頓餓一頓的，很好打發。可現在，人變多了，我們應該再請一個廚師呀！」

老和尚想了一下，覺得小和尚的建議的確有道理，也很及時。

於是，老和尚決定，聘請了一個廚師兼保姆。

吃完早飯，老和尚正準備外出講經，小和尚跑到跟前，說道：「師父，廚師已經請來了。不過，她說廟裡沒有廚房，讓我們趕快造一間，她還說，她年老力衰，又不會算帳，讓我們再請一個算錢的，幫她買買菜，幫幫廚房的事。」

突然間，老和尚悟出了什麼，想道：「以前的日子呀，多簡單、多輕鬆呀……」他對小和尚說：「這匹馬只會讓我覺得更累，趕快賣了牠！」

這個故事告訴我們一個道理：有時候，我們費盡辛苦購置的東西，並不能給我們的生活帶來輕鬆和愉快，而是給我們帶來更多的負擔。

與其為其所累，還不如痛下決心，果斷地擺脫它呢！

簡單生活是一種美

簡單應該成為我們每一個人生活的準則。因為在人生道路上，唯有奉行簡單的準則，才有可能避免誤入阻礙我們成熟的岔路，陷入歧途。簡單是一種積極、樂觀、向上的生活態度。生命太短暫，一生不過短短數十年，哪經得起那麼多無謂的折騰。

第十二章

有這樣一個故事：

美國一家著名的報社以一千美金向全國徵求最佳答案：有一艘船載著三個人，其中一個是美國著名的物理學家，另外兩個分別是美國著名的生物學家和數學家。不料在海上發生了意外，為了挽救另外兩個人的生命，把損失降到最小，必須把一個人扔下去，那麼應當把誰扔下去呢？

這件事引起美國人民的極大興趣，報社收到了來自各地的不同答案，大家各抒己見，絕大多數人都是從這三個人的工作談起，從不同的方面論證他們的重要性，一時間全國陷入對物理、生物、數學哪一個更重要的大規模爭論中，誰也無法說服誰。最後，獎金的得主竟是一個年僅十歲的小孩，他的答案很簡單：把那個最胖的扔下去！

生活其實是很簡單的，就如這個簡單的答案一樣，變得複雜的原因往往是我們自己人為造成的。所以，過簡單的生活，做簡單的事情，簡單思考，生活就是這樣。

其實生活、唸書、工作中的很多事情都很簡單，大可不必費九牛二虎之力去傷透腦筋，人生、愛情、理想也是如此。

比如說一棵樹，細看來是許多的枝，再看是無數的葉，再看，是數不清的細胞。其實，它只是一棵樹而已。一切問題都是可以化為簡單的，正如電腦裡所有問題都只有兩個答案：是或者不是。世界上沒有複雜的事情，只有複雜的心靈和黑洞般沒有邊際不知深淺的欲望。

不要為金錢所累

這是一個極具誘惑力的社會，這是一個欲望膨脹的時代，人們的心裡總是充滿著欲望和奢求。有人把追求財富當做了生活的全部，這樣一來，他們就再也無法享受到生活的寧靜美好，反將自己弄得身心疲憊。

美國石油大王約翰・洛克斐勒（John D. Rockefeller）在三十三歲那年，賺到了他一生中第一個一百萬，到了四十三歲，他建立了世界上知名的大企業 —— 標準石油公司。但不幸的是，五十三歲時，他卻成為事業的俘虜。充滿憂慮及壓力的生活早已壓垮了他的健康。他的傳記作者溫格勒說，他在五十三歲時，看來就像個手腳僵硬的木乃伊。

洛克斐勒因不知名的消化症，頭髮不斷脫落，甚至連睫毛也無法倖免，最後只剩幾根稀疏的眉毛。溫格勒說：「他的情況極為惡劣，有一陣子他只得依賴優酪乳為生。」醫生們診斷他患了一種神經性脫毛症，後來不得不戴頂帽子。不久以後，他定做了一頂假髮，終其一生都沒有再摘下來過。

洛克斐勒在農莊長大，曾經有著強健的體魄，寬闊的肩膀，走起路來更是步步生風。

可是，對於多數人而言的巔峰歲月，他卻已肩膀下垂，步履蹣跚。這位傳記作者說：「當他照鏡子時，看到的是一位老人。他之所以會如此，因為他缺乏運動休息。由於無休止的工作，嚴重的體力透支，他同時也為此付出慘重的代價。他雖然是世界上最富有的人，卻只能靠簡單飲食為生。他每週收入高達幾萬美金，可是他一個禮拜能吃得下的食物，要不了兩塊錢。醫生只允許他進食優酪乳與幾片蘇打餅乾。他的臉上毫無血色，用瘦骨嶙峋、老態龍鍾形容他一點也不為過。他只能用錢買到最好的醫療，使他不至於五十三歲就離開人世。」

憂慮、驚恐、壓力及緊張已經把他逼近墳墓的邊緣，他永不休止、全心全意地追求目標。據親近他的人表示，當他賠了錢時，他就會大病一場。一次他運送一批價值四萬美金的穀物取道伊利湖區水路，保險費用要兩百五十美元，他覺得太昂貴就沒有買保險。可是當晚伊利湖有暴風。洛克斐勒擔心貨物受損，第二天一早，他的合夥人跨進他辦公室時，發現洛克斐勒還在來回踱步。

「快點！去看看我們現在投保是不是還來得及。」合夥人奔到城裡找保險

公司，可是回辦公室時，發現洛克斐勒情況更糟。因為剛好收到電報，貨物已安全抵達，並未受損！可是洛克斐勒更氣了，因為他們剛花了兩百五十美元投保費用。事實上，他把自己搞病了，不得不回家臥床休息。想想看，他的生意一年營利五十萬美元，他卻為了區區兩百五十美元把自己折騰得病倒在床上。

可以說，他的健康是由憂慮一手毀滅的。他從沒有閒暇去從事任何娛樂，從來沒有上過戲院，從來不玩牌，也從來不參加任何宴會。馬克 · 漢娜對他的評價是：「一個為錢瘋狂的人。」

最後，醫生終於對他宣布，在財富與生命中任選其一，並警告他如繼續工作，只有死路一條。

醫生不遺餘力地挽救洛克斐勒的生命時，他們要他遵守三項原則：

第一、避免憂慮。絕不要在任何情況下為任何事煩惱。

第二、放輕鬆，多在戶外從事溫和的運動。

第三、注意飲食，只吃七分飽。

洛克斐勒不得不謹記這些原則，也因此撿回一命。他退休了，他學打高爾夫球，從事園藝，與鄰居聊天、玩牌，甚至唱歌。

洛克斐勒開心了，他徹底地改變了自己，成為毫無憂慮的人。事實上，當他遭受事業重創時，他再也不用為此而犧牲睡眠。

任何人都難以相信，曾為兩百五十美元而失眠的人現在竟然如此輕鬆，也正是克服憂慮後的輕鬆，使他活到九十八歲。財富可追求卻不可強求，每個人都要保持一種平和的心態，擺正財富的位置。

珍惜青春時光

歲月如梭，曾經的歲月一去不返。回憶往事，曾經的理想信念都被歲月悄悄磨去，剩下的只是庸庸碌碌的人生。年輕是資本，是

人一生中最美好的時光，我們要珍惜這人生的短暫時光，使它發揮出最大的光芒。

有一對姐妹，她們的家住在八十層樓上。有一天她們外出旅行回家，發現大樓停電了。雖然她們背著大包的行李，但看來沒有什麼別的選擇，於是姐姐對妹妹說：「我們就爬樓梯上去！」於是，她們背著兩大包行李開始爬樓梯。爬到二十樓的時候她們累了，姐姐說：「包太重了，不如這樣吧，我們把包放在這裡，等來電後坐電梯來拿。」於是，她們把行李放在了二十樓，輕鬆多了，繼續向上爬。

她們有說有笑地往上爬，但是到了四十樓，兩人實在累了。想到還只爬了一半，兩人開始互相埋怨，指責對方不注意大樓的停電公告，才會落得如此下場。她們邊吵邊爬，就這樣一路爬到了六十樓。到了六十樓，她們累得連吵架的力氣也沒有了。妹妹對姐姐說：「我們不要吵了，爬完它吧。」於是她們默默地繼續往上爬，終於八十樓到了！來到家門口姐妹倆才發現，她們的鑰匙留在了二十樓的包裡了……

有人說，這個故事其實就是反映了我們的人生：二十歲之前，我們活在家人、老師的期望之下，背負著很多的壓力、包袱，自己也不夠成熟、能力不足，因此步履難免不穩。二十歲之後，離開了眾人的壓力，卸下了包袱，開始全力以赴地追求自己的夢想，就這樣愉快地過了二十年。可是到了四十歲，發現青春已逝，不免產生許多的遺憾和追悔，於是開始遺憾這個、惋惜那個、抱怨這個、嫉恨那個……就這樣在抱怨中度過了二十年。到了六十歲，發現人生已所剩不多，於是告訴自己不要再抱怨了，就珍惜剩下的日子吧！於是默默地走完了自己的餘年。到了生命的盡頭，才想起自己好像有什麼事情沒有完成……原來，我們所有的夢想都留在了二十歲的青春歲月，還沒有來得及完成……。

做一個有用的人

> 人生在世，為各式各樣的理由奮鬥著。只為自己活著的人生肯定
> 是不完美的，因為體會不到奉獻的快樂。只有做一個有用的人，
> 才會得到社會的承認。

傳說老子騎青牛過函谷關，在函穀府衙為府尹留下洋洋五千言《道德經》時，一個年逾百歲、鶴髮童顏的老翁到府衙找他。老子在府衙前遇見老翁。

老翁對老子略略施了個禮說：「聽說先生博學多才，老朽願向您討教個明白。」

老翁得意地說：「我今年已經一百零六歲了。說實話，我從年少時直到現在，一直是遊手好閒地輕鬆度日。與我同齡的人都紛紛去世，他們開墾百畝沃田卻沒有一席之地，修了萬里長城而未享轔轔華蓋，建了四舍屋宇卻落身於荒野郊外的孤墳。而我呢，雖一生不稼不穡，卻還吃著五穀；雖沒置過片磚隻瓦，卻仍然居住在避風擋雨的房舍中。先生，是不是我現在可以嘲笑他們忙忙碌碌勞作一生，只是給自己換來一個早逝呢？」

老子聽了，微然一笑，對府尹說：「請找一塊磚頭和一塊石頭來。」

老子將磚頭和石頭放在老翁面前說：「如果只能擇其一，仙翁您是要磚頭還是願取石頭？」

老翁得意地將磚頭取來放在自己的面前說：「我當然取磚頭。」

老子撫須笑著問老翁：「為什麼呢？」

老翁指著石頭說：「這石頭沒稜沒角，取它何用？而磚頭卻用得著呢。」

老子又招呼圍觀的眾人問：「大家要石頭還是要磚頭？」眾人都紛紛說要磚而不取石。

老子又回過頭來問老翁：「是石頭壽命長呢，還是磚頭壽命長？」老翁說：「當然石頭了。」

老子笑著說：「石頭壽命長，人們卻不選擇它，磚頭壽命短，人們卻選擇

它，不過是有用和沒用罷了。天地萬物莫不如此。壽雖短，於人於天有益，天人皆擇之，皆念之，短亦不短；壽雖長，於人於天無用，天人皆摒棄，倏忽忘之，長亦是短啊。」

老翁大慚。

讓時間超值，延長生命

> 富蘭克林有句名言：「你熱愛生命嗎？那麼別浪費時間，因為時間是組成生命的材料。」

猶如朱自清所說的：「洗手的時候，日子從水盆裡過去；吃飯的時候，日子從飯碗裡過去；默默時，便從凝然的雙眼裡過去。我覺得時間去的匆匆了，伸出手遮挽時，它又從遮挽的手邊過去；天黑時，我躺在床上，它伶伶俐俐地從我身上跨過，從我的腳邊飛去了。當我睜開眼和太陽再見，這算又溜走了一日。我掩面嘆息，但新來日子的影子又開始在嘆息裡閃過。」

這段話寫出了時間無時無刻不在流逝，我們應該好好把握逝去的瞬間。有兩位病人，都是鼻子不舒服。在醫院等待化驗結果期間，甲說，如果是癌，立即去旅行。乙也如此表示。結果出來了。甲得的是鼻癌，乙長的是鼻息肉。

甲列了一張告別人生的計畫表離開了醫院，乙住了下來。甲在這張生命的清單後面這麼寫道：我的一生有很多夢想，有的實現了，有的由於種種原因沒有實現。現在我的時間不多了，為了不遺憾地離開這個世界，我打算用生命的最後幾年去實現還剩下的夢想。

時間過去了兩年。有一天，乙在報上看到甲寫的一篇散文，打電話去問甲的病。甲說：「要不是這場病，我的生命該是多麼的糟糕。是它提醒了我，去實現自己想去實現的夢想。現在我才體會到什麼是真正的生命和人生。你

生活得也挺好吧？」乙沒有回答。因為在醫院時說的去旅行的事，早已因患的不是癌症而放到腦後去了。

在這個世界上，其實每個人都患有一種癌症，那就是不可抗拒的死亡。我們之所以沒有像那位患鼻癌的人一樣，列出一張生命的清單，拋開一切多餘的東西，去實現夢想，去做自己想做的事，是因為我們認為自己還會活得更久。然而也許正是這一點差別，使我們的生命有了本質上的不同：有些人把夢想變成了現實，有些人把夢想帶進了墳墓。

最怕人窮志短

> 人窮志短，人生處於困境或低谷，卻不追求上進，這是非常可怕的。只有在苦難中立志的人，才能擺脫困難和貧窮，人生才會有意義。

拿破崙的父親是一個極高傲但卻極其窮困的科西嘉貴族。他把拿破崙送進了一個在布列訥的貴族學校，在這裡與拿破崙往來的，都是一些在他面前極力誇耀自己富有，而譏諷他窮苦的同學。這種一致譏諷他的行為雖然引起了他的憤怒，而他卻只能屈服在威勢之下。

後來實在受不住了，拿破崙寫信給父親，說道：「為了忍受這些外國孩子的嘲笑，我實在疲於解釋我的貧困了。他們唯一高於我的便是金錢，至於說到高尚的思想，他們是遠在我之下的。難道我應當在這些富有、高傲的人之下謙卑下去嗎？」

「我們沒有錢，但是你必須在那裡讀書。」這是他父親的回答，因此使他忍受了五年的痛苦。但是每一種嘲笑，每一種欺侮，每一種輕視的態度，都使他增加了決心，發誓要做給他們看看，他確實是高於他們的。

他是如何做的呢？這當然不是一件容易的事，他一點也不空口自誇，他

只在心裡暗暗計劃，決定利用這些沒有頭腦卻傲慢的人作為橋梁，使自己得到權勢、財富、名譽。

等他到了部隊時，看見他的同伴正在用多餘的時間追求女人和賭博。而他那不受人喜歡的矮小體格使他決定改變方針，用埋頭讀書的方法，去努力和他們競爭。

他並不是讀沒有意義的書，也不是專以讀書來消遣自己的煩惱，而是為自己理想的將來作準備。他立志要讓全天下的人知道自己的才華。因此，在他選擇圖書時，也就是以這種決心為選擇的範圍。他住在一個既小又悶的房間內，在這裡，他臉無血色，孤寂，沉悶，但是他卻不停地讀下去。

他想像自己是一個總司令，將科西嘉島的地圖畫出來，地圖上清楚地指出哪些地方應當布置防範，這是用數學的方法精確地計算出來的。因此，他數學的才能獲得了提高，這使他第一次有機會表示他能做什麼。

他的長官看見拿破崙的學問很好，便派他在操練場上執行一些工作，這是需要極複雜的計算能力的。他的工作做得極好，於是他又獲得了新的機會，拿破崙開始走上有權勢的道路了。這時，一切的情形都改變了。從前嘲笑他的人，現在都湧到他面前來，想分享一點他得的獎金；從前輕視他的，現在都希望成為他的朋友；從前揶揄他是一個矮小、無用、死用功的人，現在也都改為尊重他；他們都變成了他的忠心擁戴者。

假使他那些同學沒有嘲笑他的貧困；假使他的父親允許他退出學校，他的感覺就不會那麼難堪。他之所以成為這麼偉大的人物，卻不完全是由他的這一切不幸造成的，更關鍵的是他悟出了適合於他的正確的做人方法。

他知道，在困境中，只有奮發圖強才能拯救自己，成就大業，出人頭地。

生命的敬畏

> 我們理應敬畏地球上的一切生命，不僅僅是因為人類有憐憫之
> 心，更因為他們的命運就是人類將來的命運：當他們被殺害殆盡
> 時，人類就像是最後的一塊骨牌，接下來倒下的也便是自己了。

弘一法師在圓寂前，再三叮囑弟子把他的遺體裝佛龕時，在佛龕的四個腳下各墊上一個碗，碗中裝水，以免螞蟻、蟲子爬上遺體後在火化時被無辜燒死。看弘一法師的傳記，讀到這個細節，總是為弘一法師對於生命深徹的憐憫與敬畏之心而深深感動。

上高中的時候，我家後院的牆洞裡經常有大老鼠出來偷吃東西。不知為什麼，我的心裡產生了一個殘酷的想法，悄悄地躲在牆邊，趁老鼠出來的時候，拿開水燙牠，結果，一隻大老鼠被滾燙的開水燙著後，慘叫著縮進了牆洞。我不知道牠有沒有死，但那時我並沒意識到自己的殘忍，因為「過街老鼠，人人喊打」，在我們的心目中，老鼠似乎有一千個應該死的理由。

然而，引起我內心最大觸動和內疚的還是在兩個月後：我在後院又看到了那隻大老鼠，牠還活著，只是全身都是被燙傷之後留下的白斑，最讓人痛苦和不安的是，牠居然還懷著小老鼠，頂個大肚子，動作遲鈍地在地上尋覓著食物。我無法表達我那個時候的心情，我只覺得「生命」這個詞，在那刻的心中突然顯得那麼耀眼，只覺得我曾經有過的行為是多麼的卑劣和醜齪。

這種感覺，在別人眼裡也許會顯得很可笑，但是，對我來說，就是從那個時候起，我逐漸地感受到了生命的意義和分量。

法國著名思想家史懷哲曾在《生命的敬畏》中寫道，他在非洲志願行醫時，有一天黃昏，看到幾隻河馬在河中與他們所乘的船並排而遊，突然感悟到了生命的可愛和神聖。於是，對「生命的敬畏」的思想在他的心中油然而生，並且成了他今後努力宣導和不懈追求的事業。

其實，也只有我們擁有對生命的敬畏之心時，世界才會在我們面前呈現

出它的無限生機，我們才會時時處處感受到生命的高貴與美麗。地上搬家的小螞蟻，春天枝頭鳴唱的鳥兒，高原雪山腳下奔跑的羚羊，大海中戲水的鯨魚等等，無不豐富了生命世界的底蘊，我們也才會時時刻刻在體驗中獲得「鳶飛魚躍，道無不在」的生命的頓悟與崇敬。

因此，每當讀到那些關於生命的故事，我的心中總會深切地感受到生命無法承受之重：如撒哈拉沙漠中，母駱駝為了使即將渴死的小駱駝喝到深水潭裡的水而縱身跳進潭中；老羚羊們為了使小羚羊們逃生，一個接著一個跳向懸崖，而使小羚羊在牠們即將下墜的剎那以牠們為跳板跳到對面的山頭上去；一條鱔魚在油鍋中被煎煮時卻始終弓起中間的身子，是為了保護腹中的小鱔魚。其實，不僅僅只有人類才擁有生命神性的光輝。

有時候，我們敬畏生命，也是為了更愛人類自己。豐子愷曾勸告小孩子不要肆意用腳去踩螞蟻，不要肆意用火或用水去殘害螞蟻，他認為自己那樣做不僅僅出於憐憫之心，更是怕小孩子那一點點殘忍心以後擴大，會讓他駕著飛機裝著炸彈去轟炸無辜的平民。

以笑聲面對殘酷的命運

> 人生就像是一次旅行，在乎的是沿途的風景和看風景的人。把人生比喻成一本書的話，老年是它的封底，一本書讀完了，有誰會去在乎它的封底呢？

一九五四年，當美國著名作家海明威（Ernest Miller Hemingway）上臺接受諾貝爾文學獎時，他卻謙虛地說道：「得此獎項的人應該是那位美麗的丹麥女作家 —— 凱倫 · 白列森（Karen Blixen）。」

海明威所說的這位丹麥著名女作家，就是電影《遠離非洲》的女主人公。《遠離非洲》這部電影的結尾，打了一行小小的英文字：凱倫 · 白列森返回丹

麥後成了一位女作家。

　　凱倫‧白列森（西元一八八五至一九六二年），從非洲返回丹麥後，不但成為一位享譽歐美文壇的女作家，而且在她去世四十多年後的今天，她和比她早出世八十年的安徒生並列為丹麥的「文學國寶」。她的作品是國際學者專門研究的科目之一，幾乎每一兩年便有英文及丹麥文的版本出現。她的故居也成了「凱倫‧白列森博物館」，前來瞻仰她故居的遊客大部分是她的文學崇拜者。

　　凱倫‧白列森離開非洲的那一年，她可以說是什麼都沒有的一個女人，有的只是一連串的厄運：她苦心經營了十八年的咖啡園因長年虧本被拍賣了；她深愛的英國情人因飛機失事而斃命；她的婚姻早已破裂，前夫再婚；最後，連健康也被剝奪了，多年前從丈夫那裡感染到的梅毒發作，醫生告訴她，病情已經到了藥物不能控制的階段。

　　回到丹麥時，她可說是身無分文，除了少女時代在藝術學院學過畫畫以外，無一技之長。她只好回到母親那裡，依賴母親生活，她的心情簡直是陷落到絕望的谷底。

　　在痛苦與低落的狀況下，她鼓足了勇氣，開始在老家伏案筆耕。一個黑暗的冬天過去了，她的第一本作品終於完稿，是七篇詭異小說。

　　她的天分並沒有立刻得到丹麥文學界的欣賞和認可。她的第一部作品在丹麥飽嘗閉門羹。有人甚至認為，她故事中所描寫的鬼魂，簡直是頹廢至極。

　　凱倫‧白列森在丹麥找不到出版商，便親自把作品帶到英國去，結果又碰了一鼻子灰。英國出版商很禮貌地回絕她：「男爵夫人（凱倫‧白列森的前夫是瑞典男爵，離婚後她仍然有男爵夫人的頭銜），我們英國現在有那麼多的優秀作家，為何要出版妳的作品呢！」

　　凱倫‧白列森頹喪地回到丹麥。她的哥哥驀然想起，曾經在一次旅途中認識了一位在當時頗有名氣的美國女作家，毅然把妹妹的作品寄給那位美國女作家。事有湊巧，那位女作家的鄰居正好是個出版商，出版商讀完了凱

倫 · 白列森的作品後，大為讚賞地說，這麼好的作品不出版實在是太可惜了。一九四三年，凱倫 · 白列森的第一本作品《七個哥德式的故事》終於在紐約出版，一鳴驚人，不但好評如潮，還被「每月之書俱樂部」選為該月之書。當消息傳到丹麥時，丹麥記者才四處打聽，這位在美國名噪一時的丹麥作家到底是誰？

凱倫 · 白列森在她將五十歲那年，從絕望的黑暗深淵，一躍成為文學天際一顆閃亮的星星。此後，凱倫 · 白列森的每一部新作都成為名著，原文都是用英文書寫，先在紐約出版，然後再重渡北大西洋回到丹麥，以丹麥文出版。凱倫 · 白列森在成名後說：「在命運最低潮的時刻，她和魔鬼做了個交易。」她效仿歌德筆下的浮士德，把靈魂交給了魔鬼，作為承諾，讓她把一生的經歷都變成了故事。

凱倫 · 白列森把她一生各種經歷先經過一番過濾、濃縮，最後才把精華部分放進她的故事裡。她的故事大都發生在一百多年前，因為她認為，唯有這樣她才能得到最大的文學創作自由。熟悉凱倫 · 白列森的讀者，不難在其作品中看到她的影子。

凱倫 · 白列森寫作初期以 Isak Dinesen 為筆名，成名後才用回本名。Isak，猶太文是「大笑者」的意思。她之所以採用這筆名，也許是在暗示世人，以笑聲面對殘酷的命運。

凱倫 · 白列森成為北大西洋兩岸的文學界寵兒後，丹麥時下的年輕作家皆拜倒在她的文學裙下，把她當女王般看待。七十四歲那年，第一次出訪紐約，紐約文藝界知名人士，包括賽珍珠和亞瑟 · 米勒皆慕名而來。但凱倫 · 白列森為她的文學也付出了很大的代價，她的梅毒給她帶來極大的肉體痛苦，當梅毒侵入她的脊椎時，她常痛得在地上打滾。晚年時，她變得極其消瘦、衰弱，坐、立、行皆痛苦不堪。

凱倫 · 白列森死時七十七歲，死亡證書上寫的死因是：消瘦。正如她晚年所說的兩句話：「當我的肉體變得輕如鴻毛時，命運可以把我當做最輕微的

東西拋棄掉。」

一個祝福的價值

> 僅僅是天真無邪的小女孩的一個美好祝福，卻阻止了一樁劫案的
> 發生。因此說，我們不要吝嗇祝福，哪怕只是對一個陌生人，或
> 許你我無意間送出的祝福將會帶給他一生的溫暖和幸福，可以改
> 變他的一生！

有這樣一個故事：

那年，我在美國的街頭流浪。耶誕節那天，我在速食店對面的樹下站了一個下午，抽掉了整整兩包香菸。街上人不多，速食店裡也沒有往常熱鬧。我抽完了最後一支菸，看著滿地的菸蒂嘆了口氣。天色漸漸暗了下來，路燈微微睜開了眼睛，暗淡的燈光讓我心煩，就像自己黯淡的前程，令人憂傷。我的手插在褲子的口袋裡，口袋裡的東西令我亢奮。我從嘴角擠出一絲微笑，用左手在胸前畫了一個十字，然後目不轉睛地盯著快要打烊的速食店。

就在向街對面的速食店跨出第一步的時候，從旁邊的街區裡走出一個小女孩，鬈鬈的頭髮，紅紅的臉頰，天真快樂的笑容在臉上蕩漾。她手裡抱著一個芭比娃娃，蹦蹦跳跳朝我走來。我有些意外，收住了腳步，小女孩仰起頭朝我深深一笑，甜甜地說：「叔叔，聖誕快樂！」

我猛地一愣，這些年來大家都把我給忘記了，從沒有人記得送給我一個耶誕節的祝福。

「妳好，耶誕節快樂！」我笑著說。

「你能給我的寶貝一份禮物嗎？」小女孩指了指手中的娃娃。

「好的，可是……可是我什麼也沒有。」我感到難為情。除了褲子口袋裡那樣不能給別人的東西以外，我的身上真的一無所有。

「你可以給她一個吻啊!」我吻了她的娃娃,也在小女孩的臉上留下深深的一吻。小女孩顯得很快樂,對我說:「謝謝你,叔叔。明天會更好,明天再見!」

我看著美麗的小女孩唱著歌遠去,對著她的背影說:「是的,明天一定會好起來,明天一定會更好!」我離開了那個地方。

五年後的今天,我有一個溫暖的家,妻子溫柔善良,孩子活潑健康。我在一所大學裡教英文,學校裡的老師和學生都很尊敬我,因為我能幹而且自信。

又到了耶誕節。聖誕樹上掛滿了星星,孩子在搭積木,妻子端來了火雞。用餐前,我閉上了眼睛,默默祈禱。祈禱完了,妻子問我:「你在向上帝感謝什麼呢?」我靜靜地對她說:「其實五年前我就不再相信上帝。因為他不能給我帶來什麼,每年耶誕節我也不是感謝他,我在感謝一個改變我一生的小女孩。」

我對妻子說:「妳知道我是進過監獄的。」

「可那是過去。」妻子看著我,眼神裡滿是愛意。

「是的,那是過去,但是當我從監獄裡出來以後,我的生活就全完了。我找不到工作,誰都不願意和一個犯過罪的人共事。」我充滿憂傷地回憶著,「連我以前的朋友也不再信任我,他們躲著我,沒有人給我任何安慰和幫助。我開始對生活絕望,我發瘋地想要報復這冷漠的社會。那天是耶誕節,我準備好了一把槍藏在褲子口袋裡。我在一家速食店對面尋找下手的時機,我想衝進去搶走店裡所有的錢。」

妻子睜大了眼睛:「傑,你瘋了。」

「我是瘋了,我想了一個下午,最多不過是再被抓進去關在監獄裡。在那裡,我和其他人一樣,大家都很平等。」

「後來怎麼樣?」妻子緊張地問。接下來,我對妻子講了那個故事:「小女孩的祝福讓我感到溫暖。我走出監獄以來,從沒有人給過我像她那樣溫暖

的祝福。」我激動了，「親愛的，妳知道是什麼改變了我的命運嗎？」妻子盯著我的眼睛，我接著說，「是小女孩對我說的『明天會更好』，感謝她告訴我生活還在繼續，明天還會更好。以後在困難和無助的時候，我都會告訴自己『明天會更好』。我不再自卑，我充滿自信。後來，我認識了妳的父親，他建議我到臺灣來，接下來的事情都知道了。就是那個小女孩的一個祝福改變了我的一生。」

妻子深情地看著我，把手放在胸前，動情地說：「讓我們感謝她，祝福她幸福吧。」我再次把手放在胸前。

一個祝福的價值是無法用金錢衡量的，它可能會改變一個人的一生和很多人的命運。

太多的美好值得追求，聰明的人卻學會了知足

> 人生待足何時足？美好的東西對於人們來說是無止境的，但聰明的人卻懂得適可而止。這樣的人懂得追求幸福的人生，然後在這個過程中體會知足的快樂。

城裡的老鼠和鄉下的老鼠以前曾經住在一起。雖然後來牠們在不同的地方生活，但是牠們有時候還是在一起聚一聚。

一次，鄉下的老鼠盛情邀請城市老鼠來農村做客。為了表示自己的熱誠，鄉下的老鼠盡數搬出了自己的收藏：大麥、小麥、玉米、堅果等等。

城市老鼠美餐了一頓之後，說：「你的食物種類還是蠻豐富的，不過，這些遠沒有我家裡那些奶油麵包、乳酪以及各種烹製的肉類好吃。而且，你常年住在這個地方，既沒有音樂可以欣賞，更沒有柔軟的地毯可以蹦跳玩耍，你的生活品質還是有些低，這樣吧，明天我帶你去我家享受一下。」

第二天，鄉下老鼠滿懷對城市的嚮往，隨著城市老鼠去了牠豪華的家。

鄉下老鼠還是第一次見到這麼高貴的房子，牠東看西看，無比羨慕地欣賞著眼前的新鮮景象。忽然，砰的一聲響，有人走了進來，牠們被嚇了一跳，倉皇地逃進牆角的洞裡。

屋裡靜下來的時候，牠們準備去廚房美餐一頓。誰知，剛爬上桌子，又有人走了進來，還拿著棍子追趕它們，待牠們終於跑到院子裡的時候，鄉下老鼠早已經忘了飢餓，牠對城市老鼠說：「雖然鄉下的生活很單調，但那裡還是比較適合我。這裡雖然有寬敞的住房，有鄉下沒有的美味佳餚，但是，這種整天被人追趕的日子，遠沒有鄉下好。我想，我還是回去吧！」說罷，鄉下老鼠轉身走了。

俗話說：「人比人，氣死人。」人們往往看到別人比自己好的地方，並因此心境難平。我們應該像那隻鄉下老鼠一樣，更看重自己已擁有的生活，再心平氣和地去改進自己的處境。對於別人的優越，你再眼紅，也發揮不了任何作用，反倒是傷害了自己的身心，非常不值得。而且，如果盲目地追求任何美好的東西，到頭來都是要付出代價的。

有些人很容易犯眼紅病，愛比較，因而給自己帶來痛苦，失去快樂，這又何必呢？有一份糊口的工作，雖然薪水不高，但能維持日常的生活並略有盈餘，想想也欣慰。有一位愛自己的人，也許是一個最普通的人，沒有權、錢與容貌，但他能夠給自己關心和安慰。如果這樣去想，就會覺得幸福其實就在手裡。

「知足常足，終身不辱；知止當止，終身不恥。」這句格言應該能讓我們清醒地了解知足的含義。人們總是充滿了幻想和憧憬，於是便產生了欲望，欲望在一定程度上可以成為動力，但如果欲望變成了永不滿足的私欲，就會適得其反，會傷害自己。

人生，就是要笑著面對苦澀的事

活著真的很累，所以更要抓住幸福的尾巴

作　　者：憶雲，于曉燕

發 行 人：黃振庭

出 版 者：崧燁文化事業有限公司

發 行 者：崧燁文化事業有限公司

E-mail：sonbookservice@gmail.com

粉 絲 頁：https://www.facebook.com/
　　　　　sonbookss/

網　　址：https://sonbook.net/

地　　址：台北市中正區重慶南路一段六十一號八
　　　　　樓 815 室

Rm. 815, 8F., No.61, Sec. 1, Chongqing S. Rd.,
Zhongzheng Dist., Taipei City 100, Taiwan (R.O.C)

電　　話：(02)2370-3310

傳　　真：(02) 2388-1990

印　　刷：京峯彩色印刷有限公司（京峰數位）

定　　價：360 元

發行日期：2021 年 10 月第一版

◎本書以 POD 印製

國家圖書館出版品預行編目資料

人生，就是要笑著面對苦澀的事：
活著真的很累，所以更要抓住幸福
的尾巴/憶雲，于曉燕著. -- 第一版.
-- 臺北市：崧燁文化事業有限公司，
2021.10
　面；　公分
POD 版
ISBN 978-986-516-870-4(平裝)
1. 修身 2. 人生哲學
192.1　　110016342

電子書購買

臉書